惑与不惑

首都经济贸易大学法学院志 1984-2024

张世君　主编
陈皓　执行主编

法律出版社
LAW PRESS·CHINA
北京

图书在版编目（CIP）数据

惑与不惑：首都经济贸易大学法学院志：1984
-2024 / 张世君主编；陈皓执行主编 . -- 北京：法律出
版社，2024. -- ISBN 978-7-5197-9326-5

Ⅰ. D92-40

中国国家版本馆 CIP 数据核字第 20245DK573 号

惑与不惑：首都经济贸易大学法学院志（1984-2024）
HUO YU BUHUO：SHOUDU JINGJI MAOYI DAXUE FAXUEYUANZHI（1984-2024）

张世君 主编
陈　皓 执行主编

责任编辑 朱轶佳
装帧设计 李　瞻

出版发行 法律出版社
编辑统筹 司法实务出版分社
责任校对 王　丰　郭艳萍
责任印制 胡晓雅
经　　销 新华书店

开本 710 毫米×1000 毫米　1/16
印张 16　　**字数** 248 千
版本 2024 年 8 月第 1 版
印次 2024 年 8 月第 1 次印刷
印刷 天津嘉恒印务有限公司

地址：北京市丰台区莲花池西里 7 号（100073）
网址：www.lawpress.com.cn
投稿邮箱：info@lawpress.com.cn
举报盗版邮箱：jbwq@lawpress.com.cn

销售电话：010-83938349
客服电话：010-83938350
咨询电话：010-63939796

书号：ISBN 978-7-5197-9326-5
定价：92.00 元
凡购买本社图书，如有印装错误，我社负责退换。电话：010-83938349

目 录 Contents

前 言

PREFACE

这是首都经济贸易大学法学院的第一部志书。书中记录了自1984年设立经济法专业并招收第一届本科生至2024年，四十年中推动法学院发展的人和事。经济法专业的设立是时代的产物，它受惠于改革开放后经济和法治事业蓬勃发展的春风，更是老一辈知识分子情怀和信念的产物。早期档案资料和口述院史生动记录了为培养首都地区急需的经济法治人才，传播法治的知识和思想，姚圻、关乃凡、沈雯辉、王之龙、戴凤岐等学者从无到有创造现实的爱国情怀、现实关切和学以致用的初心。

办学伊始，注重教学活动和学生培养，注重学术理论对实际事务的回应，注重经济、管理与法学学科的交叉融合，这些特质构成了此后首都经济贸易大学法学学科建设与发展的底色。四十年间，法律人才培养、法学学术研究、法治社会服务的累累硕果为这层底色绘上了新的图景。尤其是近年来，法学院踔厉奋发，不断取得优异成绩，赢得众多荣誉和声誉。在这一历史进程中，早期学科建设立足于经济法学专业、立足于地方人才培养的定位限度，亦出现了新的变化和新的发展。

第一，办学层次不断提升。法学学科创建之初，仅有一个经济法学专业招收本科生。1993年，获批设置独立的经济法学硕士点，成为国内较早的经济法学硕士学位授权点。2009年获批法律专业硕士学位授予权，可招收二年制和三年制法律专业硕士生。2011年获批法学一级学科硕士学位授予权，目前在法理学、经济法学、民商法学、宪法与行政法学、国际法学、刑法学、环境法学七个方向招收学术型硕士研究生。2013年设立法律经济学二级交叉学科博士点，同时招收法律经济学方向的博士后研究人员。可以说，经历四十年的建设与发展，法学院形成了“本硕博”完整的人才培养体系，人才培养规模也今非昔比。

第二，师资规模不断扩大。法学院办学之初，法学专任教师仅数人。此后，根据学科建设需要，逐渐增设新的教研室。目前，法学院下设法理学、民商法学、经济法学、国际法学、公法学5个教研室，与此相伴，师资规模也不断扩大，发展到目前，成为有专职教师54人、行政管理人员8人的中大型法学院，并拥有众多教学名师、骨干教师以及学界后起之秀。学院教师均毕业于海内外名校，学缘地缘结构合理，专业构成较为均衡，整体务实奋进而又青春飞扬。近年来，获批“国家一流课程《商法学》教学团队（教育部）”“首批全国财税法学研究核心团队（中国财税法学研究会）”“北京市优秀本科育人团队”“北京市课程思政教学名师和教学团队”等多个标志性教学科研团队荣誉。

第三，人才培养质量不断提高。经济法学专业招生伊始，即秉承课堂教学和社会实践并重的教育理念，参照国内外先进经验，先后建成法律诊所、模拟法庭等专业实验室，并拥有北京市高等学校示范性校内创新实践基地。法学院毕业生综合素质好，就业竞争力强，签约单位主要分布在京津冀地区。难能可贵的是，学院毕业生还具有强烈的社会责任感，学院每年均有毕业生赴中西部艰苦地区就业，大约有二分之一的毕业生选择到基层就业，以各种形式积极参与国家和首都北京的法治建设事业。基于此，法学院被北京市教委确定为法学专业群建设牵头单位。2019年，获批北京市一流本科专业；2020年，入选国家一流本科专业建设点；2023年，法学院在教育部第五轮全国学科评估中取得了历史性突破。

在推进教育教学和人才培养的过程中，法学院又出现了两个显著的变化——学术化和国际化。高等教育体系中的法学院，天然带有区别于那些直接服务于社会现实的教育培训机构的因子，因此，法学学科的设立自始就带有学术色彩。20 世纪 80 年代初期的开创者们，由于经历了特殊年代对人生际遇和价值观念的冲击，更加看重外部环境和自我发展的关系，强调从特定时代的要求、特定地域的要求去理解自我行动的意义，注重学术研究的现实感。伴随几代人对大学教育定位的反复思考，法学院也逐渐走上了教学、科研和社会服务并重的发展方向。

当前，就学术研究而言，法学院紧紧围绕国家和北京市重大战略，在传统法学学科建设的基础上培养发展出财税法学、社会治理法学、数字法学、涉外法治等特色鲜明的学科方向，努力从基础理论、部门法学、新兴交叉法学等方面建构中国自主法学知识体系。教师们不仅学术成果丰硕，得到学界广泛认可，还在北京市法学会、中国法学会财税法学研究会、北京市环境与资源法学研究会等各类学术团体中担任重要职务。此外，学院教师还积极建言献策，研以致用，多篇咨政报告获得党中央、国务院，北京市委、市政府的采纳和领导批示。

在国际化建设方面，法学院已与美国圣路易斯华盛顿大学、天普大学等建立了良好的合作关系，不断选派学生赴上述院校交流学习，不乏优秀毕业生赴英国、美国、澳大利亚、日本等国的名校继续深造。同时，法学院经常邀请境外专家学者来校进行交流，开拓学生的国际视野。学院还聘请了新加坡国立大学法学院教师担任学院客座教授，联合澳大利亚、意大利，以及我国台湾地区的法学院校举办高层次学术会议。2019 年，法学院成功加入亚洲法律学会，为学院师生参与国际交流提供了更好的契机。

2024 年恰逢首都经济贸易大学法学学科创办四十周年，如果以人生作比，法学院已到不惑之年。然而我们都知道，在真实的人生中，肯定性认识可能只是一种幻觉，已知中包含着未知、确定感伴随着不确定感。并且我们都知道，人生真正的成长，依靠的不是明确的教条，而是小马过河的心态。大学里的法学院更是如此，高等教育的方式不是灌输，而是引导，引导青年学生明辨是非，培育他们“博学”“诚明”“慎思”（这也是我校教学楼的名称）。而法学所研究的，乃对与错、是与非、正义与非正义等涉及价值判断的智识。为了进步，我们需要不断追问，不断怀疑，才能不断坚定。因此，道路是曲折的，它充满了未知和不确定，逼迫我们追问和怀疑。但前途是光明的，因为我们相信，我们在进行一项伟大的事业，我们的事业融合在我们国家的法治事业之中，法学院的明天一定更美好！

法学院院长：张世君

2024 年 4 月

详古略今
纵向明晰

大事记

CHRONICLE OF EVENTS

根据首都经济贸易大学的档案资料、校志记录和相关新闻报道，编者对法学院自 1984 年经济法专业设立并开始招生至 2024 年的四十年间发生的年度大事予以整理和记述。

编写原则如下：

原则一，信史。所有记述有证可寻，尽可能源于原始资料，非单纯文字转述。

原则二，完整。结合有限史料，充分记述每一年度的大事以及相关历史资料。少数资料因不便展示原件，以文字摘录的形式呈现，以尊重原文为原则，仅为符合表述规范做最小幅度调整。

原则三，要闻。在多样信息中，客观标记那些体现学院发展的里程碑式的年度事件。这些事件的发生带来改变的力量，对推动学院发展具有变革或标志的意义，具体包括学院获得重要资源、重要认可，以及虽然是日常的学院工作但具有累计效应或者重要影响的事项。

原则四，集体。本书主体是作为集体的首都经济贸易大学法学院，因此，对于两院合并前的历史，不做分别记述，仍以时间、事件作为线索。同时，在要闻选择上，淡化个人荣誉和个人事迹，除非该荣誉和事迹可代表集体。

原则五，直观。文字表述遵循简明、清晰、一目了然的原则。

1984年

经济法专业设立并招收第一届本科生。

是年 9 月，经国务院有关主管部门批准，北京经济学院在经济系下设经济法专业，并于当年招收首批经济法专业本科生。同年，北京财贸学院在工商行政管理系下设经济法专门化（当时称谓），并正式申报设置专业。

两院在专业设置前已有一定的教学研究基础。早在 1980 年 10 月，北京经济学院经济系就建立了经济法教研室，同时建立经济法教研室的资料室，为经济系本科生开设经济法概论课程，此后该课程逐渐成为全院财经专业本科生必修课。

同年，北京财贸学院经济研究所开设了公共课经济法。北京财贸学院经济研究所设经济法研究室，这是十一届三中全会以后建立起来的全国最早的经济法学术机构之一。

与法学相关的研究和授课最早可追溯到 1956 年，中国劳动经济和劳动法研究第一人任扶善教授，在首都经济贸易大学的前身——北京劳动干部学校开设劳动法课程。

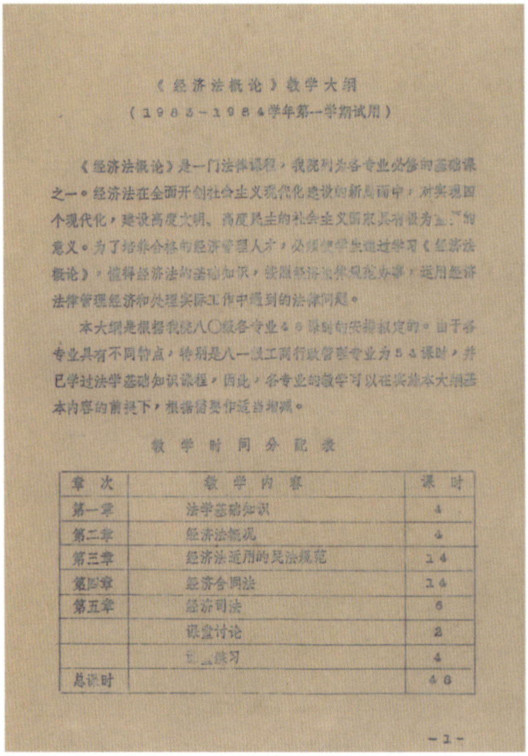

《经济法概论》教学大纲

（1983－1984学年第一学期试用）

《经济法概论》是一门法律课程，我院列为各专业必修的基础课之一。经济法在全面开创社会主义现代化建设的新局面中，对实现四个现代化，建设高度文明、高度民主的社会主义国家具有极为重要的意义。为了培养合格的经济管理人才，必须使学生通过学习《经济法概论》，懂得经济法的基础知识，按照经济法律规范办事，运用经济法律管理经济和处理实际工作中遇到的法律问题。

本大纲是根据我院八〇级各专业46课时的安排拟定的。由于各专业具有不同特点，特别是八一级工商行政管理专业为54课时，并已学过法学基础知识课程，因此，各专业的教学可以在实施本大纲基本内容的前提下，根据需要作适当增减。

教学时间分配表

章次	教学内容	课时
第一章	法学基础知识	4
第二章	经济法概况	4
第三章	经济法适用的民法规范	14
第四章	经济合同法	14
第五章	经济司法	6
	课堂讨论	2
	课堂练习	4
总课时		46

－1－

北京经济学院 1983－1984 学年第一学期《经济法概论》教学大纲首页

北京经济学院

一九八四年招生专业介绍

1984 年北京经济学院招生专业介绍

北京经济学院经济法教程出版发行。

是年 12 月，由北京经济学院关乃凡任主编，全国 13 所财经院校合编的《中国经济法教程》由江西人民出版社出版，全书 45 万字，共发行 1.5 万册，成为当时国内具有较大影响力的教材。为编写这部教材，编委会曾于北京、上海召开过两次会议。在这本正式出版物之前，两院在教学中已有自行印发的教材，分别是北京经济学院印发的教材《简明经济法基础》和北京财贸学院印发的教材《经济法讲义》。同时，北京经济学院搜集已公开出版或未公开出版的文字资料，并走访国务院相关部委有关司局的档案部门，编辑印刷大型经济法资料《经济法律法规汇编》，全套共 12 册，约 200 万字。

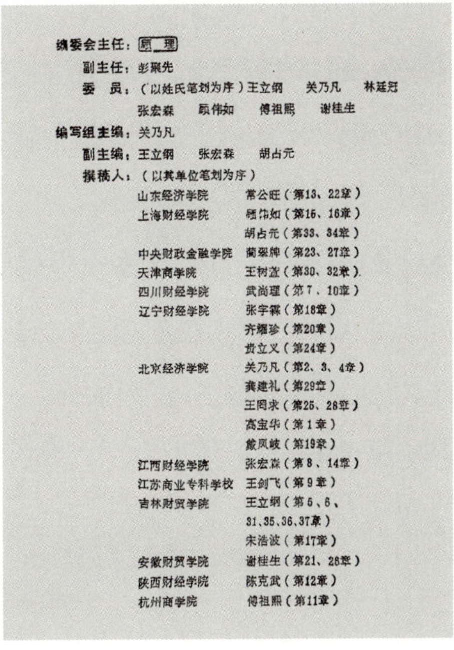
编委会主任：顾　理
副主任：彭琮先
委　员：（以姓氏笔划为序）王立纲　关乃凡　林延冠
张宏森　顾伟如　傅祖熙　谢桂生
编写组主编：关乃凡
副主编：王立纲　张宏森　胡占元
撰稿人：（以其单位笔划为序）
山东经济学院　常公旺（第13、22章）
上海财经学院　顾伟如（第15、16章）
胡占元（第33、34章）
中央财政金融学院　蔺翠牌（第23、27章）
天津商学院　王树岚（第30、32章）
四川财经学院　武尚理（第7、10章）
辽宁财经学院　张宇霖（第18章）
齐媚珍（第20章）
贵立义（第24章）
北京经济学院　关乃凡（第2、3、4章）
龚建礼（第29章）
王同求（第25、28章）
高宝华（第1章）
龚凤岐（第19章）
江西财经学院　张宏森（第8、14章）
江苏商业专科学校　王剑飞（第9章）
吉林财贸学院　王立纲（第5、6、31、35、36、37章）
宋浩波（第17章）
安徽财贸学院　谢桂生（第21、26章）
陕西财经学院　陈克武（第12章）
杭州商学院　傅祖熙（第11章）

关乃凡主编的《中国经济法教程》的编委会信息

北京财贸学院申请设立经济法系。

是年 9 月，北京财贸学院以经济法专门化的名义，挂靠在工商行政管理系下招收新生 41 名。同年，经济法系筹备组成立。

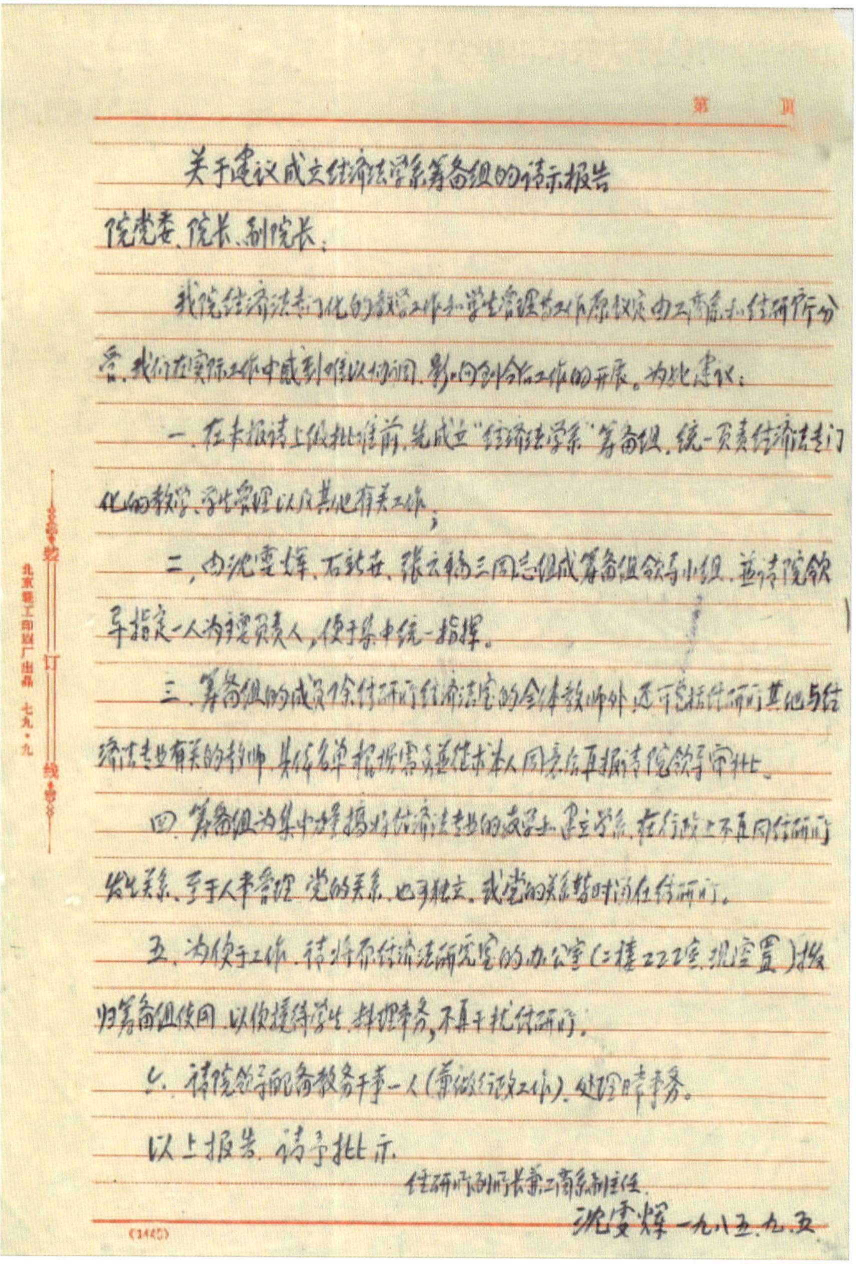

第　页

关于建议成立经济法学系筹备组的请示报告

院党委、院长、副院长：

我院经济法专门化的教学工作和学生管理工作原拟定由工商系和经研所分管，我们在实际工作中感到难以协调，影响到各项工作的开展。为此建议：

一、在未报请上级批准前，先成立"经济法学系"筹备组，统一负责经济法专门化的教学、学生管理以及其他有关工作；

二、由沈雯辉、石新安、张云[illegible]三同志组成筹备组领导小组，并请院领导指定一人为主要负责人，便于集中统一指挥。

三、筹备组的成员除经研所经济法室的全体教师外，还可包括经研所其他与经济法专业有关的教师，具体名单拟根据需要征求本人同意后再报请院领导审批。

四、筹备组为集中力量搞好经济法专业的教学和建立学系，在行政上不直同经研所发生关系，至于人事管理、党的关系，也可独立。我室的关系暂时留在经研所。

五、为便于工作，请将原经济法研究室的办公室（二楼222室，现空置）拨归筹备组使用，以便接待学生，办理事务，不再干扰经研所。

六、请院领导配备教务干事一人（兼做行政工作），处理日常事务。

以上报告，请予批示。

经研所副所长兼工商系副主任

沈雯辉 一九八五.九.五

装 订 线

北京轻工印刷厂出品 七九·九

(3445)

1985 年北京财贸学院关于成立经济法系筹备组的请示报告（沈雯辉手写稿）

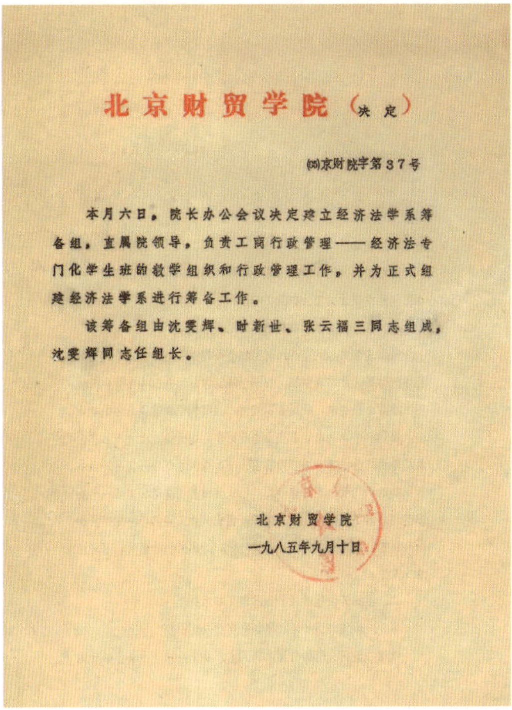

北京财贸学院（决定）

(85)京财院字第37号

本月六日，院长办公会议决定建立经济法学系筹备组，直属院领导，负责工商行政管理——经济法专门化学生班的教学组织和行政管理工作，并为正式组建经济法学系进行筹备工作。

该筹备组由沈雯辉、时新世、张云福三同志组成，沈雯辉同志任组长。

北京财贸学院

一九八五年九月十日

1985 年北京财贸学院关于成立经济法系筹备组的决定

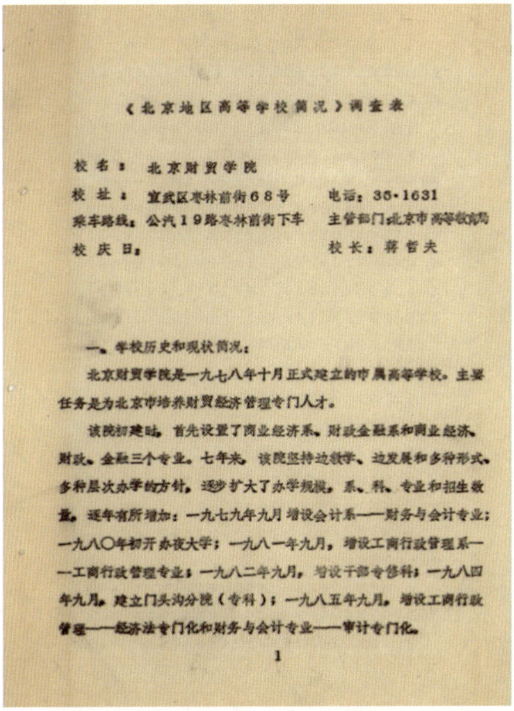

《北京地区高等学校简况》调查表

校名：北京财贸学院

校址：宣武区枣林前街68号　电话：35·1631

乘车路线：公汽19路枣林前街下车　主管部门：北京市高等教育局

校庆日：　校长：蒋哲夫

一、学校历史和现状简况：

北京财贸学院是一九七八年十月正式建立的市属高等学校。主要任务是为北京市培养财贸经济管理专门人才。

该院初建时，首先设置了商业经济系、财政金融系和商业经济、财政、金融三个专业。七年来，该院坚持边教学、边发展和多种形式、多种层次办学的方针，逐步扩大了办学规模，系、科、专业和招生数量，逐年有所增加：一九七九年九月增设会计系——财务与会计专业；一九八〇年初开办夜大学；一九八一年九月，增设工商行政管理系——工商行政管理专业；一九八二年九月，增设干部专修科；一九八四年九月，建立门头沟分院（专科）；一九八五年九月，增设工商行政管理——经济法专门化和财务与会计专业——审计专门化。

1

1985 年北京财贸学院简况调查表（经济法专门化简介首页）

大事记

北京财贸学院（请示）

(85)京财院字第40号

关于设置经济法专业的请示

北京市高教局：

为适应四化建设的迫切需要，我院经过反复研究，拟在一九八五年正式设置经济法专业。理由如下：

一、经济法专业是当前我国的短线专业

根据全国第二次经济法制工作会议精神和司法部人才规划办公室所作的人才需求预测，我国经济法方面的专业人才异常短缺，供求矛盾十分突出。有关资料表明，我国现有国营企业四十多万个，集体、个体以及合营企业为数更多。这些企业在生产、经营活动中都需要法律帮助。而目前我国的专、兼职律师仅一万多名，只及美国的1%，"请律师难"已成为我国经济活动中的一个突出问题。为了尽快改变这种状况，我们认为凡是具备一定条件的高等院校，均应积极开设经济法专业，为国家培养急需的经济法专业人才。

二、我院开设经济法专业已经具备的条件

第一，我院经济法的教学与研究有一定基础

我院经济研究所的经济法研究室，是十一届三中全会以后建

1

立起来的全国最早的经济法学术机构之一，对创建经济法这一新兴学科，做了不少工作，在华北地区学术界有一定的地位和影响。

过去几年，我院教师除在本院各系担任经济法教学外，还应聘在中国政法大学研究生院、北京师范大学经济系、农牧渔业部"农业领导干部研究班"、中央组织部、北京农业大学、中国人民公安大学、北京经济学院、中央财金学院、内蒙财金学院、高级法院经济审判班、财政部金融研究所等单位，讲授经济法课程，反映都比较好。与此同时，我院还编写了《经济法讲义》（这是全国最早的《经济法讲义》之一）、《经济法专题讲座》、《经济法概要》、《经济合同法》、《农林经济法概论》、《农业税法》、《农林金融法》、《民法讲义》（系全国统编教材）、《日本商业法典》等教材、专著，其中多数已由法律出版社、工商出版社出版，有的已被兄弟院校选为教材。

第二，我院有一支较强的经济法师资队伍

我院现有法学教师十九人，除青年教师外，均能独立开设两门以上法学课。简况如下：

1、董久昌：副教授，我院副院长。1952年中国人民大学研究生毕业。现任中国农业经济法研究会副理事长。

2、黄恩：副教授，1952年中国人民大学研究生毕业，原我院经研所副所长。

3、陈克聪：讲师，我院工商行政管理系副主任。1949年北平朝阳学院法律系毕业。现任中国法学会民法研究会常务干事。

4、丁绍堂：讲师，1950年北大法律系毕业。现任中国法律

2

咨询会法律顾问。

5、沈奕辉：讲师，我院经济研究所副所长。１９５３年华东政法学院毕业。现任中国农业经济法研究会秘书长、常务理事，并担负中国农林发展研究中心的研究任务，为法制建设课题组负责人。１９８５年８月被司法部、教育部法学教材编辑部聘为《农业经济法教程》主编，该教程将于１９８６年４月完稿。

6、张云福：讲师，经济法研究室主任。１９６５年政法学院毕业。现任中国经济法研究会理事及该会北京分会副秘书长。

7、徐立达：讲师，１９５２年燕京大学政治系毕业。现任中国法律咨询会法律顾问。

8、程　琛：讲师，１９６５年北京政法学院毕业。现正参与农牧渔业部《乡镇企业法》的立法工作。

9、张庆和：讲师，１９６４年北京政法学院毕业。

10、焦康成：１９５０年辅仁大学毕业。现任北京市法学会理事、中国经济法研究会北京分会常务理事。主编本院《经济法讲义》、《经济法专题讲座》等教材。

除此以外，我院近几年从业务部门（市法院）调来二位中年教师，两年左右即可独立开课。

第三，教材和教学计划情况

我院一九八五年招生时，经上级同意，在工商行政管理专业设置了经济法专门化，招收了四十一名本科生，并且按照四年制本科生的

3

具体要求，编制了一九八五级经济法专门化的教学计划（详见附件）。在教材方面，除去选用统编教材以外，还准备自编一部分教材。

根据以上情况，我们认为，我院一九八六年正式开设经济法专业的的条件已基本具备。现提出申请，请予审批。

北京财贸学院

一九八五年九月二十四日

附：我院经济法专门化１９８５级教学计划

4

1985 年北京财贸学院关于设立经济法专业的请示报告

院办律所（北京市第九律师事务所）的设立。

是年 5 月 29 日，由北京经济学院主办的北京市第九律师事务所在北京市政协会议室举行成立大会。第九律师事务所是市属高等院校中开办的第一家律师事务所，其主要任务是为社会提供各种法律服务。

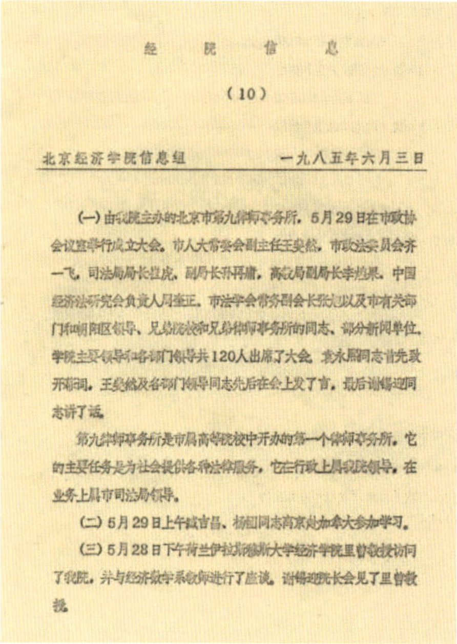

经院信息

（10）

北京经济学院信息组　一九八五年六月三日

(一) 由我院主办的北京市第九律师事务所，5月29日在市政协会议室举行成立大会。市人大常委会副主任王斐然，市政法委员会齐一飞，司法局局长崔虎，副局长孙再庸，高教局副局长李超果，中国经济法研究会负责人周奎正，市法学会常务副会长张旭以及市有关部门和朝阳区领导、兄弟院校和兄弟律师事务所的同志、部分新闻单位、学院主要领导和各部门领导共120人出席了大会。袁永熙同志首先致开幕词，王斐然及各部门领导同志先后在会上发了言，最后谢锡迎同志讲了话。

第九律师事务所是市属高等院校中开办的第一个律师事务所。它的主要任务是为社会提供各种法律服务，它在行政上属我院领导，在业务上属市司法局领导。

(二) 5月29日上午戴吉昌、杨国同志离京赴加拿大参加学习。

(三) 5月28日下午荷兰伊拉斯谟斯大学经济学院里曾教授访问了我院，并与经济数学系教师进行了座谈。谢锡迎院长会见了里曾教授。

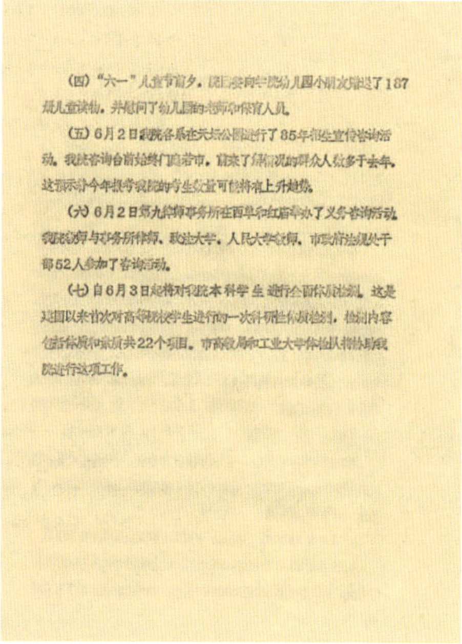

(四) "六一"儿童节前夕，院工会向我院幼儿园小朋友赠送了187册儿童读物，并慰问了幼儿园的老师和保育人员。

(五) 6月2日我院各系在天坛公园进行了85年招生宣传咨询活动。我院咨询台前始终门庭若市，前来了解情况的群众人数多于去年。这预示着今年报考我院的考生数量可能将有上升趋势。

(六) 6月2日第九律师事务所在西单和红庙举办了义务咨询活动。我院教师与本事务所律师、政法大学、人民大学教师、市政府法规处干部52人参加了咨询活动。

(七) 自6月3日起将对我院本科学生进行全面体质检测。这是建国以来首次对高等院校学生进行的一次科研性体质检测，检测内容包括体质和素质共22个项目。市高教局和工业大学体检队将协助我院进行这项工作。

北京经济学院关于北京市第九律师事务所成立的信息公告

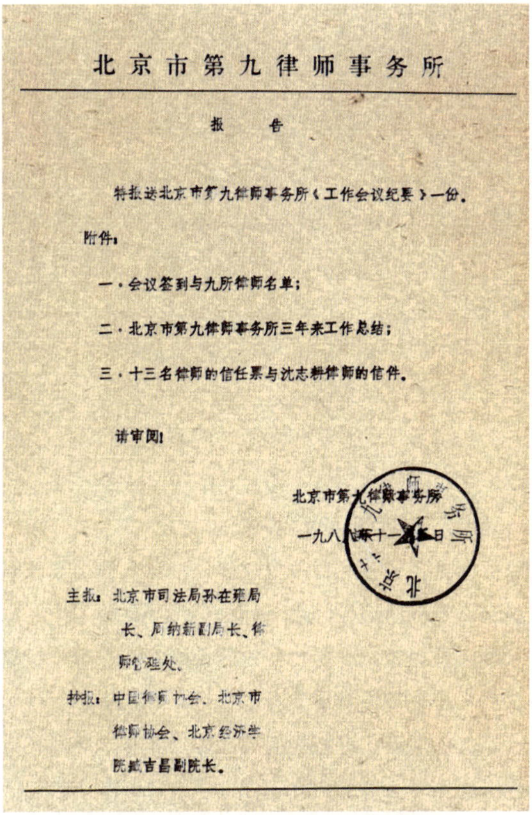

北京市第九律师事务所

报告

特报送北京市第九律师事务所《工作会议纪要》一份。

附件：

一、会议签到与九所律师名单；

二、北京市第九律师事务所三年来工作总结；

三、十三名律师的信任票与沈志耕律师的信件。

请审阅！

北京市第九律师事务所

一九八[illegible]年十一月[illegible]日

主报：北京市司法局孙在雍局长、周纳新副局长、律师管理处。

抄报：中国律师协会、北京市律师协会、北京经济学院臧吉昌副院长。

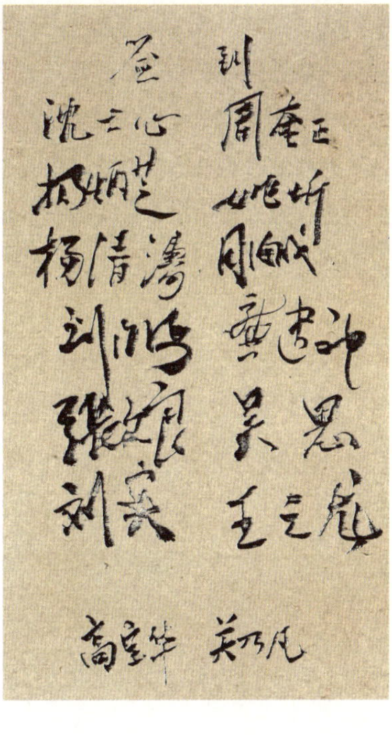

签到

周奎正 [illegible]

沈之心 [illegible]

杨清涛 [illegible]

[illegible]

工作会议纪要

北京市第九律师事务所于1988年10月27日上午召开了全体律师工作会议。九所共有律师十七人，除四人因事缺席外，其余十三人全部出席。此外，出席的还有九所的顾问，中国经济法研究会北京市分会常务副会长周銮正同志。会议由周汝成律师主持，开会地点是东郊七九八厂厂部会议室。七九八厂是九所的常年法律顾问单位之一。阎贵圆厂长在致词中欢迎九所在该厂开会，对九所为该厂提供的法律服务表示满意，愿为会议提供方便，略尽地主之谊，在预祝会议成功后，因需处理厂务而退席。

会议的主要内容是由九所的主任律师关乃凡同志作三年来的工作总结报告。报告分两部分，第一部分是三年来的工作概况，除介绍了九所建所以来的组织发展状况和经济收益外，对九所为社会提供法律服务的社会效益进行了充分的估计，并总结了九所办案中的一些特点。第二部分是 存在的问题和今后意见。关乃凡同志实事求是地归纳了九所 存在的问题，诸如：编制与房子问题，加强领导力量问题，健全会议制度问题，档案、资料的搜集与整理问题，改进收入与分配制度问题，等等。既分析了客观上的因素，又总结了主观上的不足，所提出的办法亦是经过努力可以实现的。与会的十三名律师，对关乃凡同志的工作报告予以肯定，除提出了一些补充意见外，一致对关乃凡同志投信任票，拥护其继续主持九所的工作。为了充实与加强九所的领导力量，又一致通过由周汝成律师、张文良律师协助关乃凡同志做好工作。会议还宣读了沈志耕律师出差前留下的信件。

最后，周銮正顾问致词。周銮正同志表示：很愿意参加这样的会议，并建议以后能多讨论总结一些规范性的问题。会议在团结、活泼的气氛中结束。

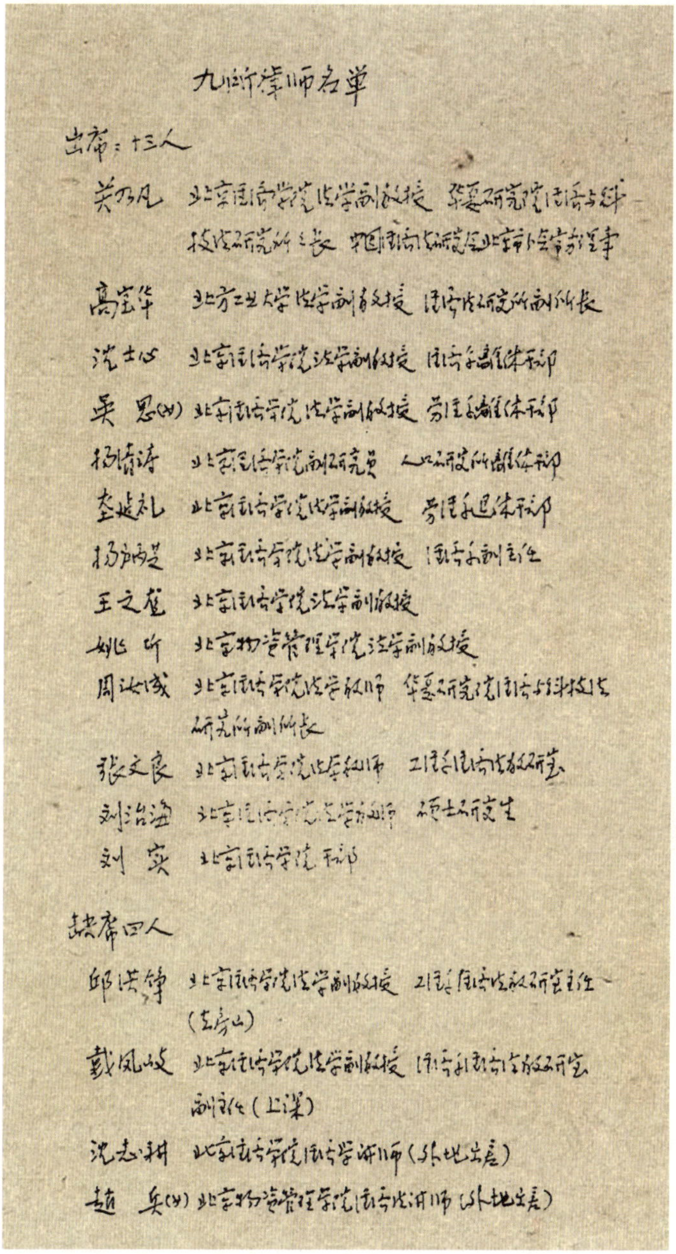

九所律师名单

出席：十三人

关乃凡 北京政法学院法学副教授 华夏研究院法律与科技法研究所所长 中国国际法学会比较法研究会常务理事

高宝华 北方工业大学法学副教授 法学比较研究所副所长

沈士心 北京政法学院法学副教授 法学系离休干部

吴思(女) 北京政法学院法学副教授 劳改系离休干部

杨清涛 北京政法学院副研究员 人口研究所离休干部

李延礼 北京政法学院法学副教授 劳改系退休干部

杨炳芝 北京政法学院法学副教授 法学系副主任

王之丕 北京政法学院法学副教授

姚昕 北京物资管理学院法学副教授

周汝诚 北京政法学院法学教师 华夏研究院法律与科技法研究所副所长

张文良 北京政法学院法学教师 工经系法学教研室

刘治涌 北京政法学院法学教师 硕士研究生

刘实 北京政法学院干部

缺席四人

邱洪铮 北京政法学院法学副教授 工经系法学教研室主任（在房山）

戴凤岐 北京政法学院法学副教授 法学系国际法教研室副主任（上课）

沈志耕 北京政法学院法学讲师（外地出差）

赵兵(女) 北京物资管理学院法学讲师（外地出差）

1988 年 10 月 27 日北京市第九律师事务所全体律师会议纪要、与会者名单和签名

教学活动的开展和学生的培养。

1986年春，北京经济学院经济法专业教师王之龙受邀赴美讲学，在美国纽约州立大学及波士顿萨福克大学授课，主讲课程为中国经济法。

是年，按照北京市政府的建议，北京经济学院城市经济管理专业调出经济系，单独成立城市管理系，调整后的经济系设经济学和经济法两个本科专业和马克思主义经济思想史硕士研究生专业。

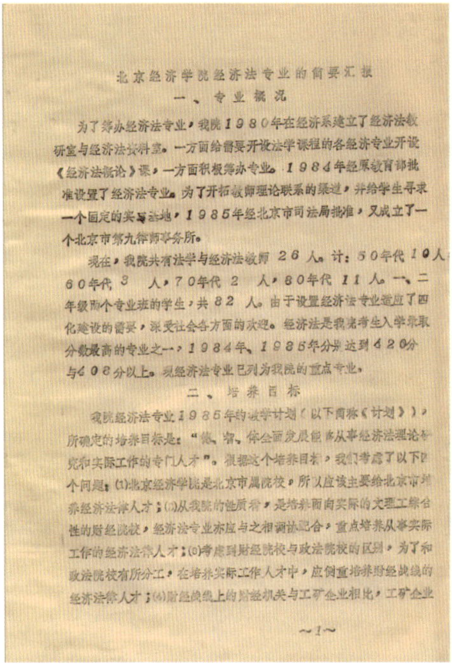

北京经济学院经济法专业的简要汇报

一、专业概况

为了筹办经济法专业，我院1980年在经济系建立了经济法教研室与经济法资料室。一方面给需要开设法学课程的各经济专业开设《经济法概论》课，一方面积极筹办专业。1984年经原教育部批准设置了经济法专业。为了开拓教师理论联系的渠道，并给学生寻求一个固定的实习基地，1985年经北京市司法局批准，又成立了一个北京市第九律师事务所。

现在，我院共有法学与经济法教师26人。计：50年代10人，60年代3人，70年代2人，80年代11人。一、二年级两个专业班的学生，共82人。由于设置经济法专业适应了四化建设的需要，深受社会各方面的欢迎。经济法是我院考生入学录取分数最高的专业之一，1984年、1985年分别达到420分与408分以上。现经济法专业已列为我院的重点专业。

二、培养目标

我院经济法专业1985年的教学计划（以下简称《计划》），所确定的培养目标是："德、智、体全面发展能够从事经济法理论研究和实际工作的专门人才"。根据这个培养目标，我们考虑了以下四个问题：(1)北京经济学院是北京市属院校，所以应该主要给北京市培养经济法律人才；(2)从我院的性质看，是培养面向实际的文理工综合性的财经院校，经济法专业亦应与之相调协配合，重点培养从事实际工作的经济法律人才；(3)考虑到财经院校与政法院校的区别，为了和政法院校有所分工，在培养实际工作人才中，应侧重培养财经战线的经济法律人才；(4)财经战线上的财经机关与工矿企业相比，工矿企业

~1~

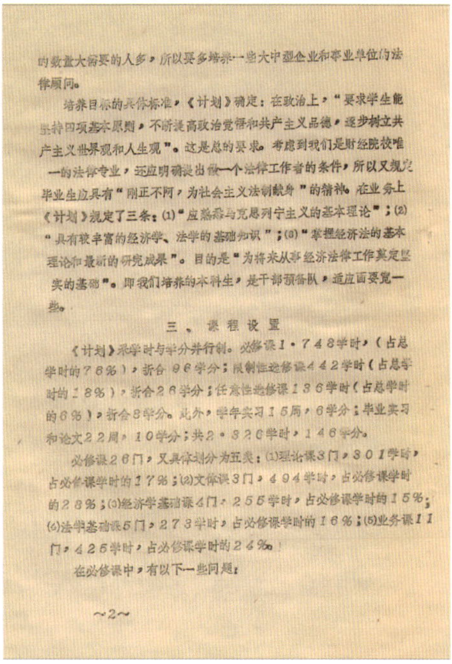

的数量大需要的人多，所以要多培养一些大中型企业和事业单位的法律顾问。

培养目标的具体标准，《计划》确定：在政治上，"要求学生能坚持四项基本原则，不断提高政治觉悟和共产主义品德，逐步树立共产主义世界观和人生观"。这是总的要求。考虑到我们是财经院校唯一的法律专业，还应明确提出做一个法律工作者的条件，所以又规定毕业生应具有"刚正不阿，为社会主义法制献身"的精神。在业务上《计划》规定了三条：(1)"应熟悉马克思列宁主义的基本理论"；(2)"具有较丰富的经济学、法学的基础知识"；(3)"掌握经济法的基本理论和最新的研究成果"。目的是"为将来从事经济法律工作奠定坚实的基础"。即我们培养的本科生，是干部预备队，适应面要宽一些。

三、课程设置

《计划》采学时与学分并行制。必修课1·748学时，（占总学时的76%），折合96学分；限制性选修课442学时（占总学时的18%），折合26学分；任意性选修课136学时（占总学时的6%），折合8学分。此外，学年实习15周，6学分；毕业实习和论文22周，10学分；共2·326学时，146学分。

必修课26门，又具体划分为五类：(1)理论课3门，301学时，占必修课学时的17%；(2)文体课3门，494学时，占必修课学时的28%；(3)经济学基础课4门，255学时，占必修课学时的15%；(4)法学基础课5门，273学时，占必修课学时的16%；(5)业务课11门，425学时，占必修课学时的24%。

在必修课中，有以下一些问题：

~2~

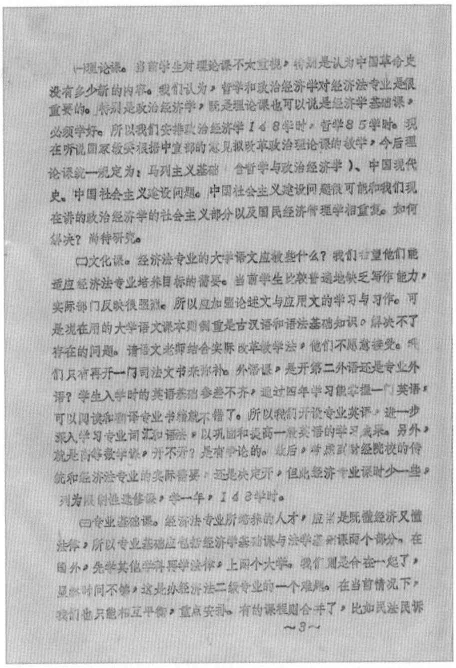

(一)理论课。当前学生对理论课不太重视，特别是认为中国革命史没有多少新的内容。我们认为，哲学和政治经济学对经济法专业是很重要的。特别是政治经济学，既是理论课也可以说是经济学基础课，必须学好。所以我们安排政治经济学148学时，哲学85学时。现在听说国家教委根据中宣部的意见拟改革政治理论课的教学，今后理论课统一规定为：马列主义基础（含哲学与政治经济学）、中国现代史、中国社会主义建设问题。中国社会主义建设问题很可能和我们现在讲的政治经济学的社会主义部分以及国民经济管理学相重复。如何解决？尚待研究。

(二)文化课。经济法专业的大学语文应教些什么？我们希望他们能适应经济法专业培养目标的需要。当前学生比较普遍地缺乏写作能力，实际部门反映很强烈。所以应加强论述文与应用文的学习与习作。可是现在用的大学语文课本则侧重是古汉语和语法基础知识，解决不了存在的问题。请语文老师结合实际改革教学法，他们不愿意接受。我们只有再开一门司法文书来弥补。外语课，是开第二外语还是专业外语？学生入学时的英语基础参差不齐，通过四年学习能掌握一门英语，可以阅读和翻译专业书籍就不错了。所以我们开设专业英语，进一步深入学习专业词汇和语法，以巩固和提高一般英语的学习成果。另外，就是高等数学课，开不开？是有争论的。最后，考虑到财经院校的传统和经济法专业的实际需要，还是决定开，但比经济专业课时少一些，列为限制性选修课，学一年，148学时。

(三)专业基础课。经济法专业所培养的人才，应当是既懂经济又懂法律，所以专业基础应包括经济学基础课与法学基础课两个部分。在国外，先学其他学科再学法律，上两个大学。我们则是合在一起了，显然时间不够，这是办经济法二级专业的一个难题。在当前情况下，我们也只能相互平衡，重点突出。有的课程则合并了，比如民法民诉

～3～

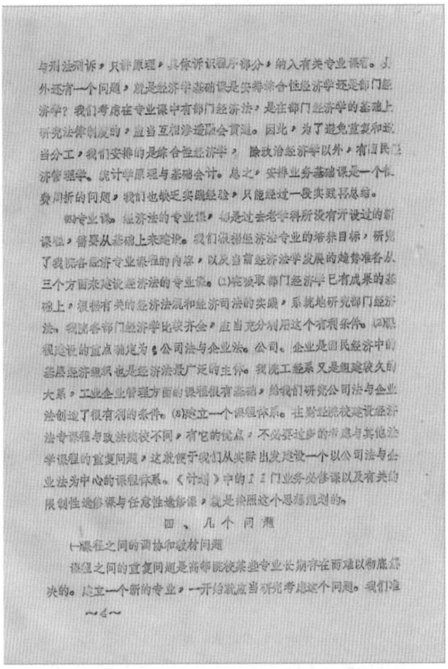

与刑法刑诉，只讲原理，具体诉讼程序部分，纳入有关专业课程。另外还有一个问题，就是经济学基础课是安排综合性经济学还是部门经济学？我们考虑在专业课中有部门经济法，是在部门经济学的基础上研究法律制度的，应当互相渗透融会贯通。因此，为了避免重复和适当分工，我们安排的是综合性经济学，除政治经济学以外，有国民经济管理学、统计学原理与基础会计。总之，安排业务基础课是一个很费周折的问题，我们也缺乏实践经验，只能经过一段实践再总结。

(四)专业课。经济法的专业课，都是过去老学科所没有开设过的新课程，需要从基础上来建设。我们根据经济法专业的培养目标，研究了我院各经济专业课程的内容，以及当前经济法学发展的趋势准备从三个方面来建设经济法的专业课。(1)在吸取部门经济学已有成果的基础上，根据有关的经济法规和经济司法的实践，系统地研究部门经济法。我院各部门经济学比较齐全，应当充分利用这个有利条件。(2)课程建设的重点确定为：公司法与企业法。公司、企业是国民经济中的基层经济组织也是经济法最广泛的主体。我院工经系又是组建较久的大系，工业企业管理方面的课程很有基础，给我们研究公司法与企业法创造了很有利的条件。(3)建立一个课程体系。在财经院校建设经济法专业课程与政法院校不同，有它的优点，不必要过多的考虑与其他法学课程的重复问题，这就便于我们从实际出发建设一个以公司法与企业法为中心的课程体系。《计划》中的12门业务必修课以及有关的限制性选修课与任意性选修课，就是按照这个思路规划的。

四、几个问题

(一)课程之间的调协和教材问题

课程之间的重复问题是高等院校某些专业长期存在而难以彻底解决的。建立一个新的专业，一开始就应当研究考虑这个问题。我们准

～4～

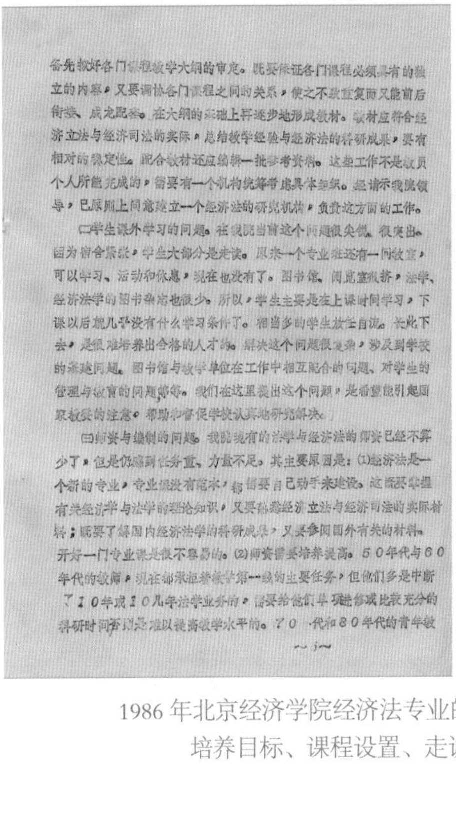

备先抓好各门课程教学大纲的审定。既要保证各门课程必须具有的独立的内容，又要调协各门课程之间的关系，使之不致重复而又能前后衔接、成龙配套。在大纲的基础上再逐步地形成教材。教材应符合经济立法与经济司法的实际，总结教学经验与经济法的科研成果，要有相对的稳定性。配合教材还应编辑一批参考资料。这些工作不是教员个人所能完成的，需要有一个机构统筹考虑具体组织。经请示我院领导，已原则上同意建立一个经济法的研究机构，负责这方面的工作。

(二)学生课外学习的问题。在我院当前这个问题很尖锐、很突出。因为宿舍紧张，学生大部分是走读。原来一个专业班还有一间教室，可以学习、活动和休息，现在也没有了。图书馆、阅览室很挤，法学、经济法学的图书杂志也很少。所以，学生主要是在上课时间学习，下课以后就几乎没有什么学习条件了。相当多的学生放任自流。长此下去，是很难培养出合格的人才的。解决这个问题很复杂，涉及到学校的基建问题、图书馆与教学单位在工作中相互配合的问题、对学生的管理与教育的问题等等。我们在这里提出这个问题，是希望能引起国家教委的注意，帮助和督促学校认真地研究解决。

(三)师资与编制的问题。我院现有的法学与经济法的师资已经不算少了，但是仍感到任务重、力量不足。其主要原因是：(1)经济法是一个新的专业，专业课没有范本，都需要自己动手来建设。这既要掌握有关经济学与法学的理论知识，又要熟悉经济立法与经济司法的实际材料；既要了解国内经济法学的科研成果，又要参阅国外有关的材料。开好一门专业课是很不容易的。(2)师资需要培养提高。50年代与60年代的教师，现在都承担着教学第一线的主要任务，但他们多是中断了10年或10几年法学业务的，需要给他们单项进修或比较充分的科研时间否则是难以提高教学水平的。70年代和80年代的青年教

～5～

师，不是学经济的就是学法律的，也都需要补课、进修，达到大学本科或研究生的水平。现在学校正在定编，听说是按每人1：400标准教学工作量来计算的。如果机械的照此计算，显然不利于经济法这一新专业的建设和发展的。希望国家教委根据经济法专业的实际情况适当地放宽编制。另外，对我院建立的北京市第九律师事务所是否能作实验室或实验工厂对待，批给几名科研编制，亦望国家教委研究考虑。

北京经济学院经济法教研室

一九八六年五月四日

～6～

1986 年北京经济学院经济法专业的简要汇报（主要包括专业情况、培养目标、课程设置、走读授课、师资编制等内容）

经济法系设立。

是年 7 月，经北京市有关主管部门批准，北京财贸学院设立经济法系。

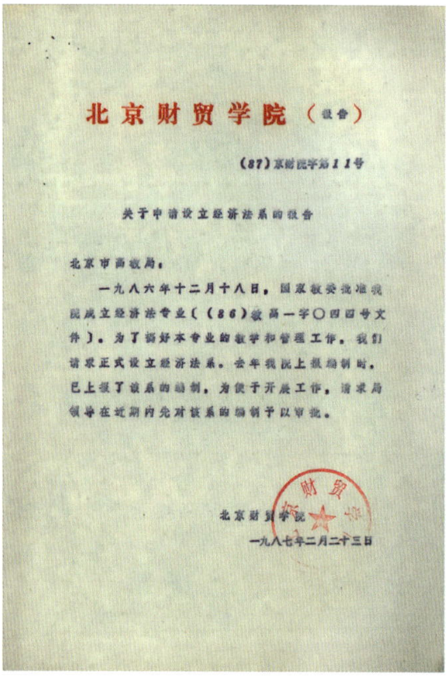

北京财贸学院（报告）

（87）京财院字第11号

关于申请设立经济法系的报告

北京市高教局：

一九八六年十二月十八日，国家教委批准我院成立经济法专业（（86）教高一字〇四四号文件）。为了搞好本专业的教学和管理工作，我们请求正式设立经济法系。去年我院上报编制时，已上报了该系的编制，为便于开展工作，请求局领导在近期内先对该系的编制予以审批。

北京财贸学院

一九八七年二月二十三日

1987 年北京市机构编制委员会关于北京财贸学院设立经济法系的批复文件

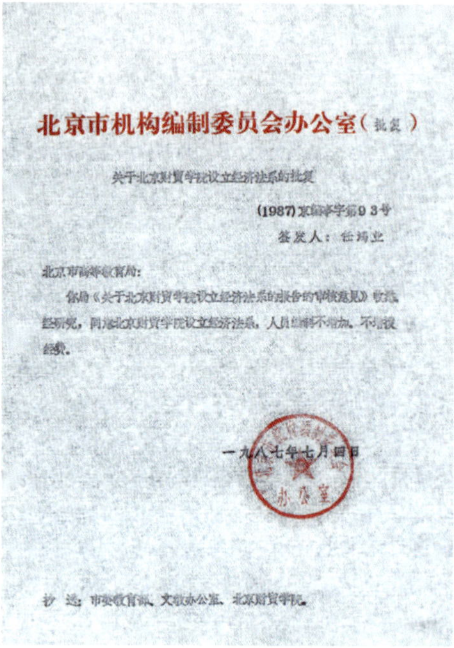

北京市机构编制委员会办公室（批复）

关于北京财贸学院设立经济法系的批复

（1987）京编办字第93号

签发人：任玛业

北京市高等教育局：

你局《关于北京财贸学院设立经济法系的报告的审核意见》收悉。经研究，同意北京财贸学院设立经济法系，人员编制不增加，不增拨经费。

一九八七年七月四日

抄送：市委教育部、文教办公室、北京财贸学院。

1987 年北京财贸学院关于申请设立经济法系的报告

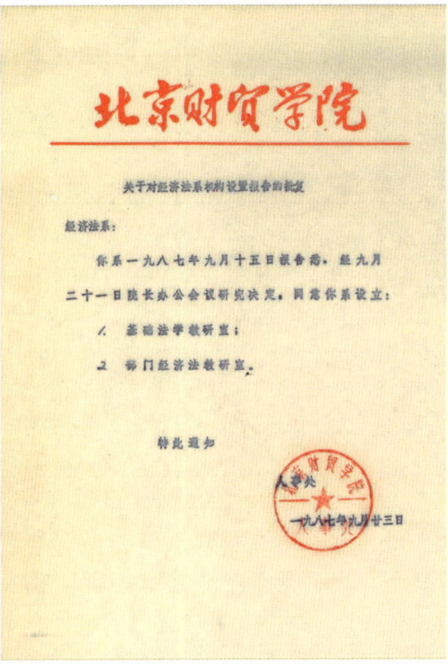

北京财贸学院

关于对经济法系机构设置报告的批复

经济法系：

你系一九八七年九月十五日报告悉，经九月二十一日院长办公会议研究决定，同意你系设立：

1. 基础法学教研室；
2. 部门经济法教研室。

特此通知

人事处

一九八七年九月廿三日

北京财贸学院关于经济法系机构设置的批复

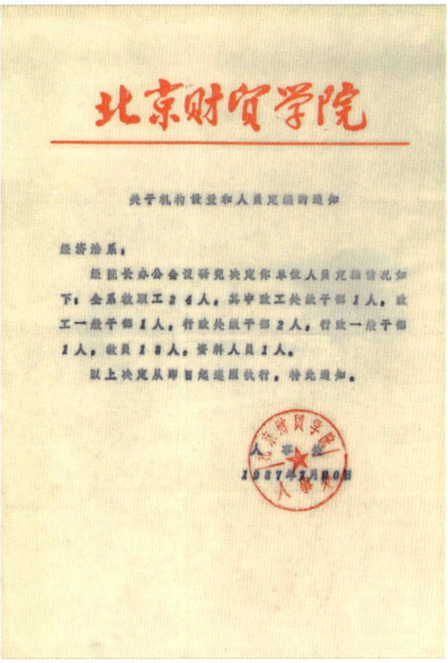

北京财贸学院

关于机构设置和人员定编的通知

经济法系：

经院长办公会议研究决定你单位人员定编情况如下：全系教职工24人，其中政工处级干部1人，政工一般干部1人，行政处级干部2人，行政一般干部1人，教员18人，资料人员1人。

以上决定从即日起遵照执行，特此通知。

人事处

1987年[illegible]月[illegible]0日

北京财贸学院关于机构设置和人员定编的通知

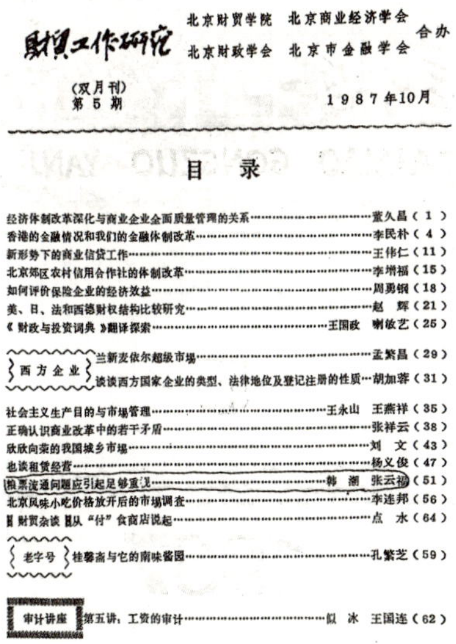

财贸工作研究

北京财贸学院　北京商业经济学会
北京财政学会　北京市金融学会　合办

（双月刊）
第5期　　1987年10月

目　录

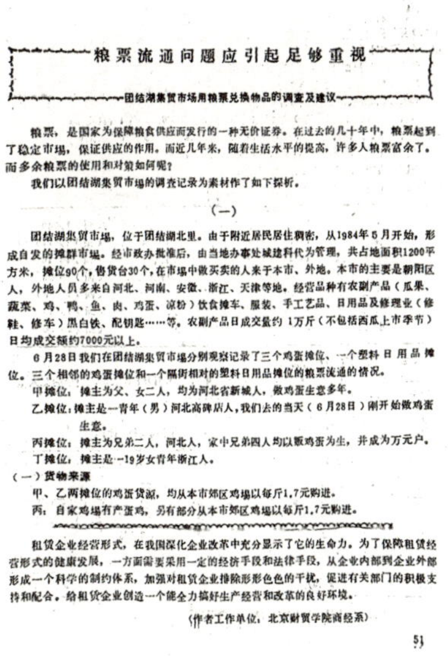

粮票流通问题应引起足够重视

——团结湖集贸市场用粮票兑换物品的调查及建议

粮票，是国家为保障粮食供应而发行的一种无价证券。在过去的几十年中，粮票起到了稳定市场，保证供应的作用。而近几年来，随着生活水平的提高，许多人粮票富余了。而多余粮票的使用和对策如何呢？

我们以团结湖集贸市场的调查记录为素材作了如下探析。

（一）

团结湖集贸市场，位于团结湖北里。由于附近居民居住稠密，从1984年5月开始，形成自发的摊群市场。经市政办批准后，由当地办事处城建科代为管理，共占地面积1200平方米，摊位90个，售货台30个，在市场中做买卖的人来于本市、外地。本市的主要是朝阳区人，外地人员多来自河北、河南、安徽、浙江、天津等地。经营品种有农副产品（瓜果、蔬菜、鸡、鸭、鱼、肉、鸡蛋、凉粉）饮食摊车、服装、手工艺品、日用品及修理业（修鞋、修车）黑白铁、配钥匙……等。农副产品日成交量约1万斤（不包括西瓜上市季节）日均成交额约7000元以上。

6月28日我们在团结湖集贸市场分别观察记录了三个鸡蛋摊位、一个塑料日用品摊位。三个相邻的鸡蛋摊位和一个隔街相对的塑料日用品摊位的粮票流通的情况。

甲摊位：摊主为父、女二人，均为河北省新城人，做鸡蛋生意多年。

乙摊位：摊主是一青年（男）河北高碑店人，我们去的当天（6月28日）刚开始做鸡蛋生意。

丙摊位：摊主为兄弟二人，河北人，家中兄弟四人均以贩鸡蛋为生，并成为万元户。

丁摊位：摊主是一19岁女青年浙江人。

（一）货物来源

甲、乙两摊位的鸡蛋货源，均从本市郊区鸡场以每斤1.7元购进。

丙：自家鸡场有产蛋鸡，另有部分从本市郊区鸡场以每斤1.7元购进。

租赁企业经营形式，在我国深化企业改革中充分显示了它的生命力。为了保障租赁经营形式的健康发展，一方面需要采用一定的经济手段和法律手段，从企业内部到企业外部形成一个科学的制约体系，加强对租赁企业排除形形色色的干扰，促进有关部门的积极支持和配合。给租赁企业创造一个能全力搞好生产经营和改革的良好环境。

（作者工作单位：北京财贸学院商经系）

51

经济法系学生韩潮的实习报告《粮票流通问题应引起足够重视》刊发在《财贸工作研究》1987年第5期，指导老师张云福

经济法系务会议记录（摘录）

时间：1987年3月26日上午
地点：系办公室
主持人：沈雯辉
会议主要内容：研究经济法系专业设置问题
出席：张云福、陈瑞兴、关孝元等
记录人：陈瑞兴

沈雯辉发言：根据院里指示，我们对本系专业设置进行了初步的研究。在会议前，我们走访了有关单位，让张云福同志介绍走访情况。

张云福发言：我们最近走访了市高校、法院等单位，据他们介绍，近年来经济案件特别多。按规定每人每年办案14件，可现在不到半年，每人手里都有几十个案件。经济审判庭也很缺人，有大专学历的只占15名，目前很需要既懂法律又懂经济的人员。北京市司法局的同志讲，在举证方面，占七成以上是经济合同，而有经济知识的人员也缺，举证系统编制229人，每年补充几个人总可以的。市里有十几个律师事务所，有经济知识优势的人才他们是需要的，也需要法律人才。通过调查，我们可以确定：一、经济法专业是有前途的，我们要有信心。二、要增加经济方面的专业课程。三、要进一步提高学生的素质。

沈雯辉发言：从长远来看，我们应面向企业，培养经济法和经济学原理方面的法学人才。学习经济原理，不懂法不行。将来可授双学位，学制五年。第一年法学基础课，第二年学经济原理，围绕经济学开设专业课。同时开设外语、会计、司法会计、审计会计等课程，有些课程可列为选修课。应多开设经济原理方面的专业课。

1987年3月经济法系关于研究经济法系专业设置问题的会议记录（摘录）

经济法系务会议记录（摘录）

时间：1987 年 10 月 14 日下午
地点：系办公室
主持人：沈雯辉
会议主要内容：研究重新编写经济法概要及增加编写人员分工问题
出 席：张云福、王雨本、周序中、程琛、刘放乐等
记录人：陈瑞兴

沈雯辉发言：当前我们使用的《经济法概要》这本书，已经不适用了，要重新编写。特别是第一部分，基本上都不适用了，第二部分也要重写，第三部分可以保留一些，第四部分财产所有权需要充实新内容，债的部分可以不要。第五章可放在经济合同部分。知识产权部分不要，增加税法与破产法。经济司法改写一下即可。第一章法的基础知识和第二章由沈雯辉写。经济合同 2–5 万字，张云福写。所有权和经营权部分，3.2 万字，王雨本写。金融法部分刘放乐写。税法，3 万多字，周序中写。经济与法律关系，丁耀堂写。程琛同志写经济纠纷部分。本书拟在明年（88 年）7 月定稿，9 月出书。本月 15 日前各位先把章节目录手写出来。

1987 年 10 月经济法系关于研究重新编写经济法概要等问题的会议记录（摘录）

1988年

北京经济学院首届经济法专业本科生毕业。

北京经济学院开展经济法学专业硕士研究生联合招生与培养工作。

是年9月，北京经济学院联合京内其他高校，探索招收和培养经济法学专业硕士研究生。当时，经济系尚无该硕士学位授予权，需由外校授予硕士学位。

北京经济学院研究生教学计划

1988年9月制定

研究生处

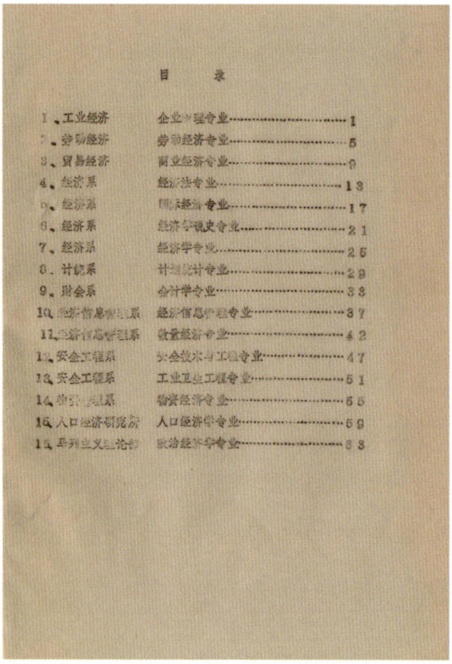

目　录

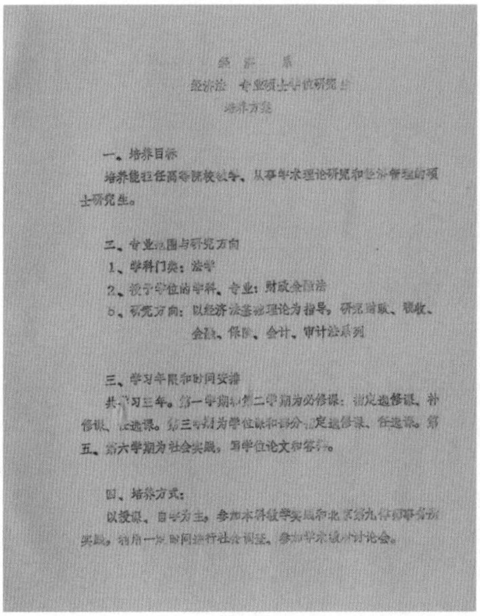

经济系

经济法 专业硕士学位研究生

培养方案

一、培养目标

培养能担任高等院校教学、从事学术理论研究和经济管理的硕士研究生。

二、专业范围与研究方向

1、学科门类：法学

2、授予学位的学科、专业：财政金融法

3、研究方向：以经济法基础理论为指导，研究财政、税收、金融、保险、会计、审计法系列

三、学习年限和时间安排

共学习三年。第一学期和第二学期为必修课、指定选修课、补修课、任选课。第三学期为学位课和部分指定选修课、任选课。第五、第六学期为社会实践，写学位论文和答辩。

四、培养方式：

以授课、自学为主，参加本科教学实践和北京第九律师事务所实践，利用一定时间进行社会调查，参加学术讨论会。

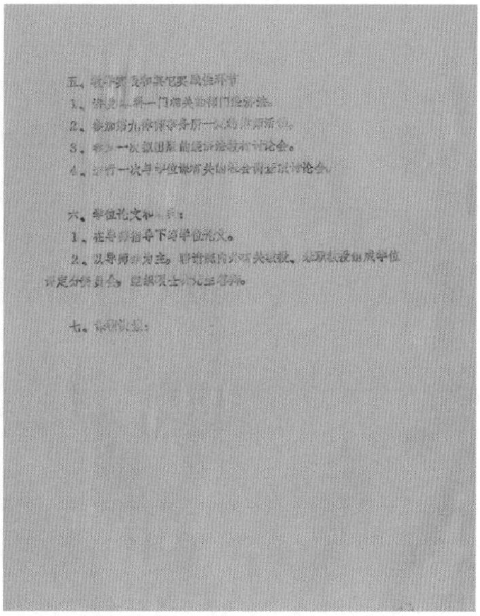

五、教学实践和其它实践性环节

1、[illegible]一门相关部门经济法。

2、参加第九律师事务所一次[illegible]。

3、参加一次[illegible]的经济法学术讨论会。

4、进行一次与学位课有关的社会调查或讨论会。

六、学位论文和答辩：

1、在导师指导下写学位论文。

2、以导师[illegible]为主，[illegible]学位评定分委员会，组织硕士论文答辩。

七、[illegible]：

1988 年北京经济学院研究生教学计划

经济法系务会议记录（摘录）

时间：1988 年 1 月 31 日 上午 8：30—12：00

地点：系办公室

主持人：沈雯辉

会议主要内容：（1）总结上学期的工作；（2）研究下学期要做的几项工作

出 席：沈雯辉、张云福、陈瑞兴、王雨本、周序中、张义书

记录人：张义书

这学期的教学任务都完成了，学生工作没出什么事，期末考试没有作弊的。系的组织机构工作完成了，成立了两个教研室，配备了辅导员，系的团结不错，处于上升阶段。

经济法专业的教学工作逐步开展，也逐步注意到了教学质量的提高，如互相开展观摩教学、在 87 级开展法律知识竞赛。教材方面有所积累，如经济法基础、经济合同法等。

下学期工作：（1）师资培养，长短期目标怎样要求，根据个人特长和开课情况结合起来。（2）课程安排要考虑，如何办成我们的特色。（3）教材选设，用自己写的还是用别人的，编写落实到人，给时间、按时完成。（4）教师搞集体备课，对每个教员把关，教员互相观摩，提高师资队伍素质。（5）做好辅导人员笔记，对学生思想要了解，将来毕业写鉴定有材料。（6）人员进出问题，张秀敏、龚晴川调出；王茜、高雁去宣武区人民法院实习半年。（7）85 级要重点抓好司法文书的学习和第三学期的实习。

关于教师返校问题：为了充分有效利用教师返校日研究、讨论一些问题，开展一些活动，决定星期一下午为我系教师返校日。第一周系里活动，第二、三周各教研室业务学习，第四周系里政治学习。

1988 年 1 月北京财贸学院经济法系务会议记录（摘录）

1989年

北京财贸学院经济法专业首届毕业生毕业。

1989 年北京财贸学院经济法专业本科生毕业论文题目

1. 试论社会主义初级阶段的多种经济形式及其法律保护
2. 社会主义初级阶段私人经济的法律地位
3. 对全民、集体、个体经济的合作经营和经济联合的所有制与所有权
4. 全民所有制企业的经营权与国家所有权分离的探讨
5. 对所有权与经营权分离的具体形式的研究
6. 论我国的承包经营及其法律形式
7. 论我国的租赁经营及其法律形式
8. 论社会主义经济法的调整对象
9. 经济法在我国经济体制改革中的意义与作用
10. 经济法在社会主义法律体系中的地位
11. 经济法基本原则的探讨
12. 社会主义民主与法制的关系
13. 对政治体制改革中若干立法问题的研究
14. 试述社会主义文化法律与共产党的关系
15. 试析依法办事同党的领导的一致性
16. 论社会主义法律意识
17. 我国经济纠纷的处理方式
18. 对经济合同原则的研究
19. 论无效经济合同
20. 论违约金与赔偿金的关系
21. 经济合同中的实际履行原则
22. 经济合同中的连带责任
23. 伪经济合同的法律责任
24. 我国的税权制度与税法探讨
25. 关于中国的银行立法
26. 中国人民银行的法律地位
27. 我国的劳动立法

以上选题，供毕业论文选题参考，不限于以上题目

1989 年 3 月

1989 年北京财贸学院经济法专业本科生毕业论文题目（沈雯辉老师拟定）

北京财贸学院经济法专业首届毕业生情况简介

我院经济法专业是为适应经济体制改革和体制建设的需要而设置的经济和法律相结合的新专业。培养目标是既懂经济，又懂法律的应用型实际工作者。工作去向主要是企业、事业单位的经济法制工作岗位。如参与经济管理方面能建立和修订各项规章制度，督促检查贯彻执行的情况；参与经济合同的订立与谈判；对生产经营活动中发生的各种经济法律问题提供咨询，协助领导进行处理。也能担任办公室的文字工作。同时，可从事经济立法、经济司法、货币公证以及国家经济管理机关的业务工作。

本专业除政治理论、文化基础等公共课外，经济类有会计、审计、企业财务管理、财政、金融、外贸等课程，法学类有宪法、刑法、民法、诉讼法、司法文书写作以及经济合同法、专利法、商标法、公司法、票据法、税法、统计法、劳动法和国际经济法等三十余门课程；学生均参加过社会调查、业务实习等实践活动。

首届毕业生40人。1985年入学，1989年毕业，经过四年系统的专业培训，专业基础比较好，有一定的业务能力。身体健康，作风正派，素质较好。

由于首届毕业的人数不多，我们希望他们能到最需要的工作岗位上去发挥其作用，因此，我们急需用人单位事先来联系选定。也可联系试用。来信来电或来人面谈均可。

北京财贸学院经济法系
联系人：陈瑞兴、张义书
地址：北京市宣武区枣林前街68号222房间
电话：361631-53

1989年北京财贸学院经济法专业首届本科毕业生情况简介

学术研究和学术交流活动的开展。

是年 5 月，沈雯辉、张云福等学者参加中国现代经济法理论研讨会并发表论文。

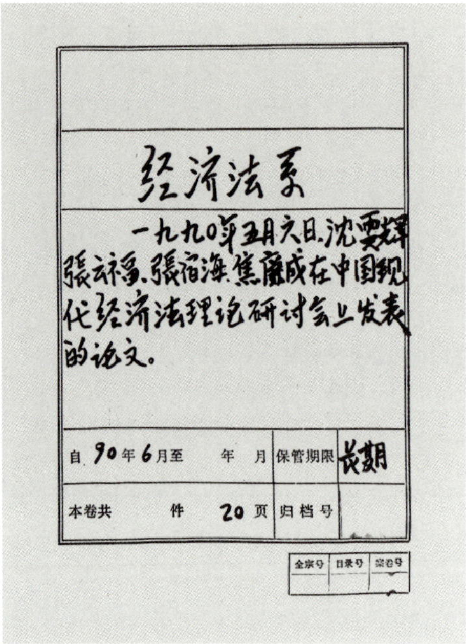

经济法系

一九九〇年五月六日.沈雯辉 張云福.張宿海.焦廉成在中国现代经济法理论研讨会上发表的论文。

自 90 年 6 月至 年 月 保管期限 长期

本卷共 件 20 页 归档号

全宗号	目录号	案卷号

沈雯辉、张云福等学者会议论文档案资料的封面

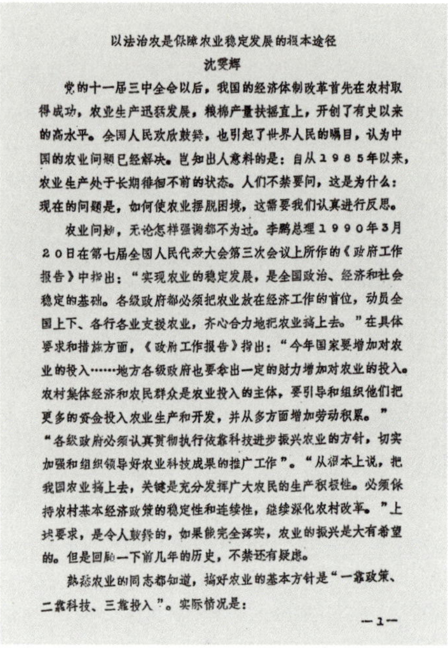

以法治农是保障农业稳定发展的根本途径

沈雯辉

党的十一届三中全会以后，我国的经济体制改革首先在农村取得成功，农业生产迅猛发展，粮棉产量扶摇直上，开创了有史以来的高水平。全国人民欢欣鼓舞，也引起了世界人民的瞩目，认为中国的农业问题已经解决。岂知出人意料的是：自从１９８５年以来，农业生产处于长期徘徊不前的状态。人们不禁要问，这是为什么：现在的问题是，如何使农业摆脱困境，这需要我们认真进行反思。

农业问题，无论怎样强调都不为过。李鹏总理１９９０年３月２０日在第七届全国人民代表大会第三次会议上所作的《政府工作报告》中指出：“实现农业的稳定发展，是全国政治、经济和社会稳定的基础。各级政府都必须把农业放在经济工作的首位，动员全国上下、各行各业支援农业，齐心合力地把农业搞上去。”在具体要求和措施方面，《政府工作报告》指出：“今年国家要增加对农业的投入……地方各级政府也要拿出一定的财力增加对农业的投入。农村集体经济和农民群众是农业投入的主体，要引导和组织他们把更多的资金投入农业生产和开发，并从多方面增加劳动积累。”“各级政府必须认真贯彻执行依靠科技进步振兴农业的方针，切实加强和组织领导好农业科技成果的推广工作”。“从根本上说，把我国农业搞上去，关键是充分发挥广大农民的生产积极性。必须保持农村基本经济政策的稳定性和连续性，继续深化农村改革。”上述要求，是令人鼓舞的，如果能完全落实，农业的振兴是大有希望的。但是回顾一下前几年的历史，不禁还有疑虑。

熟悉农业的同志都知道，搞好农业的基本方针是“一靠政策、二靠科技、三靠投入”。实际情况是：

—1—

沈雯辉会议论文《以法治农是保障农业稳定发展的根本途径》首页

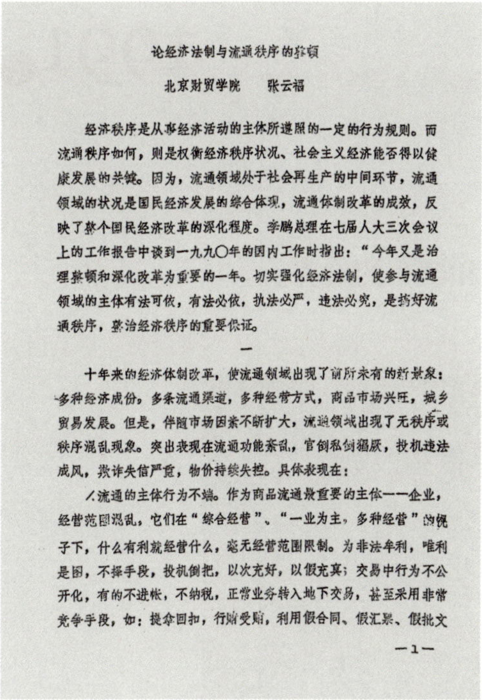

论经济法制与流通秩序的整顿

北京财贸学院　　张云福

经济秩序是从事经济活动的主体所遵照的一定的行为规则。而流通秩序如何，则是权衡经济秩序状况、社会主义经济能否得以健康发展的关键。因为，流通领域处于社会再生产的中间环节，流通领域的状况是国民经济发展的综合体现，流通体制改革的成效，反映了整个国民经济改革的深化程度。李鹏总理在七届人大三次会议上的工作报告中谈到一九九〇年的国内工作时指出："今年又是治理整顿和深化改革为重要的一年。切实强化经济法制，使参与流通领域的主体有法可依，有法必依，执法必严，违法必究，是搞好流通秩序，整治经济秩序的重要保证。

一

十年来的经济体制改革，使流通领域出现了前所未有的新景象：多种经济成份，多条流通渠道，多种经营方式，商品市场兴旺，城乡贸易发展。但是，伴随市场因素不断扩大，流通领域出现了无秩序或秩序混乱现象。突出表现在流通功能紊乱，官倒私倒猖獗，投机违法成风，欺诈失信严重，物价持续失控。具体表现在：

1.流通的主体行为不端。作为商品流通最重要的主体——企业，经营范围混乱，它们在"综合经营"、"一业为主，多种经营"的幌子下，什么有利就经营什么，毫无经营范围限制。为非法牟利，唯利是图，不择手段，投机倒把，以次充好，以假充真；交易中行为不公开化，有的不进帐，不纳税，正常业务转入地下交易，甚至采用非常竞争手段，如：提佘回扣，行贿受贿，利用假合同、假汇票、假批文

—1—

张云福会议论文

《论经济法制与流通秩序的整顿》首页

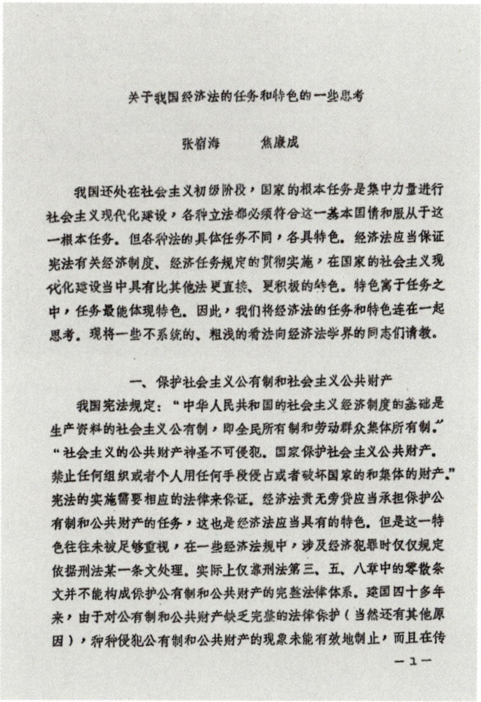

关于我国经济法的任务和特色的一些思考

张宿海　　焦廉成

我国还处在社会主义初级阶段，国家的根本任务是集中力量进行社会主义现代化建设，各种立法都必须符合这一基本国情和服从于这一根本任务。但各种法的具体任务不同，各具特色。经济法应当保证宪法有关经济制度、经济任务规定的贯彻实施，在国家的社会主义现代化建设当中具有比其他法更直接、更积极的特色。特色寓于任务之中，任务最能体现特色。因此，我们将经济法的任务和特色连在一起思考。现将一些不系统的、粗浅的看法向经济法学界的同志们请教。

一、保护社会主义公有制和社会主义公共财产

我国宪法规定："中华人民共和国的社会主义经济制度的基础是生产资料的社会主义公有制，即全民所有制和劳动群众集体所有制。""社会主义的公共财产神圣不可侵犯。国家保护社会主义公共财产。禁止任何组织或者个人用任何手段侵占或者破坏国家的和集体的财产。"宪法的实施需要相应的法律来保证。经济法责无旁贷应当承担保护公有制和公共财产的任务，这也是经济法应当具有的特色。但是这一特色往往未被足够重视，在一些经济法规中，涉及经济犯罪时仅仅规定依据刑法某一条文处理。实际上仅靠刑法第三、五、八章中的零散条文并不能构成保护公有制和公共财产的完整法律体系。建国四十多年来，由于对公有制和公共财产缺乏完整的法律保护（当然还有其他原因），种种侵犯公有制和公共财产的现象未能有效地制止，而且在传

—1—

张宿海、焦廉成会议论文

《关于我国经济法的任务和特色的一些思考》首页

党总支的建设、教学活动的开展和学生的培养。

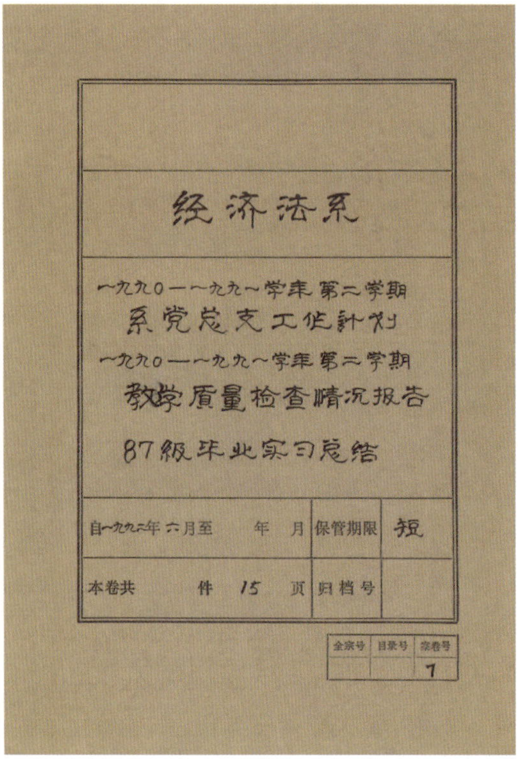
经济法系

一九九〇—一九九一学年第二学期
系党总支工作计划
一九九〇—一九九一学年第二学期
教学质量检查情况报告
87级毕业实习总结

自一九九二年六月至　　年　月		保管期限	短
本卷共　　件 15 页		归档号	

全宗号	目录号	案卷号
		7

北京财贸学院经济法系 1990-1991 学年第二学期档案资料封面

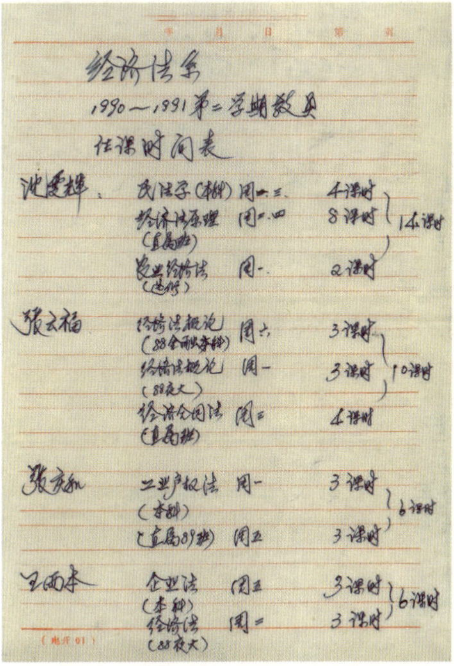

经济法系
1990～1991第二学期教员
任课时间表

池[illegible]辉　民法学（本科）　周一、三　4课时
经济法原理（直属班）　周二、四　8课时　14课时
农业经济法（选修）　周一　2课时

张云福　经济法概论（88金融本科）　周六　3课时
经济法概论（88夜大）　周一　3课时　10课时
经济合同法（直属班）　周三　4课时

张庆和　工业产权法（本科）　周一　3课时
（直属89班）　周五　3课时　6课时

王[illegible]本　企业法（本科）　周五　3课时
经济法（88夜大）　周二　3课时　6课时

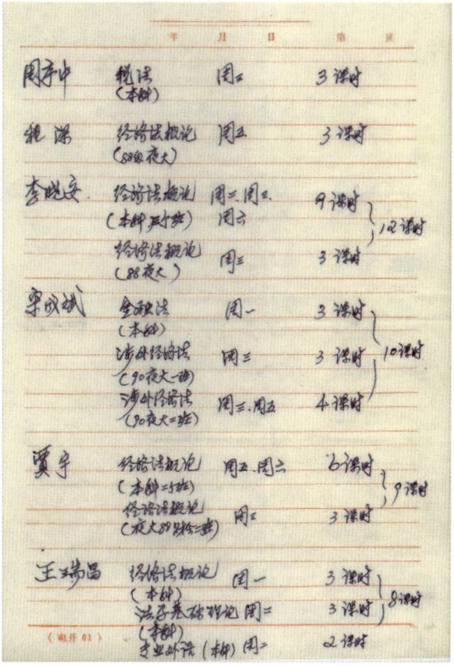

周序中　税法（本科）　周二　3课时

魏洪　经济法概论（88级夜大）　周五　3课时

李晓安　经济法概论（本科，三个班）　周二、周三、周六　9课时
经济法概论（88夜大）　周三　3课时　12课时

宋成斌　金融法（本科）　周一　3课时
涉外经济法（90夜大一班）　周三　3课时
涉外经济法（90夜大二班）　周三、周五　4课时　10课时

贺宇　经济法概论（本科二5班）　周五、周六　6课时
经济法概论（夜大89[illegible]二班）　周二　3课时　9课时

王瑞昌　经济法概论（本科）　周一　3课时
法学基础理论（本科）　周二　3课时　8课时
专业外语（本科）　周二　2课时

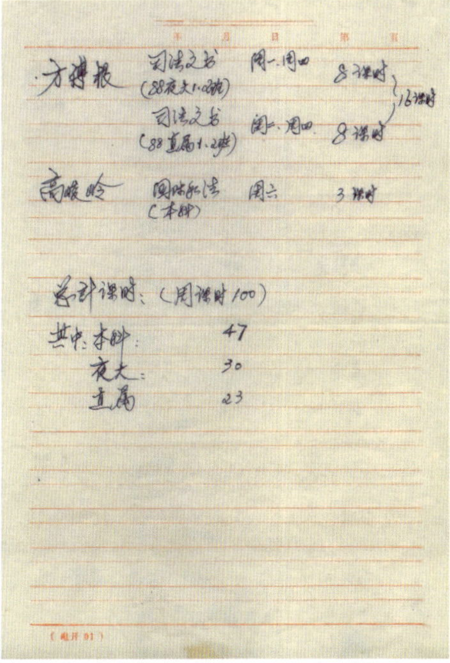

方谋根　司法文书（88夜大1、2班）　周一、周四　8课时
司法文书（88直属1、2班）　周二、周四　8课时　16课时

高峻岭　国际私法（本科）　周六　3课时

总计课时：（周课时100）
其中：本科：　47
夜大：　30
直属　23

北京财贸学院经济法系 1990-1991 学年
第二学期教员任课时间表

经济法系党总支本学期工作安排

为了全面贯彻执行党的教育方针，培养德、智、体全面发展的合格的社会主义建设人才，遵照院党委本学期工作安排的要求，我们将尽全力上水平、上管理，从总体上把我系各方面工作大大向前推进一步，以圆满完成院党委交给我们的各项工作。鉴于我系目前人员较少，任务十分繁重，因此，必须加强党组织建设，充分发挥党组织和党员的作用，即党支部要充分发挥战斗堡垒作用，党员要发挥骨干作用，并切实把全系群众团结在党组织周围，坚持正确的政治方向，保证教学、科研等各项任务的顺利完成。我们觉得当前首先要抓紧的是坚决响应党委的号召，切实把德育首位贯彻到各项工作中去，把德育首位搞得既轰轰烈烈，又扎扎实实。我们将充分利用各种场合，采用多种形式，在全体党员和教工中，开展德育首位的宣传教育，把德育首位的思想灌输到每个教工的头脑中去，务必使大家都牢固树立德育首位的观念，进而形成全员德育意识，以便把教书育人、管理育人、服务育人变为每个教工的自觉行动。具体安排如下：

思想建设方面

每月组织一次党课学习。近期结合党课学习，组织全系人员观看电影《焦裕禄》，并要求各党支部联系单位实际和个人实际进行认真的讨论，力求使大家的思想水平有一些提高。

每月开二次生活会。要求每个党员都必须很好地按照党员的标准来要求自己，检查自己，好的发扬，不足的限期改正。要做到大家思想见面，认真开展批评与自我批评，使每个人做到见好的就学，见差的就帮，努力把经济法系这个集体建设好。

政治学习方面

主要是组织大家学习《关于社会主义若干问题学习纲要》，为了配合并搞好学习，拟在5月初组织全系教工去郊区参观一些效益好的乡镇企业，进一步深刻认识改革开放的深远意义。

组织建设方面

切实做好发展工作。发展工作的关键点在于搞好培养教育工作，目前，各支部对发展工作都抓得比较紧，凡是写了申请书的同志，支部负责人都同他们谈过话，并指定了联系人。我们将切实贯彻成熟一个发展一个的方针。拟在本学期发展教师党员一名、学生党员三名。

党总支每季度开一次生活会，要求每个成员都必须认真开展批评与自我批评。同时要对全系每个教工的工作、思想以及家庭生活情况，进行分析研究，以便有针对性地做工作，并实事求是地帮助解决能够解决的问题，在领导干部中要提倡不说空话，多办实事，坚决克服那种只写在纸上，行动在嘴上的不良作风。

每季度召开一次党员大会，或全系人员大会，对系里的工作提出意见，评议系领导。

1991.4.19

1991年北京财贸学院经济法系党总支新学期工作安排

经济法系关于期中教学质量检查的情况报告

根据学院布置和要求，我系从6月5日至18日两周内，进行了以下工作：

在这两周内，系党政领导分别负责教学区的值班制度，检查出勤、迟到、早退等情况，教学情况以及教室与环境卫生等情况。

领导干部听课制度。系主要领导听了四节课，其余老师也分别听课、交流，并与讲课老师交换了意见。

组织观摩教学。全系主要教学骨干听取了李晓安同志的“经济法概论”讲课。

召开了教师座谈会，讨论了教学中的经验和存在的问题。

整顿了学生纪律，召开了数次大小会议，重申学院各项规章制度。

经过两周来的检查，我们认为：

教师出勤情况良好，也能坚持制度，杜绝了提早下课现象。

由于组织听课，任课教师一般备课表现较认真，对提高教学质量有一定促进作用。

学生纪律状况也较正常，教学环境有所改进。

但是，还有若干不足之处：

这次各方面的进步和改善只是初步的，虽然有个良好的开端，但很不稳定，有“暂时”现象，因此必须持之以恒，一抓到底。

系有些领导由于课时多，其他社会工作多，未能全部按计划完成听课任务。

学生中迟到现象还未完全杜绝，虽然系领导严厉批评，但仍有个别现象。

召开学生座谈会未能及时进行，只是听取少数学生的意见。

今后计划和打算：

巩固现有成果，肯定成绩，指出不足之处，分别限令改正。

为提高教学质量，在听课交流的基础上，认真总结，具体帮助，如有的教师教学技巧较差，不够生动活泼，内容枯燥乏味，需要认真改进。

严格制度纪律，本着“过去从宽，今后从严”的精神，凡有违反规章制度等情况，要严肃处理，绝不念私情。

经济法系

1991.5.22

1991年北京财贸学院经济法系关于期中教学质量检查的情况报告

北京财贸学院经济法系87级毕业实习总结

根据学院关于87级毕业实习的计划安排，我系于1991年3月1日至4月16日，组织学生进行毕业实习。在市法制办和市机械局法制办大力支持下，分赴四个实习点：北京市第一机床厂、北京人民机械厂、北京重型电机厂、北京第一机床电器厂。

一个半月的实习，学生们普遍感觉受到了一次接触实体，了解社会，向工人学习的良好锻炼，在思想感情、专业知识、组织纪律等方面都有了一定的提高。

一、励精图治、自我完善

这几年，大学毕业生分配难，用人单位对大学生渐有微词，以至于有些单位不欢迎大学生。除体制方面原因外，亦有大学生自身形象的问题。如集体观念淡薄、自我意识过强，稳定性差、不安心本职工作，眼高手低。经过这次实习，接触了实际，特别与工人们打了交道，学生对自我价值有了比较正确的评价。有的学生在实习总结中这样说："我们这些天之骄子，时代的宠儿，要想打破这种格局，就应当首先从自身做起，少一点想入非非，多几分脚踏实地。这样才不至于在步入社会时感到委屈、失落，才不会有大材小用之感。"有的学生这样写道："在实习期间，通过与工人的接触，我学习到工人阶级的许多优秀品质，深刻意识到，作为一个即将毕业，走上社会，走上工作岗位的大学生，只有在实践中才能锻炼成才，只有脚踏实地、认真苦干，才能对社会做出应尽的贡献。"还有的学生这样写："在与工人师傅相处的时间里，我感到：我们大学生迫切需要在社会生活中改造自己、完善自己。我们不能仅凭不切实际的想象去了解社会，挑剔社会，而应更广泛更深入地接触社会，要在社会变革的洪流中实现自己的价值。"有类似感触的学生颇多。可以这样说，实践，使大学生的思想得到了改造，自我评价正确多了。

二、学非所用与学以致用

在大学近四年的学习生活中，以往学生们所学的知识基本上源于书本，由于没有接触实际，对经济法知识理解不深，还不敢用所学的理论知识去解释社会上遇到的问题。因而往往感到自己所学知识没多大用处。通过毕业实习，感觉自己所学知识有了用武之地，利用所学知识解决了企业中出现的许多实际问题。法律在企业发展中有相当大的作用："经济法是企业管理的武器，有了它企业才能有生气活力；企业搞好经济法不是可有可无，经济的发展必须有法律为后盾。"有的同学在实习总结中写道："在实习中，我迫切地感受到我们平时在学校中所学的知识远远不能适应实际需要。有的知识在实际中难以应用，有些学科在实际中应用很广，而我们学得却泛而不精。"通过毕业实习，学生对我们现在的教学方式提出了中肯的建议："要改变学用脱离，首先应当从培养学生的动手能力入手，建立健全以专业技能训练为主导的新型教育模式。学校应给学生创造多种条件，让学生有机会到社会的大课堂上去锻炼，组织诸如到企业代职实习、课堂操作练习和社会调查等多种形式的实践活动。"还有的同学说："通过实习，我得到了一个启示：在学校里所学的书本知识，只有当你能够熟练地运用到社会实践中去，才算是真正掌握了属于你自己的知识。学了要用，才算有用。学了不用，等于没用。"不少同学在毕业实习中，有意识地将自己所学的知识运用到企业的经济活动实践中，如经济合同法、企业法、票据法，并给企业提出不少法律方面的好建议，受到了企业好评。

三、克服懒惰，加强了组织纪律

在校期间，由于学校的特定环境，学生平时比较懒惰，早上不起床，晚上不熄灯，聊大天、打扑克、下棋，甚至吃喝打闹，上课缺勤。这次深入工厂实习，工厂严格的纪律、严格的考勤制度，以及认真执行的各种规章制度，使学生受到了一次深刻的组织纪律教育。他们从开始不习惯，到能跟着做。经过一段时间观察，我们发现学生们的考勤非常正规，有的学生离实习点较远，但都能早来晚走，一到班上，主动打水、扫地、收拾屋子，很自觉、自重，受到了实习单位领导、师傅的好评。工人师傅多次向带队老师反映要表扬这些同学。李彤同学在实习的心得体会中这样写："没想到第一个要克服的难题竟是懒惰。在学校时课程安排得并不紧，有时八点多才起床，悠闲地吃完早饭才慢慢地往教室踱去。而这里却不然，早晨厂内到处都是行色匆匆的人们，他（她）们有的要安排全家人的早饭，有的要送孩子入托，但厂门口的考勤员却是铁面无私的。所以大多数人都处在一种高度紧张的状态之中，生活节奏极快。入乡随俗，但没想到入乡随俗竟这样难。"通过一个半月的实习，许多同学已经习惯严格的劳动纪律，对脏累活也能平心静气地接受下来，并以此为豪。工人师傅对学生们能以一个普通劳动者的面貌出现，也十分高兴。通过这次实习，大家的组织纪律性加强了，并学到不少社会活动技能。例如，如何接待客户、如何进行商业洽谈、如何签订具体经济合同、如何执行罚款措施。

纵观这次毕业实习，学生们从思想素质、专业知识、组织纪律到实际操作能力都有了一定的提高，达到了预期的目的。这次毕业实习之所以有这种结果，是因为我系把实习工作看得相当重，实习前系里召开了全体同学会，进行了动员。特别强调了这次毕业实习的目的和意义，要求学生利用实习机会把所学的法律知识使用到实际工作中，注意了解企业对法律适用的情况，并找出它的成功之处和不足之地。对下去实习的组织也进行了强调，要求学生谦虚、谨慎，踏踏实实向工人们学习；这次实习组织工作也开展得比较好，本着学生家庭地址就近进行编组；四个工厂，每组 9 至 10 人。每组都有组长，并指派教师分工负责，每周研究实习情况。因而取得了一定的成绩。

这次毕业实习也暴露了一些问题，应当加以重视，并努力改进。一是选点问题。这次本想让学生更好地深入实际，了解实际，因而将实习点安排到工厂。北京市机械局法制办的领导也十分重视，亲自帮着联系实习点，并找了北京市执行经济法制较好的单位。但有些事与愿违，这些工厂较大，机构健全，工作十分规范。因而到实习点后，学生不太容易深入各部门、各科室，也不能深入车间；单位也有想法，怕学生掌握该单位的情况后流散到社会上。所以有的实习单位这也不让动，那也不让去，学生身在实习口，进不了实习门。看来选择的单位不宜太大。二是毕业实习与毕业分配的时间相互交织、相互影响，使毕业实习受到干扰。时间安排上是否能错开，请领导敬虑。三是实习经费。有的单位要的数额超过规定额，工厂将之作为超收的一条途径。但学校经费有规定，往往不能满足实习单位的要求。对此，有关部门应尽快拿出办法来，改进上述问题。

总之，毕业实习相关工作安排还有待进一步完善，我系还要不断摸索经验，争取更大的成绩。

以上总结不知妥否，请阅示。

北京财贸学院经济法系

第三学期领导小组

1991.5.23

1991 年北京财贸学院经济法系 87 级毕业实习总结

学术研究和学术交流活动的开展。

是年 5 月，沈雯辉等学者参加农村经济法制建设学术研讨会并发表论文。

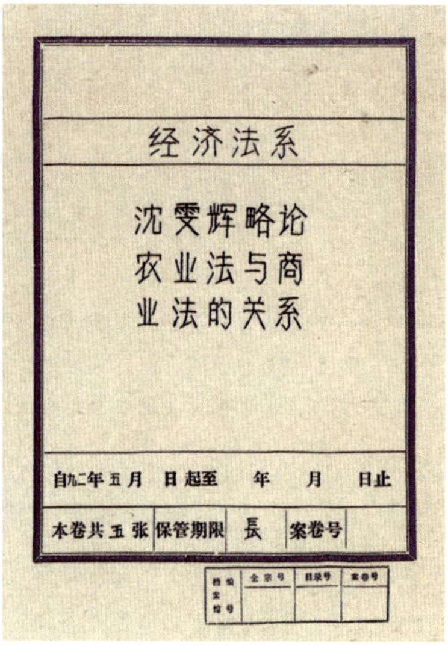

经济法系

沈雯辉略论
农业法与商
业法的关系

自九二年五月	日起至	年	月	日止	
本卷共五张	保管期限	長	案卷号		

档案室编号	全宗号	目录号	案卷号

1992 年沈雯辉参加农业经济法制建设学术研讨会的会议论文档案资料的封面

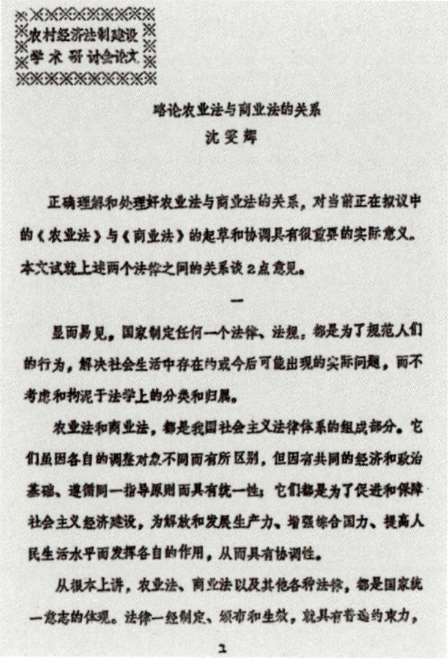

农村经济法制建设
学术研讨会论文

略论农业法与商业法的关系

沈雯辉

正确理解和处理好农业法与商业法的关系，对当前正在拟议中的《农业法》与《商业法》的起草和协调具有很重要的实际意义。本文试就上述两个法律之间的关系谈 2 点意见。

一

显而易见，国家制定任何一个法律、法规，都是为了规范人们的行为，解决社会生活中存在的或今后可能出现的实际问题，而不考虑和拘泥于法学上的分类和归属。

农业法和商业法，都是我国社会主义法律体系的组成部分。它们虽因各自的调整对象不同而有所区别，但因有共同的经济和政治基础、遵循同一指导原则而具有统一性；它们都是为了促进和保障社会主义经济建设，为解放和发展生产力、增强综合国力、提高人民生活水平而发挥各自的作用，从而具有协调性。

从根本上讲，农业法、商业法以及其他各种法律，都是国家统一意志的体现。法律一经制定、颁布和生效，就具有普遍约束力，

1

沈雯辉会议论文《略论农业法与商业法的关系》首页

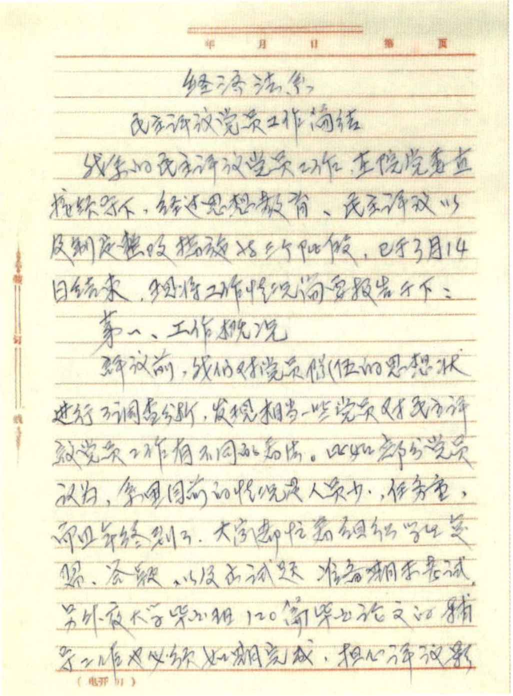
年 月 日 第 页

经济法系

民主评议党员工作简结

我系的民主评议党员工作，在院党委直接领导下，经过思想教育、民主评议以及制定整改措施等几个阶段，已于3月14日结束，现将工作情况简要报告如下：

第一、工作概况

评议前，我们对党员队伍的思想状况进行了调查分析，发现相当一些党员对民主评议党员工作有不同的看法。比如部分党员认为，系里目前的情况是人员少，任务重，而且年终到了，大家都忙着组织学生复习、答疑，以及考试等，准备期末考试，另外夜大学毕业班120篇毕业论文的辅导工作也必须如期完成，担心评议影

1992年北京财贸学院经济法系民主评议党员工作总结首页

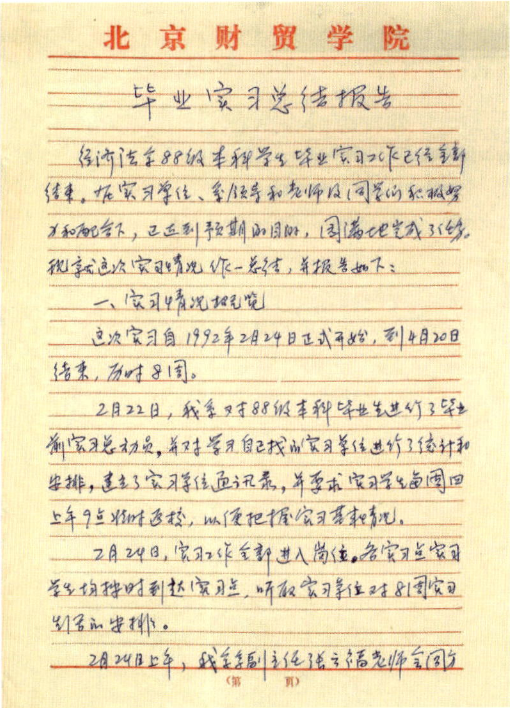
北京财贸学院

毕业实习总结报告

经济法系88级本科学生毕业实习工作已经全部结束。在实习单位、系领导和老师及同学们的积极努力和配合下，已达到预期的目的，圆满地完成了任务。现就这次实习情况作一总结，并报告如下：

一、实习情况概况

这次实习自1992年2月24日正式开始，到4月20日结束，历时8周。

2月22日，我系对88级本科毕业生进行了毕业前实习总动员，并对学生自己找的实习单位进行了统计和安排，建立了实习单位通讯录，并要求实习学生每周四上午9点准时返校，以便把握实习基本情况。

2月24日，实习工作全部进入岗位。各实习点实习学生均按时到达实习点，听取实习单位对8周实习计划的安排。

2月24日上午，我系系副主任张云绪老师会同

（第 页）

1992年北京财贸学院经济法系毕业实习总结报告首页

1993年

经济法学专业硕士学位授予权获批。

是年，北京经济学院经济法学专业获批硕士学位授予权。

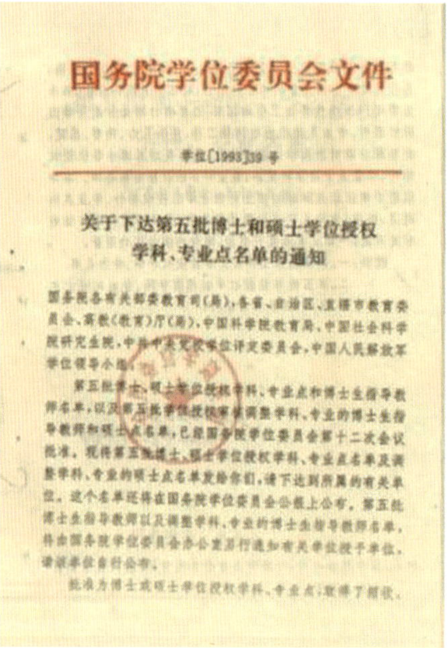

国务院学位委员会文件

学位〔1993〕39号

关于下达第五批博士和硕士学位授权学科、专业点名单的通知

国务院各有关部委教育司(局)，各省、自治区、直辖市教育委员会、高教(教育)厅(局)，中国科学院教育局，中国社会科学院研究生院，中共中央党校学位评定委员会，中国人民解放军学位领导小组：

第五批博士、硕士学位授权学科、专业点和博士生指导教师名单，以及第五批学位授权审核调整学科、专业的博士生指导教师和硕士点名单，已经国务院学位委员会第十二次会议批准。现将第五批博士、硕士学位授权学科、专业点名单及调整学科、专业的硕士点名单发给你们，请下达到所属的有关单位。这个名单还将在国务院学位委员会公报上公布。第五批博士生指导教师以及调整学科、专业的博士生指导教师名单，将由国务院学位委员会办公室另行通知有关学位授予单位，请该单位自行公布。

批准为博士或硕士学位授权学科、专业点，取得了招收、

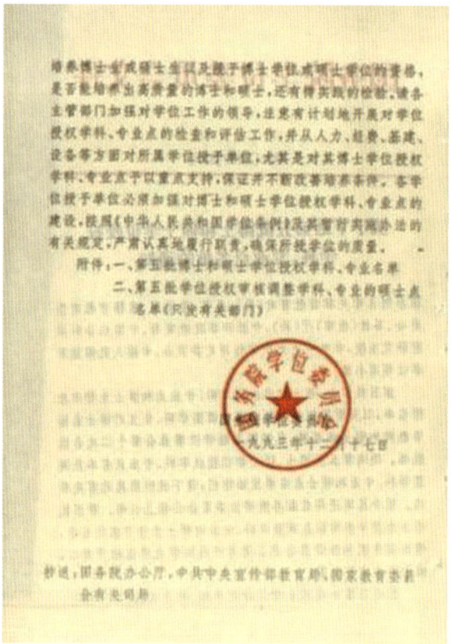

培养博士生或硕士生以及授予博士学位或硕士学位的资格，是否能培养出高质量的博士和硕士，还有待实践的检验。请各主管部门加强对学位工作的领导，注意有计划地开展对学位授权学科、专业点的检查和评估工作，并从人力、经费、基建、设备等方面对所属学位授予单位，尤其是对其博士学位授权学科、专业点予以重点支持，保证并不断改善培养条件。各学位授予单位必须加强对博士和硕士学位授权学科、专业点的建设，按照《中华人民共和国学位条例》及其暂行实施办法的有关规定，严肃认真地履行职责，确保所授学位的质量。

附件：一、第五批博士和硕士学位授权学科、专业名单

二、第五批学位授权审核调整学科、专业的硕士点名单（只发有关部门）

国务院学位委员会

一九九三年十二月十七日

抄送：国务院办公厅，中共中央宣传部教育局，国家教育委员会有关司局

1993年第五批博士、硕士学位授权点通知文件（国务院学位〔1993〕39号）

院办律所（北京市经贸律师事务所）的设立。

是年，北京财贸学院筹备建立北京市经贸律师事务所。

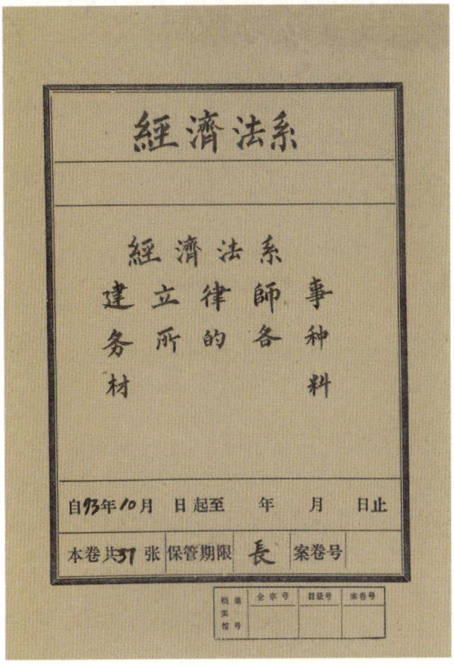

經濟法系

經濟法系
建立律師事
务所的各种
材料

自93年10月 日起至 年 月 日止

本卷共37张 保管期限 長 案卷号

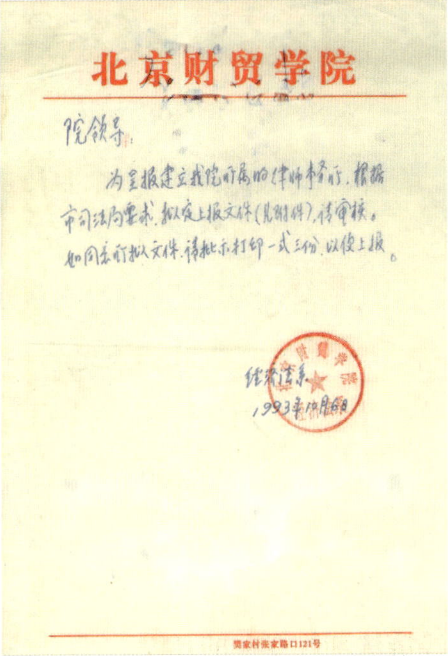

北京财贸学院

院领导：

为呈报建立我院所属的律师事务所，根据市司法局要求，拟定上报文件（见附件），待审核。如同意所拟文件，请批示打印一式三份，以便上报。

经济法系
1993年10月6日

贸家村张家路口121号

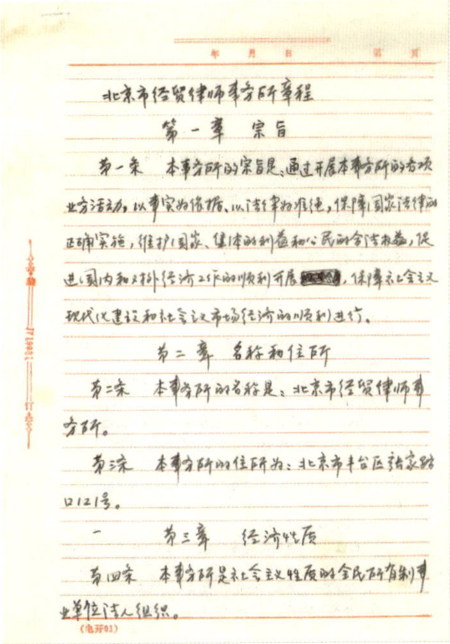

北京市经贸律师事务所章程

第一章 宗旨

第一条 本事务所的宗旨是：通过开展本事务所的各项业务活动，以事实为依据，以法律为准绳，保障国家法律的正确实施，维护国家、集体的利益和公民的合法权益，促进国内和对外经济工作的顺利开展，保障社会主义现代化建设和社会主义市场经济的顺利进行。

第二章 名称和住所

第二条 本事务所的名称是：北京市经贸律师事务所。

第三条 本事务所的住所为：北京市丰台区张家路口121号。

第三章 经济性质

第四条 本事务所是社会主义性质的全民所有制事业单位法人组织。

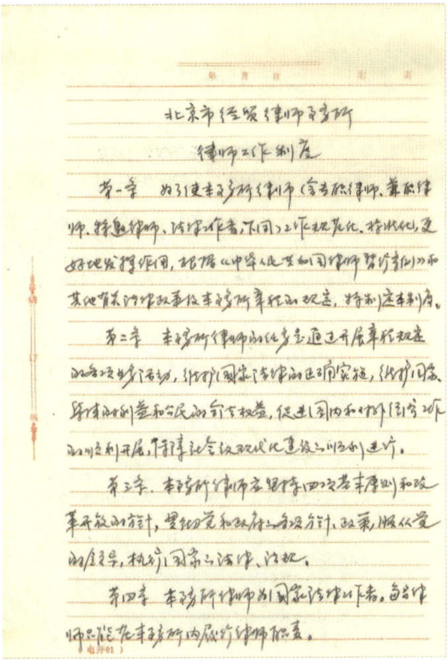

北京市经贸律师事务所
律师工作制度

第一条 为了使本事务所律师（含专职律师、兼职律师、特邀律师、法律工作者，下同）工作规范化、制度化，更好地发挥作用，根据《中华人民共和国律师暂行条例》和其他有关法律以及本事务所章程的规定，特制定本制度。

第二条 本事务所律师的任务是通过开展章程规定的各项业务活动，维护国家法律的正确实施，维护国家、集体的利益和公民的合法权益，促进国内和对外经济工作的顺利开展，保障社会主义现代化建设的顺利进行。

第三条 本事务所律师应坚持四项基本原则和改革开放的方针，坚决贯彻党和政府的各项方针、政策，服从党的领导，执行国家的法律、法规。

第四条 本事务所律师为国家法律工作者。每名律师只能在本事务所内履行律师职责。

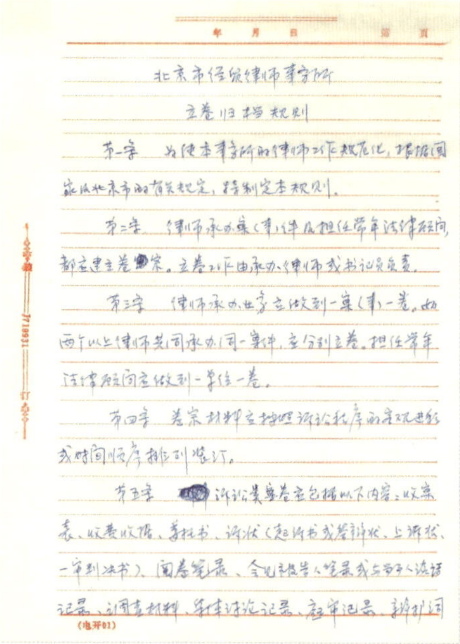
北京市经贸律师事务所

立卷归档规则

第一条　为使本事务所的律师工作规范化，根据国家及北京市的有关规定，特制定本规则。

第二条　律师承办案（事）件及担任常年法律顾问，都应建立卷宗。立卷工作由承办律师或书记员负责。

第三条　律师承办业务应做到一案（事）一卷。如两个以上律师共同承办同一案件，应分别立卷。担任常年法律顾问应做到一单位一卷。

第四条　卷宗材料应按照诉讼程序的客观进程或时间顺序排列装订。

第五条　诉讼类案卷应包括以下内容：收案表、收费收据、委托书、诉状（起诉书或答辩状、上诉状、一审判决书）、阅卷笔录、会见被告人笔录或与当事人谈话记录、调查材料、集体讨论记录、庭审记录、辩护词

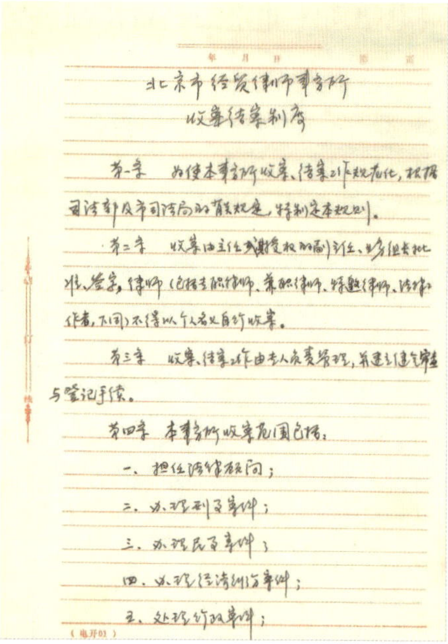
北京市经贸律师事务所

收案结案制度

第一条　为使本事务所收案、结案工作规范化，根据司法部及市司法局的有关规定，特制定本规则。

第二条　收案由主任或授权的副主任、业务组长批准、登记，律师（包括专职律师、兼职律师、特邀律师、法律工作者，下同）不得以个人名义自行收案。

第三条　收案、结案工作由专人负责管理，并建立健全审查与登记手续。

第四条　本事务所收案范围包括：

一、担任法律顾问；

二、办理刑事案件；

三、办理民事案件；

四、办理经济纠纷案件；

五、处理行政案件；

北京财贸学院经济法系建立律师事务所的档案资料，包括关于设立律所的申请报告、律所章程、律师工作制度、立卷归档规则、收案结案制度等资料，上述图片为这些档案资料的首页

经济法辅修专业的开设。

是年，北京财贸学院各专业实行主辅修制度，开设经济法等3个辅修专业。

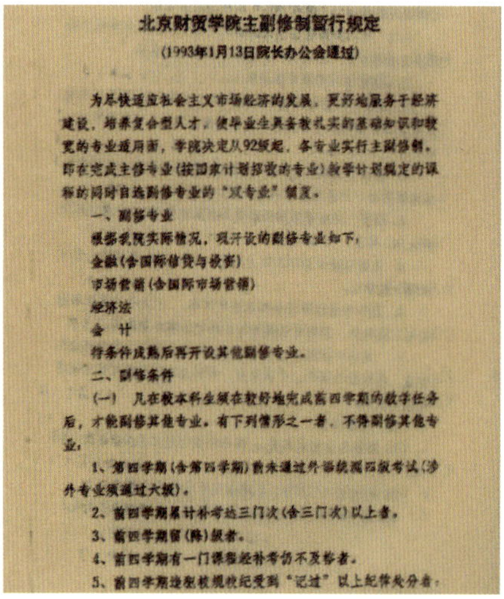
北京财贸学院主副修制暂行规定

（1993年1月13日院长办公会通过）

为尽快适应社会主义市场经济的发展，更好地服务于经济建设，培养复合型人才，使毕业生具备较扎实的基础知识和较宽的专业适用面，学院决定从92级起，各专业实行主副修制，即在完成主修专业（按国家计划招收的专业）教学计划规定的课程的同时自选副修专业的"双专业"制度。

一、副修专业

根据我院实际情况，现开设的副修专业如下：

金融（含国际信贷与投资）

市场营销（含国际市场营销）

经济法

会　计

待条件成熟后再开设其他副修专业。

二、副修条件

（一）　凡在校本科生须在较好地完成前四学期的教学任务后，才能副修其他专业。有下列情形之一者，不得副修其他专业：

1、第四学期（含第四学期）前未通过外语统测四级考试（涉外专业须通过六级）。

2、前四学期累计补考达三门次（含三门次）以上者。

3、前四学期留（降）级者。

4、前四学期有一门课程经补考仍不及格者。

5、前四学期违犯校规校纪受到"记过"以上纪律处分者，

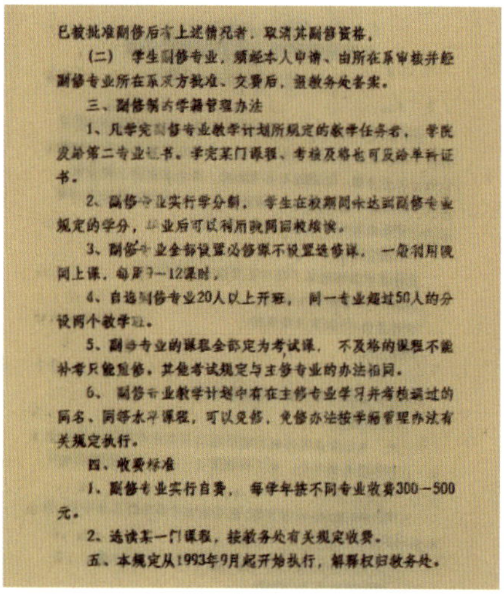
已被批准副修后有上述情况者，取消其副修资格。

（二）　学生副修专业，须经本人申请、由所在系审核并经副修专业所在系双方批准、交费后，报教务处备案。

三、副修制的学籍管理办法

1、凡学完副修专业教学计划所规定的教学任务者，学院发给第二专业证书。学完某门课程、考核及格也可发给单科证书。

2、副修专业实行学分制，学生在校期间未达到副修专业规定的学分，毕业后可以利用晚间回校续读。

3、副修专业全部设置必修课不设置选修课，一般利用晚间上课，每周[illegible]—12课时。

4、自选副修专业20人以上开班，同一专业超过50人的分设两个教学班。

5、副修专业的课程全部定为考试课，不及格的课程不能补考只能重修，其他考试规定与主修专业的办法相同。

6、副修专业教学计划中有在主修专业学习并考核通过的同名、同等水平课程，可以免修，免修办法按学籍管理办法有关规定执行。

四、收费标准

1、副修专业实行自费，每学年按不同专业收费300—500元。

2、选读某一门课程，按教务处有关规定收费。

五、本规定从1993年9月起开始执行，解释权归教务处。

1993年北京财贸学院开设经济法辅修专业的证明材料

1994年

北京财贸学院经济律师专门化（当时称谓，即经济律师专业）设立。

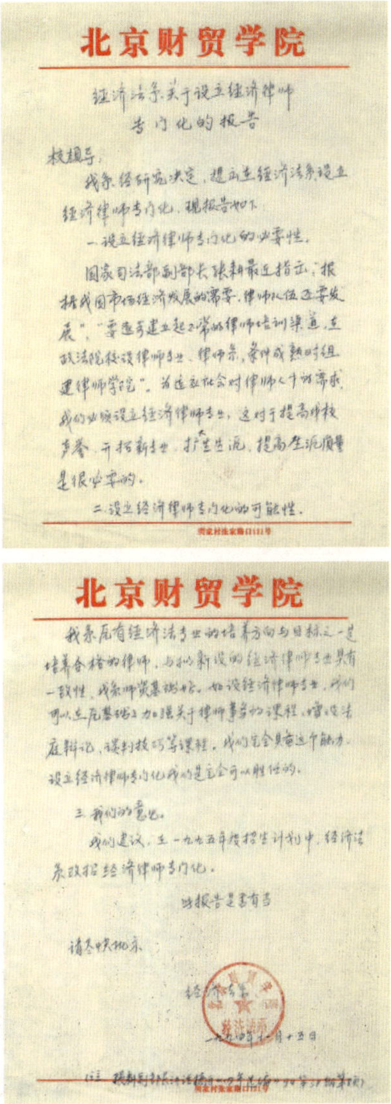

北京财贸学院

经济法系关于设立经济律师专门化的报告

校领导：

我系经研究决定，提出在经济法系设立经济律师专门化，现报告如下：

一、设立经济律师专门化的必要性。

国家司法部副部长张耕最近指出："根据我国市场经济发展的需要，律师队伍还要发展"，"要逐步建立起正常的律师培训渠道，在政法院校设律师专业、律师系，条件成熟时组建律师学院"。为适应社会对律师人才的需求，我们必须设立经济律师专业，这对于提高我校声誉，开拓新专业，扩大生源，提高生源质量是很必要的。

二、设立经济律师专门化的可能性。

北京财贸学院

我系原有经济法专业的培养方向与目标之一是培养合格的律师，与拟新设的经济律师专业具有一致性，我系师资基础好。如设经济律师专业，我们可以在原基础上加强关于律师事务的课程，增设法庭辩论、谈判技巧等课程，我们完全具备这个能力。设立经济律师专门化我们是完全可以胜任的。

三、我们的意见。

我们建议，在一九九五年度招生计划中，经济法系设招经济律师专门化。

此报告是否有当

请予批示。

经济法系

一九九四年十一月十五日

1994 年北京财贸学院经济法系关于设立经济律师专门化的报告

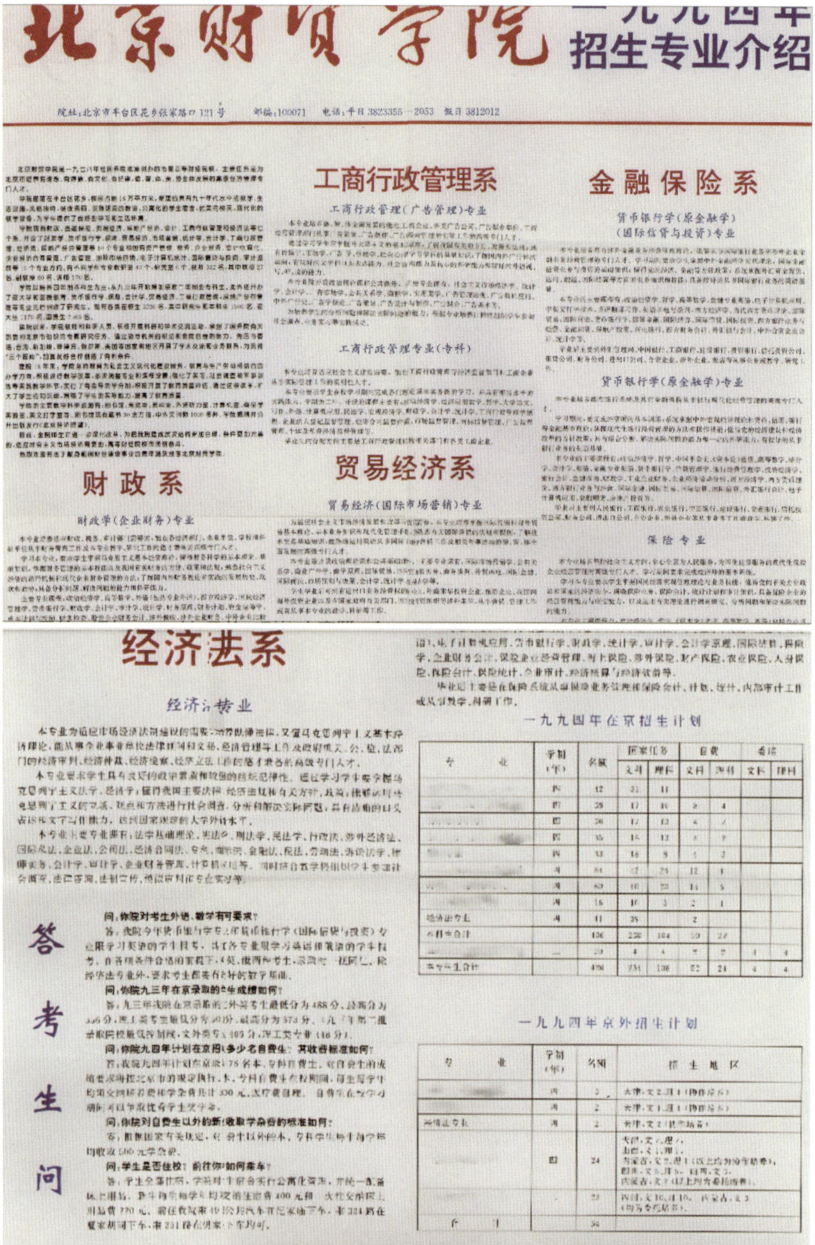

北京财贸学院 一九九四年招生专业介绍

院址：北京市丰台区花乡张家路口121号　邮编：100071　电话：3823355－2053　3812012

工商行政管理系

工商行政管理（广告管理）专业

工商行政管理专业（专科）

金融保险系

货币银行学（原金融学）（国际信贷与投资）专业

货币银行学（原金融学）专业

保险专业

贸易经济系

贸易经济（国际市场营销）专业

财政系

财政学（企业财务）专业

经济法系

经济法专业

本专业为适应市场经济法制建设的需要，培养既掌握法律理论，又掌握马克思列宁主义基本经济理论，能从事企业事业单位法律顾问和文秘、经济管理等工作及政府机关、公、检、法部门的经济审判、经济仲裁、经济检察、经济立法工作的德才兼备的高级专门人才。

本专业要求学生具有良好的政治素质和较强的组织纪律性。通过学习学生要掌握马克思列宁主义法学、经济学，懂得我国主要法律、经济法规和有关方针、政策，能够运用马克思列宁主义的观点、观点和方法进行社会调查，分析和解决实际问题，具有清晰的口头表达和文字写作能力，达到国家规定的大学外语水平。

本专业主要专业课有：法学基础理论、宪法学、刑法学、民法学、行政法、涉外经济法、国际私法、企业法、公司法、经济合同法、专利、商标法、金融法、税法、劳动法、诉讼法学、律师实务、会计学、审计学、企业财务管理、计算机应用等。同时结合教学将组织学生参加社会调查、法律咨询、法制宣传、模拟审判和专业实习等。

答考生问

问：你院对考生外语、数学有何要求？

答：我院今年货币银行学专业、货币银行学（国际信贷与投资）专业限学习英语的学生报考，其它各专业限学习英语和俄语的学生报考。在各项条件合格的情况下，英、俄两种考生，录取时一视同仁。除经济法专业外，要求考生都要有较好的数学基础。

问：你院九三年在京录取的新生成绩如何？

答：九三年我院在京录取的文科类考生最低分为488分，最高分为556分，理工类考生最低分为[illegible]分，最高分为573分。[illegible]

问：你院九四年计划在京招收多少名自费生？其收费标准如何？

答：我院九四年计划在京录取78名本、专科自费生。对自费生的录取要求按照北京市的规定执行。本、专科自费生在校期间，每生每学年均须交纳培养费和学杂费共计[illegible]元，医疗费自理。自费生在校学习期间可以享受优秀学生奖学金。

问：你院对自费生以外的新生收取学杂费的标准如何？

答：根据国家有关规定，对自费生以外的本、专科学生每生每学年均收取500元学杂费。

问：学生是否住校？前往你院如何乘车？

答：学生全部住宿，学院对学生宿舍实行公寓化管理，开始一配备床上用品，新生每生每学年均交纳住宿费400元和一次性交纳床上用品费220元。前往我院乘[illegible]路汽车在张家路口下车，乘324路在张家胡同下车，乘231路在纪家庙下车均可。

一九九四年在京招生计划

专业	学制（年）	名额	国家任务 文科	国家任务 理科	自费 文科	自费 理科	委培 文科	委培 理科
[illegible]	四	42	31	11				
[illegible]	四	29	17	16	2	4		
[illegible]	四	36	17	13	4	[illegible]		
[illegible]	四	35	14	12	[illegible]	[illegible]		
[illegible]	四	33	16	9	[illegible]	[illegible]		
[illegible]	四	[illegible]	[illegible]	25	12	1		
[illegible]	四	[illegible]	[illegible]	[illegible]	[illegible]	5		
[illegible]	四	16	10	3	2	1		
经济法专业	四	41	35		2			
本科生合计		406	[illegible]	104	[illegible]	[illegible]		
[illegible]	—	[illegible]	4	4	[illegible]	[illegible]	4	4
本专科生合计		[illegible]	[illegible]	[illegible]	[illegible]	[illegible]	4	4

一九九四年京外招生计划

专业	学制（年）	名额	招生地区
[illegible]	四	3	天津：文2、理1（物价除外）
[illegible]	四	2	天津：文1、理1（物价除外）
经济法专业	四	2	天津：文2[illegible]
[illegible]	四	24	[illegible]
[illegible]	—	[illegible]	[illegible]
合计		[illegible]	

1994年北京财贸学院经济法系招生简章及校园环境照片

1995年

北京经济学院和北京财贸学院两校合并，原两校区经济法系和经济法教研室分别独立运行。

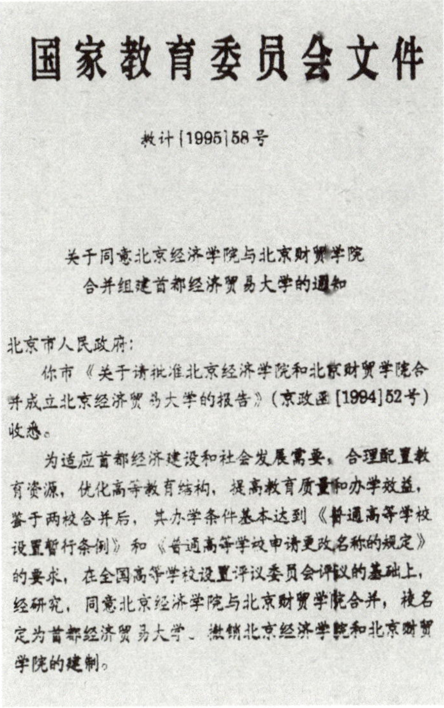

国家教育委员会文件

教计[1995]58号

关于同意北京经济学院与北京财贸学院合并组建首都经济贸易大学的通知

北京市人民政府：

你市《关于请批准北京经济学院和北京财贸学院合并成立北京经济贸易大学的报告》（京政函[1994]52号）收悉。

为适应首都经济建设和社会发展需要，合理配置教育资源，优化高等教育结构，提高教育质量和办学效益，鉴于两校合并后，其办学条件基本达到《普通高等学校设置暂行条例》和《普通高等学校申请更改名称的规定》的要求，在全国高等学校设置评议委员会评议的基础上，经研究，同意北京经济学院与北京财贸学院合并，校名定为首都经济贸易大学。撤销北京经济学院和北京财贸学院的建制。

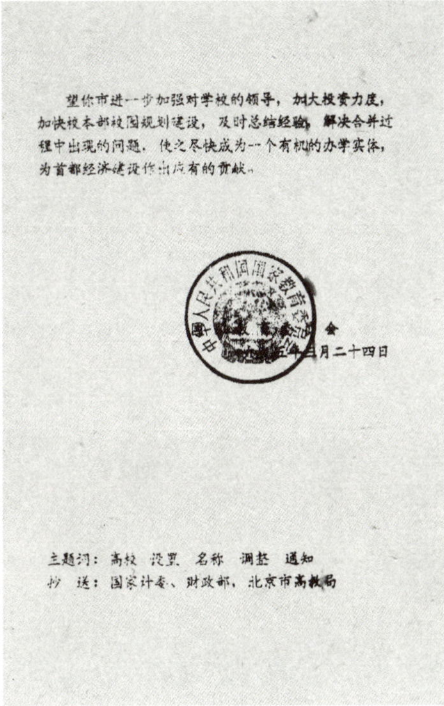

望你市进一步加强对学校的领导，加大投资力度，加快校本部校园规划建设，及时总结经验，解决合并过程中出现的问题，使之尽快成为一个有机的办学实体，为首都经济建设作出应有的贡献。

会

五年三月二十四日

主题词：高校 设置 名称 调整 通知

抄 送：国家计委、财政部，北京市高教局

国家教育委员会关于同意两校合并组建首都经济贸易大学的通知文件

大事记

首批经济法学专业硕士研究生入校。

是年 9 月，首批经济法学专业硕士研究生入校。

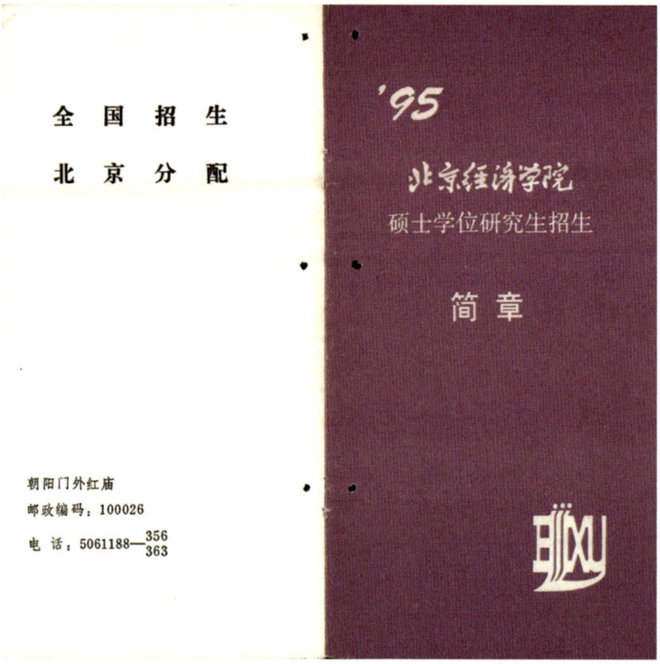

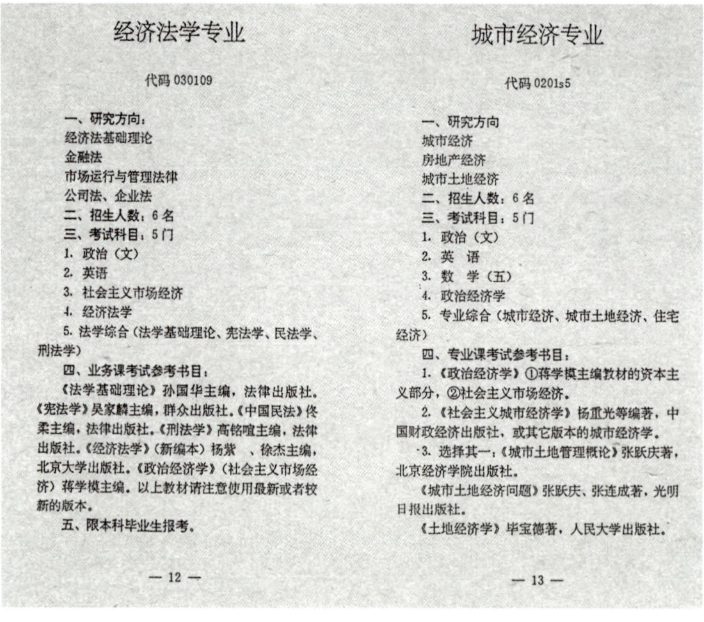

经济法学专业

代码 030109

一、研究方向：
经济法基础理论
金融法
市场运行与管理法律
公司法、企业法
二、招生人数：6 名
三、考试科目：5 门
1. 政治（文）
2. 英语
3. 社会主义市场经济
4. 经济法学
5. 法学综合（法学基础理论、宪法学、民法学、刑法学）
四、业务课考试参考书目：
《法学基础理论》孙国华主编，法律出版社。《宪法学》吴家麟主编，群众出版社。《中国民法》佟柔主编，法律出版社。《刑法学》高铭喧主编，法律出版社。《经济法学》（新编本）杨紫　、徐杰主编，北京大学出版社。《政治经济学》（社会主义市场经济）蒋学模主编。以上教材请注意使用最新或者较新的版本。
五、限本科毕业生报考。

— 12 —

城市经济专业

代码 0201s5

一、研究方向
城市经济
房地产经济
城市土地经济
二、招生人数：6 名
三、考试科目：5 门
1. 政治（文）
2. 英 语
3. 数 学（五）
4. 政治经济学
5. 专业综合（城市经济、城市土地经济、住宅经济）
四、专业课考试参考书目：
1.《政治经济学》①蒋学模主编教材的资本主义部分，②社会主义市场经济。
2.《社会主义城市经济学》杨重光等编著，中国财政经济出版社，或其它版本的城市经济学。
3. 选择其一：《城市土地管理概论》张跃庆著，北京经济学院出版社。
《城市土地经济问题》张跃庆、张连成著，光明日报出版社。
《土地经济学》毕宝德著，人民大学出版社。

— 13 —

1995 年北京经济学院经济法学专业硕士研究生招生简章

1996年

课堂教学和实践教学活动的同步推进。

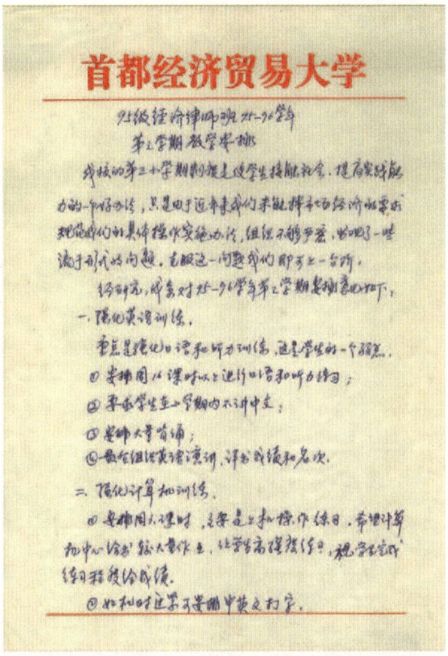

首都经济贸易大学

95级经济律师班95–96学年
第三学期教学安排

我校的第三小学期制度是让学生接触社会，提高实践能力的一个好办法，只是由于近年来我们未能选择和经济律师专业对口的具体操作实践办法，组织不够严密，出现了一些流于形式的问题。克服这一问题我们即可上一台阶。

经研究，我系对95–96学年第三学期安排意见如下：

一、强化英语训练。

重点是强化口语和听力训练，这是学生的一个弱点。

①安排周16课时以上进行口语和听力练习；

②要求学生在本学期内不讲中文；

③安排大量背诵；

④最后组织英语演讲，评出成绩和名次。

二、强化计算机训练。

①安排周6课时，主要是上机操作练习，[illegible]计算机中心给我系安排[illegible]，让学生[illegible]，视学生完成练习程度给成绩。

②如有时间学习掌握中英文打字。

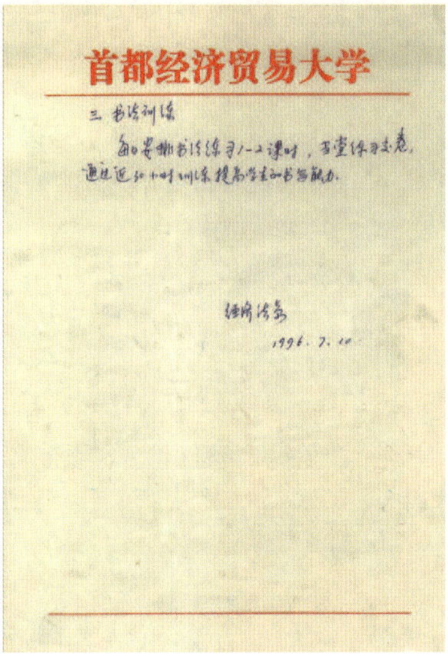

首都经济贸易大学

三、书法训练

每日安排书法练习1–2课时，当堂练习[illegible]，通过近一个小时训练提高学生的书写能力。

经济法系
1996.7.10

北京财贸学院95级经济律师班1995–1996学年第三学期教学安排

首都经济贸易大学

经济法系92级经济法班

毕业实习 计 划

经济法系

一九九六年3月四日

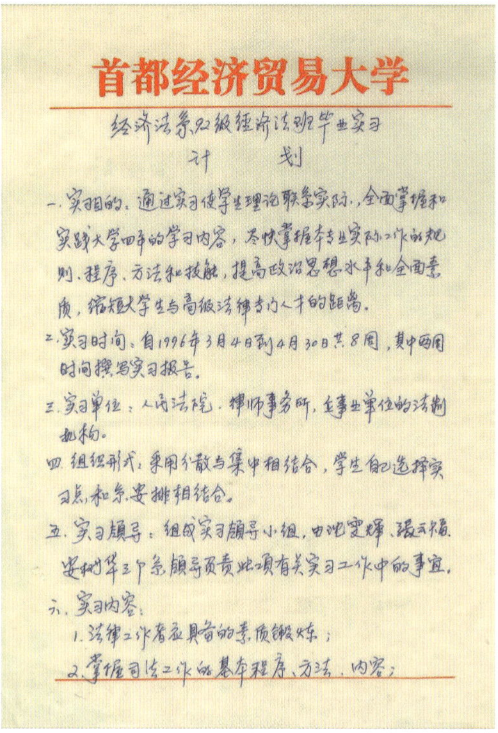

首都经济贸易大学

经济法系92级经济法班毕业实习

计 划

一、实习目的：通过实习使学生理论联系实际，全面掌握和实践大学四年的学习内容，尽快掌握本专业实际工作的规则、程序、方法和技能，提高政治思想水平和全面素质，缩短大学生与高级法律专门人才的距离。

二、实习时间：自1996年3月4日到4月30日共8周，其中两周时间撰写实习报告。

三、实习单位：人民法院、律师事务所、企事业单位的法制机构。

四、组织形式：采用分散与集中相结合，学生自己选择实习点和系安排相结合。

五、实习领导：组成实习领导小组，由沈宽辉、张云福、安树华三个系领导负责此项有关实习工作中的事宜。

六、实习内容：

1. 法律工作者应具备的素质锻炼；

2. 掌握司法工作的基本程序、方法、内容；

北京财贸学院经济法系92级经济法班毕业实习计划的封面和正文首页

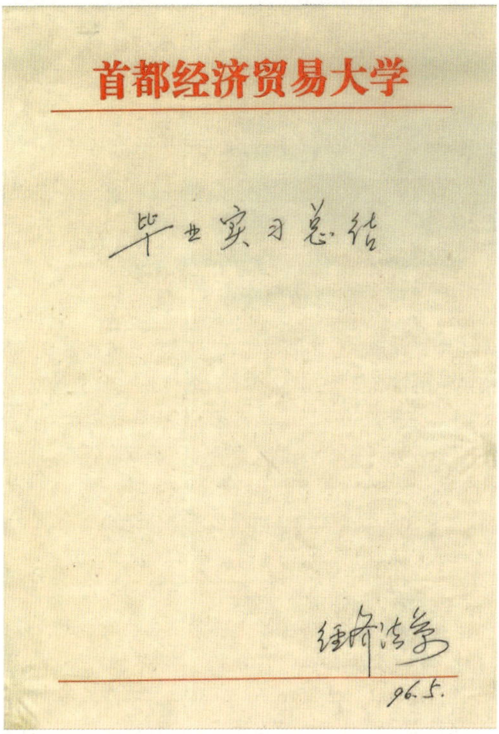

首都经济贸易大学

毕业实习总结

经济法系

96.5.

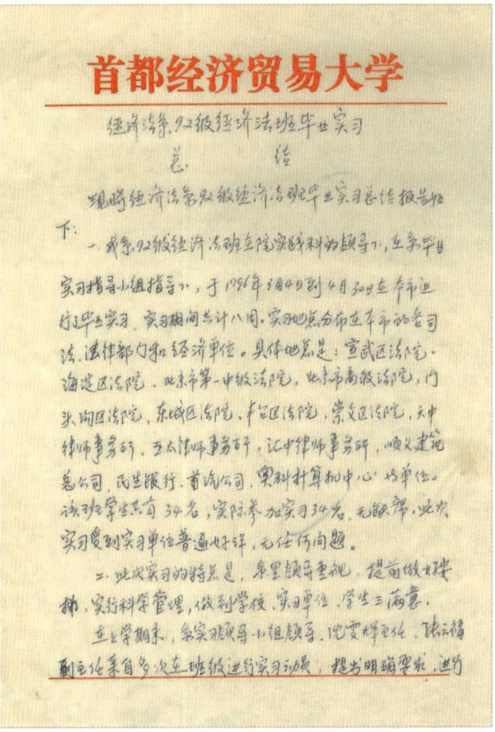

首都经济贸易大学

经济法系92级经济法班毕业实习

总　　结

现将经济法系92级经济法班毕业实习总结报告如下：

一、我系92级经济法班在院实践科的领导下，在系毕业实习指导小组指导下，于1996年3月4日到4月30日在本市进行了毕业实习。实习期间共计八周。实习地点分布在本市的各司法、法律部门和经济单位。具体地点是：宣武区法院、海淀区法院、北京市第一中级法院、北京市高级法院、门头沟区法院、东城区法院、丰台区法院、崇文区法院、大中律师事务所、亚太律师事务所、汇中律师事务所、顺义建筑总公司、民生银行、首汽公司、奥科计算机中心等单位。该班学生共有34名，实际参加实习34名，无缺席。此次实习受到实习单位普遍好评，无任何问题。

二、此次实习的特点是，系里领导重视，提前做好安排，实行科学管理，做到学校、实习单位、学生三满意。

在上学期末，系实习领导小组领导、沈雯辉主任、张云福副主任亲自多次在班级进行实习动员，提出明确要求，进行

北京财贸学院经济法系 92 级经济法班毕业实习总结的封面和正文首页

经济法系社会实践情况总结材料

一、简况

我系从1986年组织本科学生开展第三学期社会实践活动以来，已先后有8班次（共200多人）参加，指导教师40人与学生一起参加，编写调查报告200余份。

几年来，我们的实习基地较为固定，都是以北京市法制办为依托。通过法制办与北京市各局或各大中型企业建立网络，开展社会实践活动。从接触的单位看，（1）北京市市属各局，及其执法机构（如市劳动局、市工商行政管理局、市环卫局、市园林局等）。（2）北京市大型企业（如北京市重型机械厂、北京市第一机床厂、北京市人民机械总厂、北京机电设备厂等）。（3）北京的各农贸市场、税务所、工商所，甚至街头路口。从社会实践调查的内容看：（1）北京市粮票使用情况。（2）北京市地方性法规执行情况。（3）北京市大企业执行规章制度情况。（4）北京市执法队伍培训情况。社会实践使师生在政治思想、专业知识、社会了解、个人能力，以及组织性、纪律性方面都有了明显的提高。

二、收获

1. 认识了自我。社会实践使学生有机会在学校生活、学习之余，有意识地接触了社会。我们的大学生就像温室中的花朵，他们从幼儿园到小学、从小学到初中、高中，再考入大学，家庭、学校便是他们生活的圈子。他们对社会几乎一无所知。有的自命不凡，以为自己是个大学生，高人一等；有的听了社会上的某些事，感到了自己的差距，过去那种清高、自命不凡的劲头大大地减弱了。感到了伟大的是我们的党，是我们的人民。自己是党和人民养育的，没有任何理由吃了人民的，还这个不是那个不行，还满肚牢骚。不少同学通过社会实践，对自己的思想进行了认识、批判，表示了今后在学习、工作中一定要坚持四项基本原则，跟着共产党建设社会主义，努力为人民服务。

2. 巩固了专业知识。长期以来，我们的教育很大的一个弊端是理论与实践脱离，书本与社会脱离。因而有的学生是书呆子，有的学生对所学的知识无所谓，认为没有用。再加上我们有些教师自己也很少深入实践，因而知识老化，跟不上经济的发展，所讲的内容既陈旧又枯燥无味。这就形成教学与实践“两张皮”，学生与社会相脱离，这就很难培养出社会需要的人才，造成我们的分配困难。开展社会实践活动后，特别使学生将实践这个大课堂与其所学的专业知识相结合，情况就大大改观了。这几年，我们经济法系的学生紧紧围绕法制建设开展社会实践活动，所调查的课题紧紧抓住学生所要学习的知识，及将来所要从事的工作。如学生通过调查了解企业经济合同法的贯彻执行情况，不但将所学的经济合同法知识运用到实践中，而且加深了对自己所学知识的印象。他们帮助企业审查合同，就对老师在课堂上讲的经济合同法主要内容有了理解，进行了重温，因而印象就特别深刻。他们通过帮助企业签订合同，不仅将所学的知识运用到实践中，而且对企业履行经济合同、企业的合同管理以至企业的经营管理都提出了很多好的意见。不少意见和建议还引起企业领导的重视，专门进行研究并加以采纳。学生对自己所学的知识能通过实践得到感性理解，而且能加以运用，能为企业经营管理服务感到非常高兴。有的同学回校后对任课教师说，老师，你讲的经济合同法还真管用，我们不仅在实践中用上了，而且有了发言权，找出企业在签订合同方面的漏洞，受到了企业的欢迎。所以说，社会实践为学生创造了一个将所学知识运用到实际中的一个极好的机会，这在学校是不可能办到的，正因为如此，社会实践普遍受到学生的欢迎。我们经济法系成立较晚，是个小系，但社会实践使学生增长了才干，使我们系培养的学生既懂经济又懂法律。相比之下，我系毕业生比政法大学、北京大学经济法系的毕业生更有优势，分配情况一直较好，这与社会实践活动是分不开的。

3. 增强了组织性与纪律性。我们的大学生活由于条件较差：从教室到宿舍，加上教学质量、生活安排方面存在问题，学生的惰性越来越大，相当一部分人紧张不起来，整天懒洋洋的。有的学生上课前20分钟起床，匆匆忙忙洗个脸；有的学生连早点都不吃，磨磨蹭蹭上教室。不少学生时间观念很差，不知道珍惜时间，有的将时间浪费在打扑克、下象棋，还有打麻将上；有的将时间浪费在谈情说爱上；有的只要有机会就往家跑，将时间浪费在路上；还有的下课睡大觉，甚至上课看武侠小说。平时开个会、搞个活动，松松垮垮，随随便便。照此下去，有不少学生成了肩不能扛、手不能提的娇公子、娇小姐。社会实践使学生在这方面有了很大的改变。当他们深入机关、工厂，看到了机关干部、工厂工人按时上下班，紧张地劳动，默默无闻地工作，为国家创造着财富，被深深地触动了，不少学生慢慢自觉地按工厂的上下班时间要求自己，生活节奏大大加快了。社会实践的时间正是炎热时节，要求学生要吃苦耐劳，不怕日晒高温，不能迟到，所以它锻炼了学生的组织性、纪律性。许多学生家与实践单位相距几十里，要倒几次车，每天早上六点来钟从家出来，八点前赶到，几乎没有迟到的。还有的学生冒着酷暑、生着病深入农贸市场了解情况。在了解北京市执法队伍情况时，有的学生说：过去只觉得执法的人动不动就罚款，动不动就训人，或还有的利用职务以权谋私，在脑中对他们没有好印象。这次有机会深入下去，了解了他们的工作，特别是跟着交通、环卫执法人员到街头亲自执法，才感到我们的执法队伍是一支好队伍，他们既要执法，又要让群众守法，每天所进行的工作是何等辛劳，他们的工作应该受到人们的理解、尊重。许多学生通过社会实践，对自己要求严了，学习积极性也高了。所以说，社会实践是培养德、智、体、美、劳全面发展的无产阶级革命事业接班人的大课堂。

三、体会

1. 社会实践的好坏，决定于思想上对它的认识程度。认识明确，特别是把社会实践提高到培养无产阶级革命事业接班人的高度来认识，就会主动、积极、全力以赴地去领导、管理、组织好这项工作。反之，认为没必要，浪费人力、物力、财力，所以也不会积极、主动去搞好这项工作。

2. 选对实习点，是搞好社会实践的基础。我们多年来通过北京市法制办安排社会实践工作，一方面专业对口，使学生的社会实践与自己所学的专业相结合；另一方面省时省力，不需要每年为找实习场所东奔西跑。三是能密切协作，使社会实践工作越做越好。因为是多年的合作，彼此十分熟悉、关系融洽，一旦出现问题，可及时商量，尽快解决。

3. 加强组织领导，是搞好社会实践的保障。每次社会实践活动，我们系从党总支到系处领导都认真地进行了研究，然后对教师进行动员，再进行具体组织，提出具体要求。因此，绝大多数教师都能积极投入，他们与学生一起深入各单位，一起参与社会实践，较圆满地完成每年的社会实践工作。

4. 抓总结提高，促社会实践再上一层楼。每次社会实践活动结束时，我们会布置学生的社会实践总结，对总结提出具体要求。并要求带队的教师认真审阅，发现好的典型，及时进行表彰。有好的总结，由教师帮助整理加工，向学报推荐。每次社会实践总结，我们还向北京市法制办报送，为他们的工作提供参考意见。如通过对北京市执法情况进行调查，不仅为市法制办摸清了执法机构的情况，而且写了总结，受到市法制办的好评。这学期，我们开展了北京市执法队伍培训情况的调查。分了九个小组，深入北京市近30个局、处、队。除每个学生写了社会实践总结外，对各单位的情况要专门写出报告。我们将这些材料报送了市法制办宣传处，宣传处领导进行了认真的审阅，阅后反映良好，说：你们了解调查的情况很细，对我们十分有用，对我们开展北京市执法队伍培训工作有重要参考价值。正因为我们的社会实践对北京市法制工作起到了促进、帮助作用，所以市法制办每次也很乐意为我们积极安排这项工作，起到了相辅相成，双双受益的作用。

四、建议和意见

1. 关于第三学期社会实践的时间安排

现行社会实践时间安排是在第二学期结束后开始，历时近一个月。我们认为这是它的弊端：正值气候最炎热的时节，固然能锻炼学生吃苦耐劳的精神，但是学生好不容易过了期末考试关，已经紧张了一阵，接着马上投入社会实践，加上盛夏的气候环境，不仅效率低，而且不利于学生的身心健康。过热的气候，工厂、机关上下班都有调整，我们为什么不能调整呢？为了完全利用这段有效时间，是否学期末考完试后先让学生、教师休整一下，在下学期开学前，即8月中旬以后到9月上旬进行，效果上会更好些。

2. 关于第三学期社会实践的经验总结

社会实践是国家教育制度改革的一项重要内容，得到了国家的肯定。国家教委及高教局也多次发文表示要组织好这项工作。事实上，社会实践也对学生的政治思想、专业知识、组织纪律方面产生了积极作用。因此，认真总结这方面经验就尤为重要。不仅要表彰，而且要做细致工作，对那些社会实践中的组织者及实践者的具体的好做法、好经验进行大力宣传，有可能的话汇编成册。防止流于形式，动员了、组织了、下去了、总结了、完结了，年复一年，效果上就差些，只有认真总结、提炼、摸索出规律性的内容，才能将此工作越搞越好。

3. 关于第三学期社会实践的经费开支

为了搞好社会实践，国家及学校从财力上给予了一定的支援，从而在物质上保证了这项工作的开展。我们的意见是，能否按有关规定，将这笔费用拨到各系，由各系在不违反开支规定的前提下自行支配。因为各系是社会实践的具体领导及组织者，为了做好这项工作，要与许多部门发生各种联系，如为与实践单位加强联系，需要进行一定的联谊活动。教师、学生根据需要也要临时购置一些物品。如果将这笔费用交各系支配，财务把关，社会实践工作会搞得更好些。

4. 关于第三学期社会实践的组织工作

社会实践主要靠各系组织，它的好处是便于管理、便于了解情况，但给各系带来大量的组织工作。学生也有依赖思想，效果受到影响，如果让学生自己找社会实践单位，最好2—3人一组，然后指派指导教师。这样接收单位好安排，一般学生也很认真，收获也较大。这也可以调动学生的积极性，培养他们的活动能力。对那些确实找不到社会实践单位的，可由系统一安排。

经济法系

1996年5月

北京财贸学院经济法系1996年社会实践情况总结的档案资料

1997年

两校区经济法系和经济法教研室合并，首都经济贸易大学经济法系成立。

首都经济贸易大学文件

首经贸大发（1997）第29号

关于相同专业合并组建新系的通知

学校各单位：

为了进一步推进我校实质性合并，1997年5月14日校党委第17次常委会讨论决定，将两校区相同专业合并组建新系如下：

原西区会计系和原东区会计学专业合并，组建新的会计系，97级新生到东区就读。

原西区财政系和原东区财政学专业合并，组建新的财政系，97级新生到西区就读。

原西区经济法系和原东区经济法专业合并，组建新的经济法系，97级新生到西区就读。

原西区金融保险系和原东区金融教研室合并，组建新的金融保险系，97级新生到西区就读。

原东区统计学系和原西区统计学专业合并，组建新的统计学系，97级新生到东区就读。

原东区贸易经济系和西区贸易经济专业合并，组建新的贸易经济系，97级新生到西区就读。

校党委第17次常委会的决定，请各单位及时传达到师生员工，并认真遵照执行。原建制各系应认真做好本学期末各项工作并为下学期各新组建系正式运行打好基础。

特此通知

首都经济贸易大学

1997年6月16日

主题词：学校　机构　通知

1997 年首都经济贸易大学经济法系成立的通知文件

首都经济贸易大学首届经济法专业本科生招生，以及首批港澳台地区学生招生。

1998年

经济法系更名法学系，设立法学专业。

是年，经济法系按照国家教育主管机关要求更名为法学系，设立法学专业。

普通高等学校本科专业目录新旧专业对照表
（1998年颁布）

01 学科门类：哲学

专业代码	类别、专业名称	原专业代码	原专业名称
0101	哲学类		
010101	哲学	010101	哲学
		010103	伦理学
010102*	逻辑学	010102	逻辑学
010103*	宗教学	010104*	宗教学

02 学科门类：经济学

专业代码	类别、专业名称	原专业代码	原专业名称
0201	经济学类		
020101	经济学	020101	经济学
		020102	国民经济管理
		020107	农业经济（部分）
		020108	工业经济
		020109	贸易经济
		020110	运输经济
		020111	劳动经济（部分）
020102	国际经济与贸易	020106	国际经济
		020113	国际贸易
		020215W	国际商务
		082204	工业外贸
020103	财政学	020104	财政学
		020114	税务
020104	金融学	020105	货币银行学
		020112	国际金融
		020116	保险
		020117	投资经济（部分）

注：专业代码标有“W”者，系原目录外专业。

03 学科门类：法学

专业代码	类别、专业名称	原专业代码	原专业名称
0301	法学类		
030101	法学	030101	法学
		030102	经济法
		030103	国际法
		030104	国际经济法
		030105	劳动改造学
		030106W	商法
		030107W	刑事司法
0302	马克思主义理论类		
030201*	科学社会主义与国际共产主义运动	010202	国际共产主义运动
		010206W	科学社会主义
030202*	中国革命史与中国共产党党史	010203	中国共产党党史
		010204	中国革命史
		010201	马克思主义基础[撤销，宜在研究生阶段培养]
		010205	中国社会主义建设[撤销，宜在研究生阶段培养]
0303	社会学类　（注：可授法学或哲学学士学位）		
030301*	社会学	030201	社会学
030302	社会工作	030203*	社会工作
		030202	人口学（部分）
0304	政治学类		
030401	政治学与行政学（注：可授法学或哲学学士学位）	030301	政治学
		030303	行政管理学（部分）
030402	国际政治（注：可授法学或哲学学士学位）	030302	国际政治
030403*	外交学（注：可授法学或哲学学士学位）	030304*	外交学
030404	思想政治教育（注：可授法学或教育学学士学位）	040201	思想政治教育
0305	公安学类		
030501	治安学	030402	治安管理
030502	侦查学	030406	侦察
		030407	安全防范
030503	边防管理	030403	出入境管理
		030405	边防公安
		030404	武警指挥[撤销]

1998 年普通高等学校本科专业目录新旧专业对照表（资料来源：教育部网站）

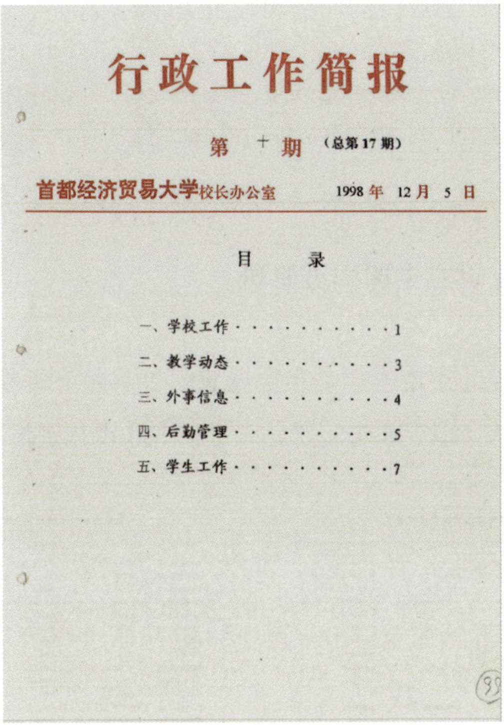

行政工作简报

第 十 期 （总第17期）

首都经济贸易大学校长办公室 1998年 12月 5日

目 录

1998 年行政工作简报第十期（12 月 15 日）封面

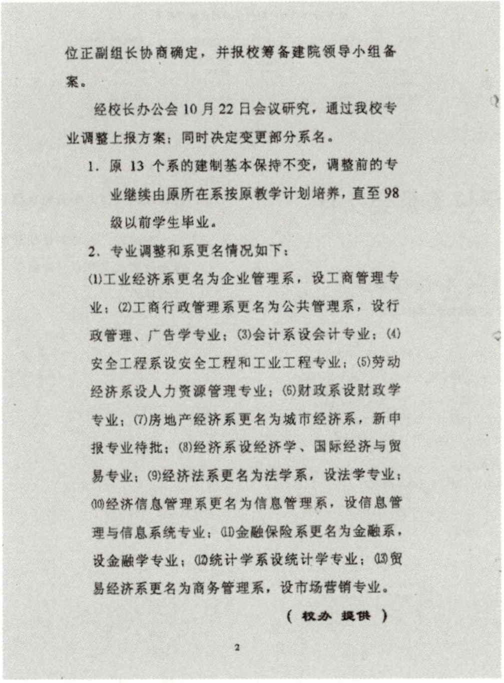

位正副组长协商确定，并报校筹备建院领导小组备案。

经校长办公会10月22日会议研究，通过我校专业调整上报方案；同时决定变更部分系名。

1. 原13个系的建制基本保持不变，调整前的专业继续由原所在系按原教学计划培养，直至98级以前学生毕业。

2. 专业调整和系更名情况如下：

⑴工业经济系更名为企业管理系，设工商管理专业；⑵工商行政管理系更名为公共管理系，设行政管理、广告学专业；⑶会计系设会计专业；⑷安全工程系设安全工程和工业工程专业；⑸劳动经济系设人力资源管理专业；⑹财政系设财政学专业；⑺房地产经济系更名为城市经济系，新申报专业待批；⑻经济系设经济学、国际经济与贸易专业；⑼经济法系更名为法学系，设法学专业；⑽经济信息管理系更名为信息管理系，设信息管理与信息系统专业；⑾金融保险系更名为金融系，设金融学专业；⑿统计学系设统计学专业；⒀贸易经济系更名为商务管理系，设市场营销专业。

（校办 提供）

2

1998 年行政工作简报第十期（12 月 15 日）登载了变更系名和专业的情况

开设经济法专业研究生课程进修班。

是年 6 月，经北京市学位委员会同意，首都经济贸易大学与山西财经大学、河北经贸大学联合举办经济法专业研究生课程进修班。

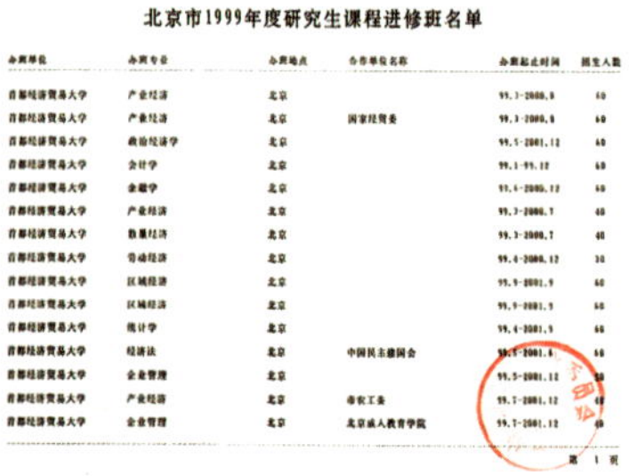

北京市1999年度研究生课程进修班名单

办班单位	办班专业	办班地点	合作单位名称	办班起止时间	招生人数
首都经济贸易大学	产业经济	北京		99.3-2000.8	60
首都经济贸易大学	产业经济	北京	国家经贸委	99.3-2000.8	60
首都经济贸易大学	政治经济学	北京		99.5-2001.12	60
首都经济贸易大学	会计学	北京		99.1-99.12	60
首都经济贸易大学	金融学	北京		99.6-2000.12	60
首都经济贸易大学	产业经济	北京		99.3-2000.7	40
首都经济贸易大学	数量经济	北京		99.3-2000.7	40
首都经济贸易大学	劳动经济	北京		99.4-2000.12	30
首都经济贸易大学	区域经济	北京		99.9-2001.9	60
首都经济贸易大学	区域经济	北京		99.9-2001.9	60
首都经济贸易大学	统计学	北京		99.4-2001.5	60
首都经济贸易大学	经济法	北京	中国民主建国会	99.5-2001.6	60
首都经济贸易大学	企业管理	北京		99.5-2001.12	[illegible]
首都经济贸易大学	产业经济	北京	市农工委	99.7-2001.12	[illegible]
首都经济贸易大学	企业管理	北京	北京成人教育学院	99.7-2001.12	[illegible]

第 1 页

北京市1999年度研究生课程进修班名单

办班单位	办班专业	办班地点	合作单位名称	办班起止时间	招生人数
首都经济贸易大学	政治经济学	北京		99.7-2001.12	50
首都经济贸易大学	金融学	北京	社科院金融研究中心	99.7-2001.12	50
首都经济贸易大学	经济法	北京	社科院金融研究中心	99.7-2001.12	50
首都经济贸易大学	产业经济	北京	社科院金融研究中心	99.7-2001.12	50
首都经济贸易大学	企业管理	河南省	郑州轻工学院	99.4-2000.12	60
首都经济贸易大学	产业经济	河南省	郑州牧业工程专科学校	99.3-2001.3	50
首都经济贸易大学	会计学	河南省	河南省社科院	99.7-2001.9	70
首都经济贸易大学	会计学	湖南省	湖南经济发展学院	99.7-2001.9	60
首都经济贸易大学	政治经济学	河北省	邢台师范专科学校	99.7-2001.9	60
首都经济贸易大学	区域经济学	河南省	河南经济学院	99.9-2001.9	60
首都经济贸易大学	金融学	黑龙江	哈尔滨投资专科学校	99.6-2000.12	60
首都经济贸易大学	企业管理	新疆	新疆财贸学院	99.5-2000.12	60
首都经济贸易大学	会计学	山西省	山西财经大学	99.6-2000.9	[illegible]
首都经济贸易大学	金融学	海南省	海南大学	99.5-2001.10	[illegible]
首都经济贸易大学	企业管理	黑龙江	牡丹江师范学校	99.7-2001.12	60

第 2 页

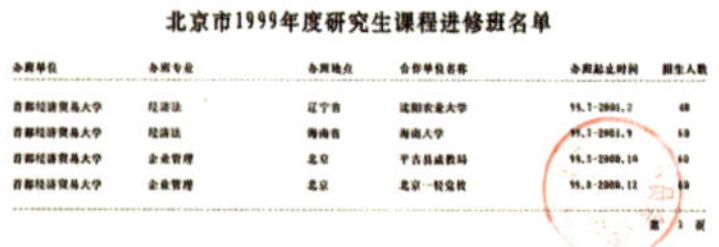

北京市1999年度研究生课程进修班名单

办班单位	办班专业	办班地点	合作单位名称	办班起止时间	招生人数
首都经济贸易大学	经济法	辽宁省	沈阳农业大学	99.7-2001.2	40
首都经济贸易大学	经济法	海南省	海南大学	99.7-2001.9	60
首都经济贸易大学	企业管理	北京	平谷县成教局	99.5-2000.10	60
首都经济贸易大学	企业管理	北京	北京一轻党校	99.3-2000.12	60

第 3 页

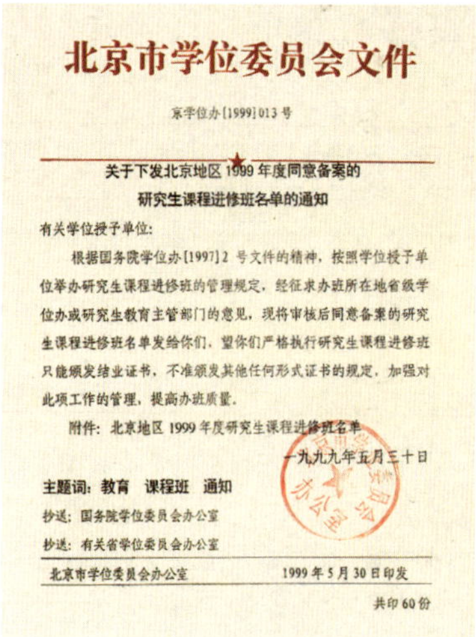

北京市学位委员会文件

京学位办[1999]013号

关于下发北京地区1999年度同意备案的研究生课程进修班名单的通知

有关学位授予单位：

根据国务院学位办[1997]2号文件的精神，按照学位授予单位举办研究生课程进修班的管理规定，经征求办班所在地省级学位办或研究生教育主管部门的意见，现将审核后同意备案的研究生课程进修班名单发给你们。望你们严格执行研究生课程进修班只能颁发结业证书，不准颁发其他任何形式证书的规定，加强对此项工作的管理，提高办班质量。

附件：北京地区1999年度研究生课程进修班名单

一九九九年五月三十日

主题词：教育　课程班　通知

抄送：国务院学位委员会办公室

抄送：有关省学位委员会办公室

北京市学位委员会办公室　　1999年5月30日印发

共印60份

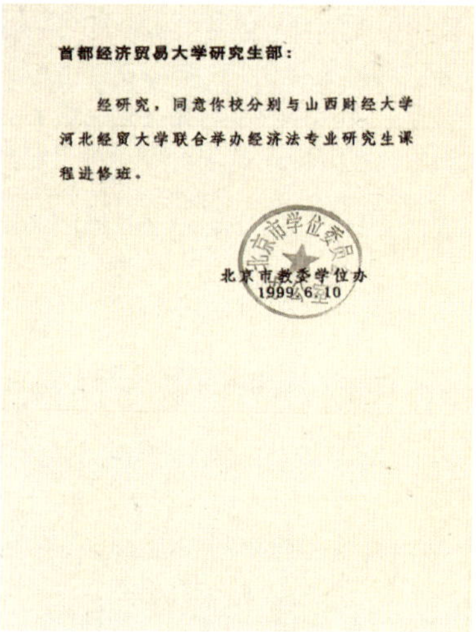

首都经济贸易大学研究生部：

经研究，同意你校分别与山西财经大学河北经贸大学联合举办经济法专业研究生课程进修班。

北京市教委学位办

1999.6.10

北京市学位委员会关于首都经济贸易大学获得合作办学
和开设经济法专业课程进修班资格的通知文件

教学活动的开展和学生的培养。

北京市学位委员会

京学位办[2000]008 号

关于北京市 2000 年审核举办研究生课程进修班同意备案名单的通知

有关学位授予单位：

按照国务院学位办[1997]2 号文件，关于学位授予单位举办研究生课程进修班审核备案工作的要求，及各单位的具体情况，经征求办班所在地省级学位办或研究生教育主管部门意见后，现将审核同意备案的研究生课程进修班名单送发你们。请办班单位按国务院学位办的有关规定要求，加强对此项工作的管理。

附：北京市 2000 年度研究生课程进修班名单

二〇〇〇年六月一日

主题词：教育 课程班 通知

北京市学位办公室　　2000 年 6 月 2 日印发

共印 30 份

首都经济贸易大学	经济法学	北京市		2000/5---2002/1	80	
首都经济贸易大学	统计学	北京市	北京化工干校	2000/4---2003/4	60	
首都经济贸易大学	统计学	北京市	北京统计局	2000/4---2003/4	60	
首都经济贸易大学	统计学	北京市		2000/4---2003/4	60	
首都经济贸易大学	数量经济学	北京市		2000/3---2001/7	80	
首都经济贸易大学	产业经济学(信息)	北京市		2000/3---2001/7	80	
首都经济贸易大学	政治经济学	北京市		2000/9---2002/9	60	
首都经济贸易大学	会计学	北京市		2000/2---2002/2	80	
首都经济贸易大学	区域经济学	北京市		2000/9---2002/9	80	
首都经济贸易大学	金融学	北京市		2000/4---2002/4	80	
首都经济贸易大学	产业经济学	北京市		2000/9---2002/9	60	
首都经济贸易大学	劳动经济学	北京市		2000/3---2001/12	80	
首都经济贸易大学	劳动经济学	北京市	中国工运学院	2000/3---2001/12	40	
首都经济贸易大学	劳动经济学	北京市	西三角人技研究所	2000/9---2002/7	50	
首都经济贸易大学	企业管理	北京市		2000/4---2001/10	40	
首都经济贸易大学	企业管理	北京市	北京联合大学	2000/7---2001/7	60	
首都经济贸易大学	企业管理	北京市	北京机械局培训中心	2000/7---2001/12	50	
首都经济贸易大学	企业管理	北京市	通州玉桥科技学校	2000/7---2001/12	50	
首都经济贸易大学	企业管理	北京市	解放军企业干部学校	2000/7---2001/12	50	
首都经济贸易大学	产业经济学(信息)	北京市	北京联合大学	2000/7---2001/12	60	
首都经济贸易大学	人口学	北京市		2000/9---2002/2	50	
首都经济贸易大学	经济法学	新疆	新疆财经学院	2000/6---2002/1	60	
首都经济贸易大学	产业经济学	新疆	乌鲁木齐成教院	2000/9---2002/9	60	
首都经济贸易大学	企业管理	新疆	新疆财经学院	2000/7---2001/12	60	

41

首都经济贸易大学	企业管理	海南省	海南继教会	2000/8---2002/6	60	
首都经济贸易大学	会计学	甘肃省	西北师大	2000/9---2002/9	60	
首都经济贸易大学	金融学	河南省	河南财院	2000/4---2002/4	60	
首都经济贸易大学	金融学	山西省	北铁太原党校	2000/3---2002/3	80	
首都经济贸易大学	金融学	河北省	河北经贸大学	2000/4---2002/4	80	
首都经济贸易大学	金融学	山东省	山东财政学院	2000/5---2002/5	80	
首都经济贸易大学	劳动经济学	山东省	青岛大学	2000/7---2001/12	50	
首都经济贸易大学	企业管理	山东省	青岛大学	2000/7---2001/12	50	
首都经济贸易大学	政治经济学	广东省	深圳教企培训中心	2000/4---2002/4	60	
首都经济贸易大学	经济法学	海南省	海南继教会	2000/5---2002/1	80	
首都经济贸易大学	企业管理	北京市	北京农工商职大	2000/7---2001/12	50	
首都经济贸易大学	安全技术及工程	北京市		2000/9---2002/7	60	
首都经济贸易大学	企业管理	宁夏	宁夏大学	2000/7---2002/7	50	

42

北京市学位委员会同意首都经济贸易大学开设经济法专业研究生课程进修班的通知文件

首都经济贸易大学法学系首届本科生毕业。

2001 年首都经济贸易大学法学系首届本科生毕业合影

2001 年首都经济贸易大学法学系经济法班毕业合影

2001 年首都经济贸易大学法学系经济律师班毕业合影

经济法学科获批北京市重点建设学科。

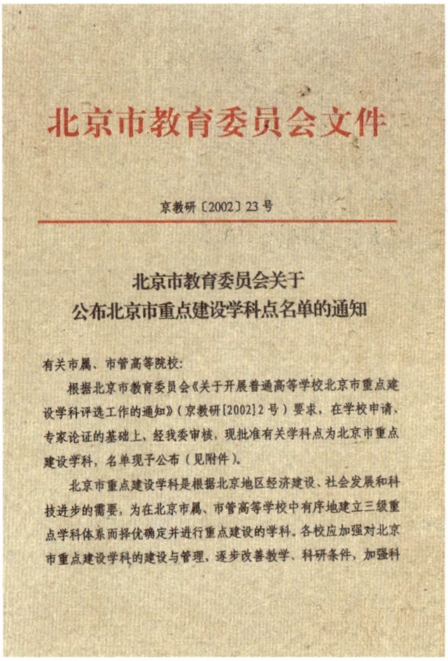

北京市教育委员会文件

京教研〔2002〕23号

北京市教育委员会关于
公布北京市重点建设学科点名单的通知

有关市属、市管高等院校：

根据北京市教育委员会《关于开展普通高等学校北京市重点建设学科评选工作的通知》（京教研[2002]2号）要求，在学校申请、专家论证的基础上，经我委审核，现批准有关学科点为北京市重点建设学科，名单现予公布（见附件）。

北京市重点建设学科是根据北京地区经济建设、社会发展和科技进步的需要，为在北京市属、市管高等学校中有序地建立三级重点学科体系而择优确定并进行重点建设的学科。各校应加强对北京市重点建设学科的建设与管理，逐步改善教学、科研条件，加强科

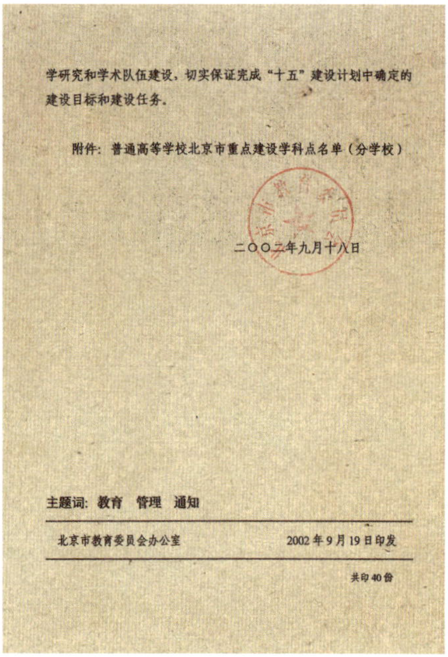

学研究和学术队伍建设，切实保证完成“十五”建设计划中确定的建设目标和建设任务。

附件：普通高等学校北京市重点建设学科点名单（分学校）

二〇〇二年九月十八日

主题词：教育　管理　通知

北京市教育委员会办公室　2002年9月19日印发

共印40份

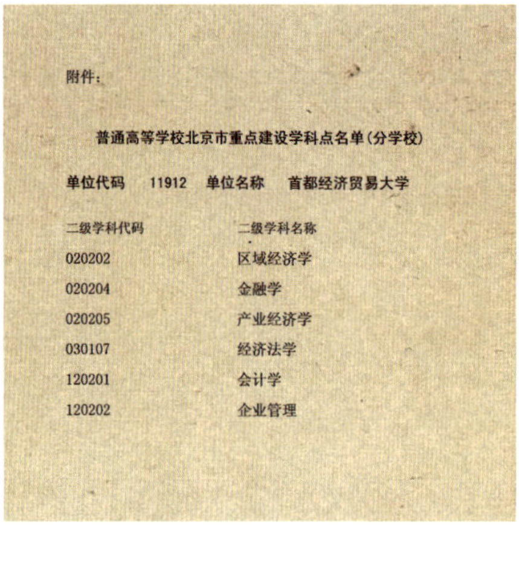

附件：

普通高等学校北京市重点建设学科点名单(分学校)

单位代码　11912　单位名称　首都经济贸易大学

二级学科代码	二级学科名称
020202	区域经济学
020204	金融学
020205	产业经济学
030107	经济法学
120201	会计学
120202	企业管理

北京市教育委员会关于首都经济贸易大学经济法学科获批北京市重点建设学科的通知文件

2003年

法学院和丰台区人民法院共建仪式的举行。

是年 1 月 17 日，法学系和丰台区人民法院举行“校院携手，共育人才”的共建仪式。《人民法院报》头版头条予以报道。

其后，法学系陆续与北京市第二中级人民法院、朝阳区人民法院等合作，建立实习基地。

法学系模拟法庭刑事审判的首次演示。

是年 12 月 4 日，法学系首次使用模拟法庭演示刑事审判，其为全国高等院校法学院系中最早开展模拟法庭实验教学活动的之一。

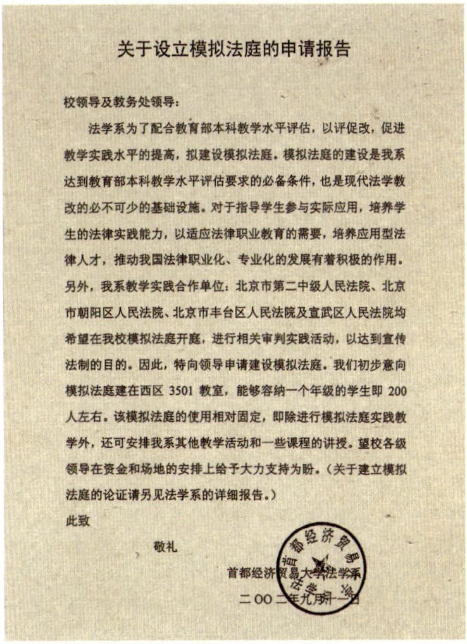

关于设立模拟法庭的申请报告

校领导及教务处领导：

法学系为了配合教育部本科教学水平评估，以评促改，促进教学实践水平的提高，拟建设模拟法庭。模拟法庭的建设是我系达到教育部本科教学水平评估要求的必备条件，也是现代法学教改的必不可少的基础设施。对于指导学生参与实际应用，培养学生的法律实践能力，以适应法律职业教育的需要，培养应用型法律人才，推动我国法律职业化、专业化的发展有着积极的作用。另外，我系教学实践合作单位：北京市第二中级人民法院、北京市朝阳区人民法院、北京市丰台区人民法院及宣武区人民法院均希望在我校模拟法庭开庭，进行相关审判实践活动，以达到宣传法制的目的。因此，特向领导申请建设模拟法庭。我们初步意向模拟法庭建在西区 3501 教室，能够容纳一个年级的学生即 200 人左右。该模拟法庭的使用相对固定，即除进行模拟法庭实践教学外，还可安排我系其他教学活动和一些课程的讲授。望校各级领导在资金和场地的安排上给予大力支持为盼。（关于建立模拟法庭的论证请另见法学系的详细报告。）

此致

敬礼

首都经济贸易大学法学系

二OO二年九月廿一日

2002 年法学系关于设立模拟法庭的申请报告

法学系关于设立模拟法庭的论证报告

一、法学教育的现状及存在问题

法学教育在改革开放之后，呈现繁荣发展的局面。为我国法制现代化发展做出了巨大贡献，培养了大量专业人才，为我国依法治国的战略实施打下坚实基础。然而，多年的法学教育也形成了一种定式，即没有自己专业特色。法学专业课的教师与其它学科的教师的教学方式几乎没有区别。教师填鸭式的教学，学生机械的记笔记，学生没有积极参与课堂教学，教师也没有更高的积极性，远没有达到互动式的教学效果。大学四年的记忆训练，培养的学生只是半成品，千篇一律的公务员形象，既没有律师的辩才，也难有法官的理性。在实际部门工作中，要有很长的适应期。究其根本原因，在于法学教学中欠缺一个决定性的环节：模拟法庭的教学实践。

二、模拟法庭教学是法学教育不可或缺的环节

1、　法学教育如脱离法律职业，就失去了存在的必要性。法律职业与法学教育之间的关系是一种良性互动的关系，两者之间应当是互相适应、互相促进和协调发展的关系。法律职业应具备的基本素养应当成为法学教育的目标和要求。模拟法庭的作用正在于此。

2、虽然法学系与许多法院建立了实习基地，但是，学生在各个法院时间有限，往往不能办完一个完整的案件。学生不可能选择案件，赶上什么就做什么，同时，学生的工作多数是当书记员，或整理档案资料，学生没有自主权，完全听命于指导法官。也很难听到对案件的评述。在这样短的时间内，很难收到象模拟法庭一样的效果。

3、模拟法庭进行的职业训练，缩短了学生在司法实践部门的适应时间。使我们培养的人才真正达到了服务性、应用性的培养目标。

4、由教师一人陈述案例，变为几个班的学生共同参与的教学。

5、由教师一人的观点，可以改变为由不同的学生充当的不同审判员而有不同的观点和结论。在法庭中突出训练学生“辩”的才能。教师可以通过具体案例，让学生以律师的身份询问证人，不同的询问方式会有不同的结果。教师可以具体分析，帮助学生掌握庭辩技巧，这种知识技能，只有通过实践才能获得。

6、每个应用法学课的教师，在相当的范围是案例教学，但是，说一千，道一万，远不如在模拟法庭演练一次，这种直观的、逼真的教学，必定会调动其每个学生的神经，引发它们的浓厚兴趣，使他们在书本中学到的知识变为活的思想和基本技能。

三、模拟法庭教学在国内外的情况

在美国，它的法学教育通过法律诊所教育、或临床法学教育的方式进行。这是借鉴了医学院的临床实习手段，通过指导法学院学生参与实际应用过程来培养学生的法律实践能力．此教育在美国已有约四十年的历史．诊所课堂一般是由“诊所课堂”和“诊所实务”两个部分组成。诊所课堂就是讲授和学习的互动过程；诊所实务就是指导和具体操作的合作过程。这一过程基本是在模拟法庭中通过案例的实际演练来完成的。在我国，北京大学、清华大学、复旦大学、中国人民大学、中国政法大学等都把模拟法庭教学作为专业教学的重要一环。在山西财经大学、安徽财经学院、大连财经大学等财经类院校，也将模拟法庭教学作为本科教学的重要设施来建设。他们的模拟法庭及可用来当报告庭，也可用来当会议室，但最多的还是用作教室，平时并不空闲，避免了资源的浪费。

四、合作单位的要求

几年来，法学系培养了大量的硕士生、本科生，这些学生在各级法院担当起了业务骨干的作用，给经贸大学赢得了声誉。同时，法学系也与各级人民法院建立了良好的合作关系，北京市第二中级人民法院、丰台区人民法院、朝阳区人民法院、宣武区人民法院等法院机构希望能够到经贸大学的模拟法庭来开庭进行法律审判实践，同时进行法制教育，并与法学教育相互促进，相互学习。

中国入世机遇与挑战并存，势必给中国的法制进程产生深刻的影响，国际化、专业化、职业化讲师法学教育的改革方向，法律诊所式教学及模拟法庭的建立正好顺应了法学改革潮流，因此，迅速建立模拟法庭对我系深化教学改革具有重大意义。敬请领导高度重视并予以批准和经费的支持。

模拟法庭的建立既要适合教学，有要适合法院审判实践。预算的经费是200 万。（预算的经费的报告经各级法院和有关大学法庭的实际考察及法庭建设工程项目的测算另行报告。）

法学系　　2002 年 9 月 10 日

2002 年法学系关于设立模拟法庭的论证报告

课堂教学与实践教学的同步推进。

法学系小学期社会实践总结

各位校领导、老师、同学大家好：

首先欢迎各位校领导，各位老师来参加我系的社会实践总结表彰会。在此，我代表全系老师、同学向学校及各部门表示衷心的感谢。感谢学校领导及教务处领导的大力支持，为我系社会实践活动的顺利开展提供了有利的条件和经费上的支持，使得我系的社会实践活动取得了巨大成功。

根据我校教学计划中关于“教学实践”部分的相关规定，也为了满足广大同学的愿望，更为使我系学生在学好书本知识的同时不断提高实践能力，做到理论和实践相结合，使其更深刻的理解专业知识，了解行业特点，树立正确的价值观，不断提高自身的专业素养，此次社会实践我系领导给予了高度重视，尽最大努力做了各方面的工作。特别是指定专人与市有关法院、检察院等进行联系。实习前召开了全体师生参加的实习动员大会，专门请二中院的高四方主任做了报告，李晓安主任也对这次实习提出了具体要求。同时还制定了实习计划，建立了学生实习网，对各个实习点都安排了实习指导教师和学生负责人。通过积极努力的工作，先后得到了朝阳、海淀、丰台和武警等十个单位的大力支持，达成了协议。2001 级、2002 级的 240 多名同学于 6 月 21 日-7 月 21 日进行了历时 1 个月的社会实践活动。

通过这次实习，同学们不仅在一定程度上提高了实践能力，同时协调能力、生活能力都得到了很好的锻炼。在李晓安主任带领班子成员到每个实习点走访时得到了广泛的好评就说明了这一点。每一个实习单位的领导都对我们法系的学生给予了很高的评价，普遍评价我们的学生虚心、好学、动手能力强，自律性强，适应能力好，并且有着吃苦耐劳的精神，对所安排的工作岗位很快的就熟练掌握。特别是一些办案工作流程，有些同学从一开始就跟着法官实际办案，从小事学起，从一点一滴学起。

尽管在小学期实习期间天气很炎热，大部分法院、检察院不能解决学生的就餐问题，但同学们都以坚强的毅力，吃苦耐劳的精神克服了困难，每天坚持不迟到，不早退，有时还要加班加点地工作。一些同学由于每天在外就餐费用太多，一直吃方便面、面包等简单食品，一个月实习下来，体重减轻了很多。但大家都一直坚持到最后。有的同学还由于表现突出，应实习单位的要求延长了实习时间。正是同学们这一点一滴的共同的努力，为首经贸法学系树立了良好的形象。所有实习过的法院、检察院都一致表示明年继续接收我系同学实习。比如：海淀法院，原本只接收清华、北大、政法大学的同学实习，这次勉强收了我系 10 个同学。在这次学生实习后，提前预计明年接收 50 名，东城也预计接收 20 名。

在一个月的实习中，同学们接触了许多法官和法庭书记人员，他们对审判工作无比负责的工作态度使同学们深深的受到感染。尤其是少年法庭，法官对未成年的犯罪嫌疑人耐心开导，并尽量给其留下改过自新的机会，充分体现了法律是神圣不可侵犯的，同时也是有情的。

除了在法院、检察院实习的同学外，我们还安排了一部分同学到武警部队进行“普法宣传”的教育实习。他们从部队战士本身的实际知识水平出发，贴近官兵的切身利益，认真讲解了法律基础知识、中华人民共和国兵役法及武警常用英语口语等内容。同时为了丰富部队的军营生活，他们在部队中还组织了“KTV 军营歌手大奖赛”，“七一军歌嘹亮”合唱比赛，模拟法庭等文娱活动，受到了部队官兵的热烈欢迎。在最后的结业考核中，大多数部队学员都取得了不错的成绩，一定程度上也肯定了我系同学们的教育成果。“知识送军营，作风进校园”，武警部队的实习使同学们的大学生活有了别样的意义，同时也希望同学们能把军队上的那种艰苦、朴实、雷厉风行的优良作风带到校园中来，从我们身边坐起，优化我们的校风、学风。

另外，在此次的实习中，我系教师也付出了极大努力。他们工作认真负责，积极指导，一切为学生着想，受到了广大学生的好评。负责丰台法院的王雨本教授，在实习前召集前往丰台法实习的同学开了大会，讲述相关注意事项。在实习中，几乎每天都通过电话了解每位学生实习情况，并作详细记载。在实习结束后，又召集同学做汇报总结，并请法院专家为同学们前来答疑解惑。还有金晓晨老师，也经常打电话了解情况，并多次去实习基地指导学生实习。学生们也用实际行动对老师的付出做了最好的回报。

通过这次实习，同学们也收获了很多。他们弥补了课程设置上的不足，及时的发现了自己的问题，学习了法官的办案技巧，总结实践经验，对专业知识有了更深一层的理解。不仅如此，他们的人生从此有了新的定位，确定了更明确的人生方向和更远大的人生目标。与此同时，他们变得更加成熟，更加独立，更加有使命感和责任感，向着成为一个合格法律工作者的目标又迈进了一步，为今后的就业打下了坚实的基础。

在此，我也要代表系里感谢这次参加小学期实习的同学们，因为通过他们的努力，我系打开了实践教学的局面，为共建范围的扩大提供了平台。他们为首经贸法学系树立了良好的形象，让更多的人了解了我系，促进了我系于社会各界的交流联系，使我系走出了校门，走进了社会。更重要的是，他们向社会证明了首经贸法系学生的实力和风采。

首都经济贸易大学法学系

2004. 9. 22

2004 年法学系学生社会实践教学工作的总结

法学系获得首个国家社会科学基金项目。

法学系教师米新丽获批国家社会科学基金项目《我国农业合作社立法问题研究》，这是法学系获得的首个国家级科研项目。

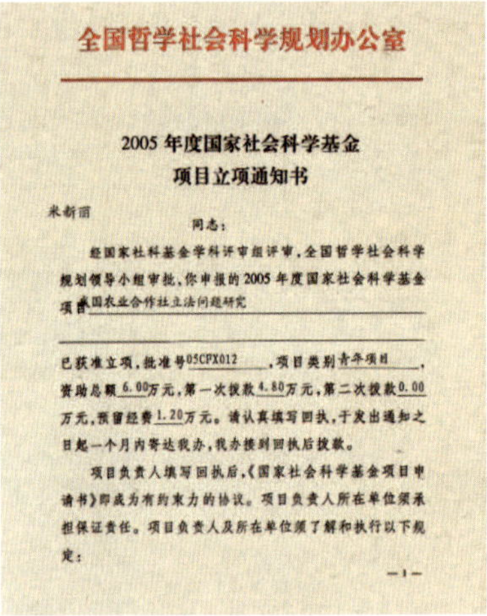
全国哲学社会科学规划办公室

2005年度国家社会科学基金
项目立项通知书

米新丽 同志：

经国家社科基金学科评审组评审，全国哲学社会科学规划领导小组审批，你申报的2005年度国家社会科学基金项目我国农业合作社立法问题研究已获准立项，批准号05CFX012，项目类别青年项目，资助总额6.00万元，第一次拨款4.80万元，第二次拨款0.00万元，预留经费1.20万元。请认真填写回执，于发出通知之日起一个月内寄达我办，我办接到回执后拨款。

项目负责人填写回执后，《国家社会科学基金项目申请书》即成为有约束力的协议。项目负责人所在单位须承担保证责任。项目负责人及所在单位须了解和执行以下规定：

—1—

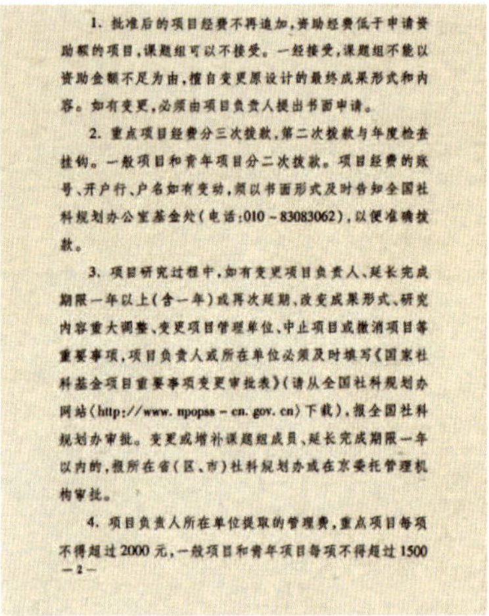
1. 批准后的项目经费不再追加，资助经费低于申请资助额的项目，课题组可以不接受。一经接受，课题组不能以资助金额不足为由，擅自变更原设计的最终成果形式和内容。如有变更，必须由项目负责人提出书面申请。

2. 重点项目经费分三次拨款，第二次拨款与年度检查挂钩。一般项目和青年项目分二次拨款。项目经费的账号、开户行、户名如有变动，须以书面形式及时告知全国社科规划办公室基金处（电话：010－83083062），以便准确拨款。

3. 项目研究过程中，如有变更项目负责人、延长完成期限一年以上（含一年）或再次延期、改变成果形式、研究内容重大调整、变更项目管理单位、中止项目或撤消项目等重要事项，项目负责人或所在单位必须及时填写《国家社科基金项目重要事项变更审批表》（请从全国社科规划办网站〈http://www.npopss-cn.gov.cn〉下载），报全国社科规划办审批。变更或增补课题组成员、延长完成期限一年以内的，报所在省（区、市）社科规划办或在京委托管理机构审批。

4. 项目负责人所在单位提取的管理费，重点项目每项不得超过2000元，一般项目和青年项目每项不得超过1500

—2—

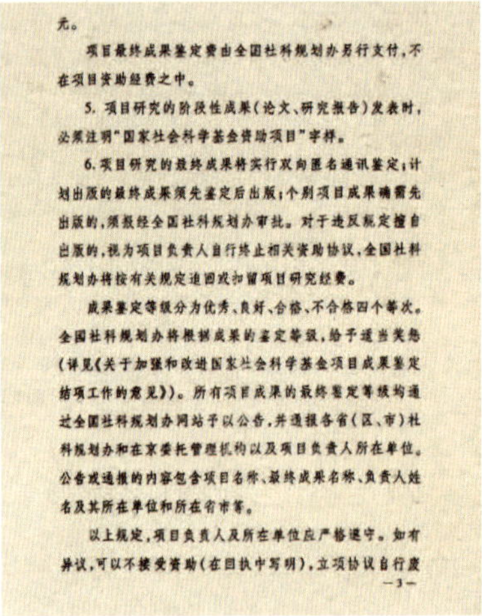
元。

项目最终成果鉴定费由全国社科规划办另行支付，不在项目资助经费之中。

5. 项目研究的阶段性成果（论文、研究报告）发表时，必须注明"国家社会科学基金资助项目"字样。

6. 项目研究的最终成果将实行双向匿名通讯鉴定；计划出版的最终成果须先鉴定后出版；个别项目成果确需先出版的，须报经全国社科规划办审批。对于违反规定擅自出版的，视为项目负责人自行终止相关资助协议，全国社科规划办将按有关规定追回或扣留项目研究经费。

成果鉴定等级分为优秀、良好、合格、不合格四个等次。全国社科规划办将根据成果的鉴定等级，给予适当奖惩（详见《关于加强和改进国家社会科学基金项目成果鉴定结项工作的意见》）。所有项目成果的最终鉴定等级均通过全国社科规划办网站予以公告，并通报各省（区、市）社科规划办和在京委托管理机构以及项目负责人所在单位。公告或通报的内容包含项目名称、最终成果名称、负责人姓名及其所在单位和所在省市等。

以上规定，项目负责人及所在单位应严格遵守。如有异议，可以不接受资助（在回执中写明），立项协议自行废

—3—

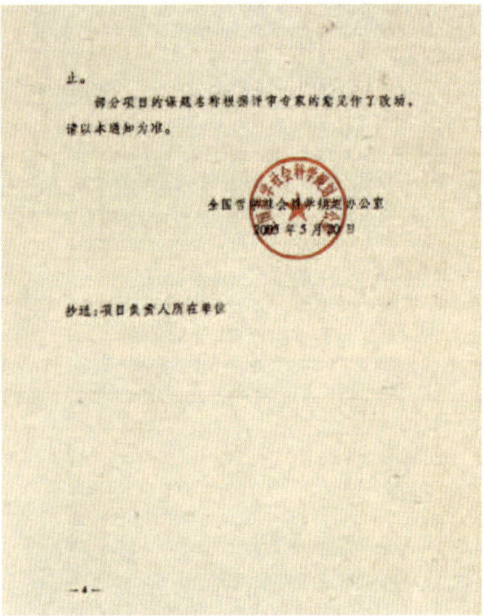
止。

部分项目的课题名称根据评审专家的意见作了改动，请以本通知为准。

全国哲学社会科学规划办公室
2005年5月20日

抄送：项目负责人所在单位

—4—

《我国农业合作社立法问题研究》获得2005年度国家社会科学基金项目立项的通知书

民商法学专业获得硕士学位授予权。

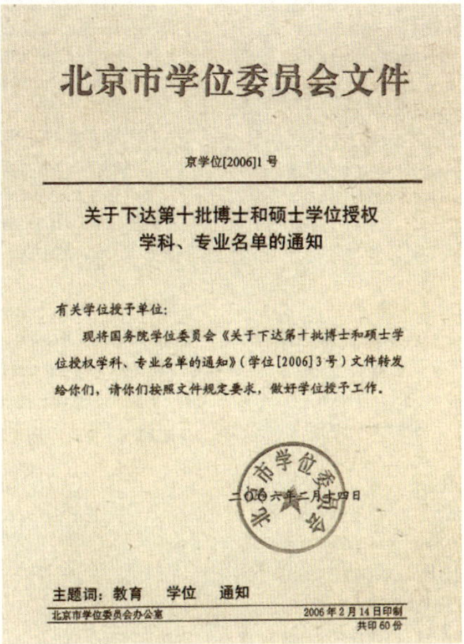

北京市学位委员会文件

京学位[2006]1号

关于下达第十批博士和硕士学位授权
学科、专业名单的通知

有关学位授予单位：

现将国务院学位委员会《关于下达第十批博士和硕士学位授权学科、专业名单的通知》（学位[2006]3号）文件转发给你们，请你们按照文件规定要求，做好学位授予工作。

二〇〇六年二月十四日

主题词：教育　学位　通知

北京市学位委员会办公室　2006年2月14日印制

共印60份

2006年法学系民商法学专业获得硕士学位授予权的通知文件

经济法学科通过北京市学位委员会中期检查评估。

北京市学位委员会对学校2002年评选的北京市重点学科及北京市重点建设学科进行中期检查，经济法学科通过检查评估。

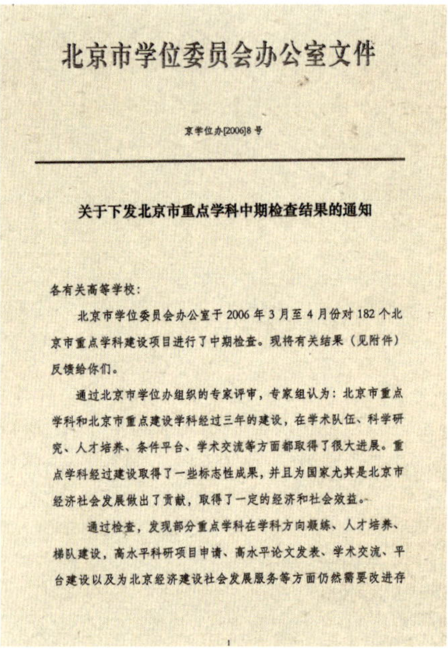

北京市学位委员会办公室文件

京学位办[2006]8号

关于下发北京市重点学科中期检查结果的通知

各有关高等学校：

北京市学位委员会办公室于2006年3月至4月份对182个北京市重点学科建设项目进行了中期检查。现将有关结果（见附件）反馈给你们。

通过北京市学位办组织的专家评审，专家组认为：北京市重点学科和北京市重点建设学科经过三年的建设，在学术队伍、科学研究、人才培养、条件平台、学术交流等方面都取得了很大进展。重点学科经过建设取得了一些标志性成果，并且为国家尤其是北京市经济社会发展做出了贡献，取得了一定的经济和社会效益。

通过检查，发现部分重点学科在学科方向凝练、人才培养、梯队建设，高水平科研项目申请、高水平论文发表、学术交流、平台建设以及为北京经济建设社会发展服务等方面仍然需要改进存

1

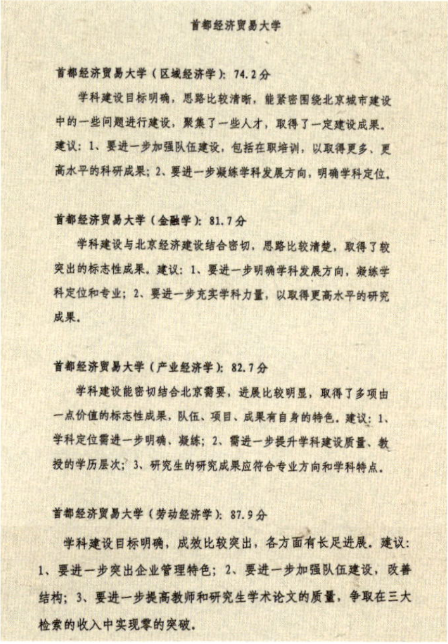

首都经济贸易大学

首都经济贸易大学（区域经济学）：74.2分

学科建设目标明确，思路比较清晰，能紧密围绕北京城市建设中的一些问题进行建设，聚集了一些人才，取得了一定建设成果。建议：1、要进一步加强队伍建设，包括在职培训，以取得更多、更高水平的科研成果；2、要进一步凝练学科发展方向，明确学科定位。

首都经济贸易大学（金融学）：81.7分

学科建设与北京经济建设结合密切，思路比较清楚，取得了较突出的标志性成果。建议：1、要进一步明确学科发展方向，凝练学科定位和专业；2、要进一步充实学科力量，以取得更高水平的研究成果。

首都经济贸易大学（产业经济学）：82.7分

学科建设能密切结合北京需要，进展比较明显，取得了多项由一点价值的标志性成果，队伍、项目、成果有自身的特色。建议：1、学科定位需进一步明确、凝练；2、需进一步提升学科建设质量、教授的学历层次；3、研究生的研究成果应符合专业方向和学科特点。

首都经济贸易大学（劳动经济学）：87.9分

学科建设目标明确，成效比较突出，各方面有长足进展。建议：1、要进一步突出企业管理特色；2、要进一步加强队伍建设，改善结构；3、要进一步提高教师和研究生学术论文的质量，争取在三大检索的收入中实现零的突破。

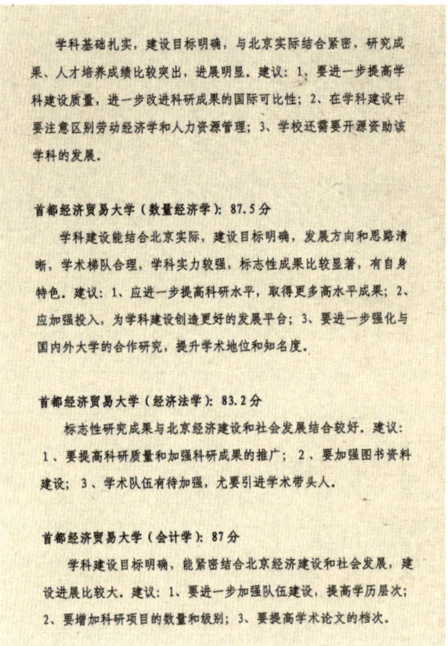

学科基础扎实，建设目标明确，与北京实际结合紧密，研究成果、人才培养成绩比较突出，进展明显。建议：1、要进一步提高学科建设质量，进一步改进科研成果的国际可比性；2、在学科建设中要注意区别劳动经济学和人力资源管理；3、学校还需要开源资助该学科的发展。

首都经济贸易大学（数量经济学）：87.5分

学科建设能结合北京实际，建设目标明确，发展方向和思路清晰，学术梯队合理，学科实力较强，标志性成果比较显著，有自身特色。建议：1、应进一步提高科研水平，取得更多高水平成果；2、应加强投入，为学科建设创造更好的发展平台；3、要进一步强化与国内外大学的合作研究，提升学术地位和知名度。

首都经济贸易大学（经济法学）：83.2分

标志性研究成果与北京经济建设和社会发展结合较好。建议：1、要提高科研质量和加强科研成果的推广；2、要加强图书资料建设；3、学术队伍有待加强，尤要引进学术带头人。

首都经济贸易大学（会计学）：87分

学科建设目标明确，能紧密结合北京经济建设和社会发展，建设进展比较大。建议：1、要进一步加强队伍建设，提高学历层次；2、要增加科研项目的数量和级别；3、要提高学术论文的档次。

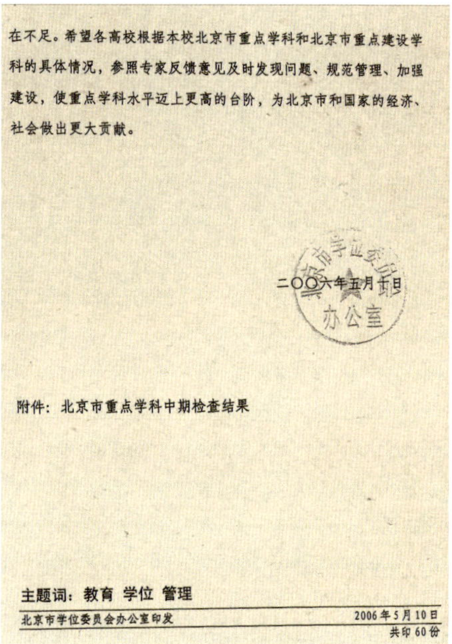

在不足。希望各高校根据本校北京市重点学科和北京市重点建设学科的具体情况，参照专家反馈意见及时发现问题、规范管理、加强建设，使重点学科水平迈上更高的台阶，为北京市和国家的经济、社会做出更大贡献。

二〇〇六年五月十日

附件：北京市重点学科中期检查结果

主题词：教育 学位 管理

北京市学位委员会办公室印发　2006年5月10日

共印60份

2006年经济法学科通过北京市学位委员会中期检查评估的通知文件

2007年

法学系更名为法学院。

是年，法学院在法学系的基础上正式成立。

民商法学专业学术型硕士研究生首批招生。

是年，民商法学专业学术型硕士研究生首批招生 7 人。

“非诉讼实验室”项目的建设。

法学系在 2007-2008 年，开展了“非诉讼实验室”项目。该项目与法学系原有模拟法庭一起，构成了功能完整的法学专业实验室体系。

法学系获得首个北京市高校青年教师基本功比赛一等奖奖项。

是年 5 月 10-18 日，在北京高校第五届青年教师教学基本功比赛中，法学系教师谢海霞获得文史类 B 组比赛一等奖，这是法学系获得的首个青年教师教学基本功比赛一等奖。

经济法学科通过北京市重点学科建设项目验收。

是年 4 月 15 日，北京市教委《北京市教育委员会关于公布北京市重点学科建设项目验收结果的通知》（京教研〔2008〕3 号）公布了北京市重点学科建设项目验收结果，法学院经济法学被评定为合格，顺利通过项目验收。

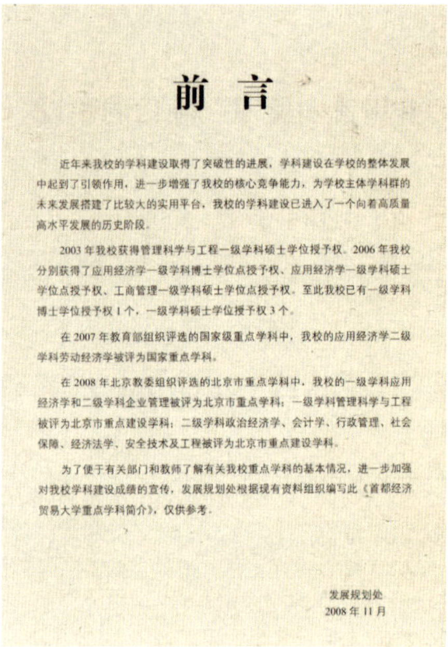

前言

近年来我校的学科建设取得了突破性的进展，学科建设在学校的整体发展中起到了引领作用，进一步增强了我校的核心竞争能力，为学校主体学科群的未来发展搭建了比较大的实用平台，我校的学科建设已进入了一个向着高质量高水平发展的历史阶段。

2003 年我校获得管理科学与工程一级学科硕士学位授予权。2006 年我校分别获得了应用经济学一级学科博士学位点授予权、应用经济学一级学科硕士学位点授予权、工商管理一级学科硕士学位点授予权。至此我校已有一级学科博士学位授予权 1 个，一级学科硕士学位授予权 3 个。

在 2007 年教育部组织评选的国家级重点学科中，我校的应用经济学二级学科劳动经济学被评为国家重点学科。

在 2008 年北京教委组织评选的北京市重点学科中，我校的一级学科应用经济学和二级学科企业管理被评为北京市重点学科；一级学科管理科学与工程被评为北京市重点建设学科；二级学科政治经济学、会计学、行政管理、社会保障、经济法学、安全技术及工程被评为北京市重点建设学科。

为了便于有关部门和教师了解有关我校重点学科的基本情况，进一步加强对我校学科建设成绩的宣传，发展规划处根据现有资料组织编写此《首都经济贸易大学重点学科简介》，仅供参考。

发展规划处
2008 年 11 月

首都经济贸易大学

二级学科北京市重点建设学科

重点学科介绍

Page 32

经济法学

学科带头人 李晓安教授

首都经济贸易大学是全国财经院校中最早设立法学专业的院校之一。1984年该校开始招收法学专业本科生，1988年开始招收经济法学专业研究生，1993年获得经济法学硕士学位授予权。目前，该专业下设四个研究方向，其中经济法学理论结合我国经济发展的情况，运用法学、经济学等方法研究经济法学的基础理论问题，探讨该学科的发展思路和发展方向，力求推动该学科的理论发展。企业法律制度方向主要研究企业法律制度的基础理论和实务问题，为完善企业法律制度发展提供新命题和新思路。竞争法律制度方向运用法学、经济学等方法，研究竞争法的理论问题和实践问题。国际经济法方向则从实践出发，结合我校其他学科的研究内容和方法，研究现有的法律制度下国际经济发展中面临的问题并提出相应对策。

首都经贸大学经济法学专业在坚持法学教育的前提下，依托财经院校的力量，结合经济类管理类专业的特色，重点发展经济法学科，注重应用法学的研究，并在教学中强调法学、经济学的“双基础”教育，培养懂法律、懂经济的复合型人才。结合经济全球化的态势，在经济法学科的建设周期内，该学科将贯彻“以学科建设为龙头，队伍建设为核心”的战略方针，树立品牌形象，办出特色教育，培养高水平的复合型人才，为进一步申报博士点打下良好基础。

▲模拟法庭实景

在未来的几年中，该学科将继续巩固和加强学科建设，出版一批高水平的学术著作和论文，加强学术梯队建设，打造一支高水平的教学团队，将经济法学科建设为北京市重点学科。该学科还将利用北京市的地缘优势，继续搞好实践教学活动，加强实习基地建设，培养应用型的人才，为北京市的经济发展和法制建设贡献力量。

▲本学科主要学术著作

经济法学学科带头人及主要学术骨干

姓名	性别	出生年月	学历	职称	职务
李晓安	女	1963.05	博士研究生	教授	
王雨本	男	1955.08	博士研究生（在读）	教授	
焦志勇	男	1957.03	硕士研究生	教授	
金晓晨	女	1965.04	硕士研究生	教授	
高桂林	男	1964.12	博士研究生	教授	
周序中	男	1956.11	硕士研究生	副教授	副院长
沈敏荣	男	1971.06	博士研究生	副教授	
谢海霞	女	1970.10	博士研究生	副教授	副院长
王德山	男	1963.12	硕士研究生	副教授	
王显勇	男	1976.12	博士研究生	副教授	
张世君	男	1976.09	博士研究生	副教授	

首都经济贸易大学

二级学科北京市重点建设学科

重点学科介绍

Page 33

2008年法学院经济法学通过北京市重点学科建设项目验收工作的资料

法学院获批法律硕士专业学位授予权。

是年6月9日，国务院学位办公室印发《关于批准新增法律硕士等类别专业学位研究生培养单位的通知》（学位办〔2009〕35号），批准首都经济贸易大学为新增法律硕士专业学位研究生培养单位，法学院获批法律硕士专业学位授权点，可招收两年制（法学）和三年制（非法学）法律硕士。

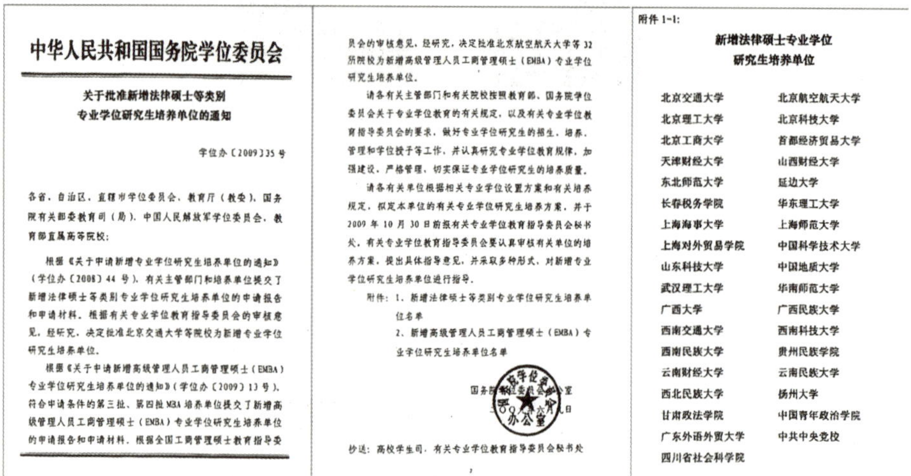

中华人民共和国国务院学位委员会

关于批准新增法律硕士等类别专业学位研究生培养单位的通知

学位办〔2009〕35号

各省、自治区、直辖市学位委员会、教育厅（教委），国务院有关部委教育司（局），中国人民解放军学位委员会，教育部直属高等院校：

根据《关于申请新增专业学位研究生培养单位的通知》（学位办〔2008〕44号），有关主管部门和培养单位提交了新增法律硕士等类别专业学位研究生培养单位的申请报告和申请材料。根据有关专业学位教育指导委员会的审核意见，经研究，决定批准北京交通大学等院校为新增专业学位研究生培养单位。

根据《关于申请新增高级管理人员工商管理硕士（EMBA）专业学位研究生培养单位的通知》（学位办〔2009〕13号），符合申请条件的第三批、第四批MBA培养单位提交了新增高级管理人员工商管理硕士（EMBA）专业学位研究生培养单位的申请报告和申请材料。根据全国工商管理硕士教育指导委员会的审核意见，经研究，决定批准北京航空航天大学等32所院校为新增高级管理人员工商管理硕士（EMBA）专业学位研究生培养单位。

请各有关主管部门和有关院校按照教育部、国务院学位委员会关于专业学位教育的有关规定，以及有关专业学位教育指导委员会的要求，做好专业学位研究生的招生、培养、管理和学位授予等工作，并认真研究专业学位教育规律，加强建设，严格管理，切实保证专业学位研究生的培养质量。

请各有关单位根据相关专业学位设置方案和有关培养规定，拟定本单位的有关专业学位研究生培养方案，并于2009年10月30日前报有关专业学位教育指导委员会秘书处。有关专业学位教育指导委员会要认真审核有关单位的培养方案，提出具体指导意见，并采取多种形式，对新增专业学位研究生培养单位进行指导。

附件：1、新增法律硕士等类别专业学位研究生培养单位名单

2、新增高级管理人员工商管理硕士（EMBA）专业学位研究生培养单位名单

国务院学位委员会办公室

二〇〇九年六月九日

抄送：高校学生司，有关专业学位教育指导委员会秘书处

附件1-1：

新增法律硕士专业学位研究生培养单位

北京交通大学	北京航空航天大学
北京理工大学	北京科技大学
北京工商大学	首都经济贸易大学
天津财经大学	山西财经大学
东北师范大学	延边大学
长春税务学院	华东理工大学
上海海事大学	上海师范大学
上海对外贸易学院	中国科学技术大学
山东科技大学	中国地质大学
武汉理工大学	华南师范大学
广西大学	广西民族大学
西南交通大学	西南科技大学
西南民族大学	贵州民族学院
云南财经大学	云南民族大学
西北民族大学	扬州大学
甘肃政法学院	中国青年政治学院
广东外语外贸大学	中共中央党校
四川省社会科学院	

2009年国务院学位办公室印发的《关于批准新增法律硕士等类别专业学位研究生培养单位的通知》

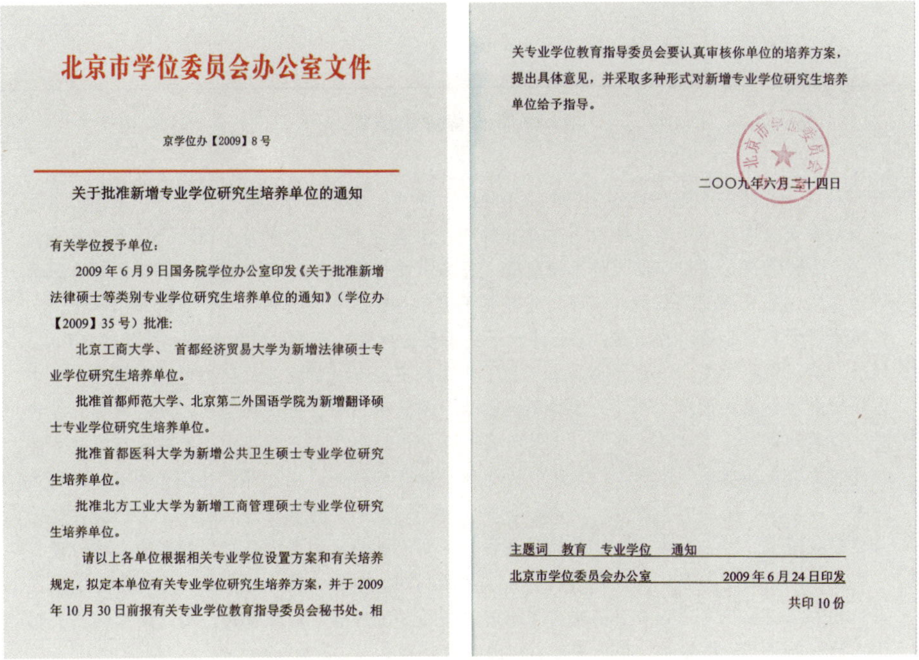

北京市学位委员会办公室文件

京学位办【2009】8号

关于批准新增专业学位研究生培养单位的通知

有关学位授予单位：

2009年6月9日国务院学位办公室印发《关于批准新增法律硕士等类别专业学位研究生培养单位的通知》（学位办【2009】35号）批准：

北京工商大学、首都经济贸易大学为新增法律硕士专业学位研究生培养单位。

批准首都师范大学、北京第二外国语学院为新增翻译硕士专业学位研究生培养单位。

批准首都医科大学为新增公共卫生硕士专业学位研究生培养单位。

批准北方工业大学为新增工商管理硕士专业学位研究生培养单位。

请以上各单位根据相关专业学位设置方案和有关培养规定，拟定本单位有关专业学位研究生培养方案，并于2009年10月30日前报有关专业学位教育指导委员会秘书处。相关专业学位教育指导委员会要认真审核你单位的培养方案，提出具体意见，并采取多种形式对新增专业学位研究生培养单位给予指导。

二〇〇九年六月二十四日

主题词 教育 专业学位 通知

北京市学位委员会办公室 2009年6月24日印发

共印10份

2009年北京市学位委员会关于法学院
获得法律专业硕士学位授权的通知文件

法律诊所的建设和成果。

1. 法律诊所委员会代表团来院考察。

是年10月27日，法律诊所教育委员会、福特基金会北京办事处来学院法律诊所进行实地考察。考察团观摩了诊所的示范课程，并与诊所师生进行座谈。

2. 法律诊所师生探索公益诉讼。

法学院师生作为原告发起的花乡大鸭梨收费餐具公益诉讼一案，是年11月2日上午在丰台区人民法院花乡法庭开庭审理。在法庭上，法律诊所的师生们提交了充分的证据，被告承认其强制顾客使用收费筷子的事实，认识到其经营管理中的错误，同意退还筷子加工费、承担本次诉讼费用。

大鸭梨公益诉讼结案

……也许很多人会不理解我们为了两块钱打官司，甚至觉得这是无事生非，就连办案法官最初都认为这种问题不必要以司法途径解决，但是古人云：勿以善小而不为，勿以恶小而为之。公益诉讼，是以小博大的思想启蒙。每套一次性筷子加工费一元，对于每位前去就餐的顾客来说都是承受得起的，然而，收费筷子因为存在即合理合法吗？收费筷子出现伊始，很多消费者就对此表示过不满，有一种被逼迫消费的感觉。因此引发的争议、投诉时有发生。同时，从环保的角度，一次性餐具也不利于我国经济的可持续发展，应当予以取缔。今年中国消费者协会正式做出“叫停一次性餐具收费”的消费指导，并明确指出，一次性餐具收费是“强制消费”，是“乱收费”，但是收费餐具在市场上依然广泛存在。尤其是小额消费者被侵权更是普遍现象，市场选择已不足以约束经营者的行为。在这样的社会背景下，只有法律才能以其立竿见影的强制力，明确社会的底线，规范不法经营行为。然而，人们通常会因为受损金额小、诉讼成本大，而选择忍气吞声。商家就趁机利用大多数消费者的上述心理，唯利是图，形成了不合法的行规惯例，谋求垄断利润。本次公益诉讼，我们不仅是为了维护自身的合法权益，同时也是要用法律公正的裁判给不法经营者敲响警钟，引起公众和相关部门对此的关注，进而根本上规范餐饮行业的经营行为。

……要实现餐饮行业的规范经营，本次公益诉讼只是一个开端，还需要更多人的参与和努力。多年来，我校法律诊所一直致力于公益诉讼事业，曾涉及红塔集团、家乐福集团等知名企业。无论个案的成败，只要能引起社会的广泛关注，只要能对社会进步有所推动，就是我们的胜利。比如起诉红塔山“醇香”标志，即使是必败的官司我们也要打。我们就是要努力做第一个向社会不公平现象说“不”的人，引起广泛的社会共鸣，让更多的人了解公益诉讼并加入进来，从而约束经营者的行为，规范行规惯例。我们坚信公道自在人心！作为法学院的学生，我们有责任、有义务为全社会树立公益诉讼的一面旗帜，吹响公益事业的一声号角。

首都经济贸易大学法律诊所期待您的公益诉讼线索和建议，并将为您的公益诉讼提供无偿法律支持！……

2009年法学院法律诊所代理大鸭梨公益诉讼新闻资料
（资料来源：首都经济贸易大学法学院网站）

法律硕士专业学位研究生首次招生。

是年，法律硕士专业学位研究生首批招生 44 人。

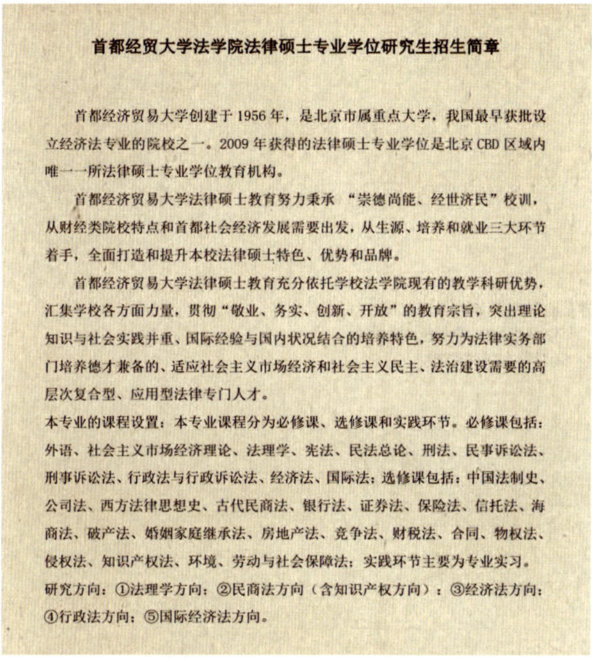

首都经贸大学法学院法律硕士专业学位研究生招生简章

首都经济贸易大学创建于 1956 年，是北京市属重点大学，我国最早获批设立经济法专业的院校之一。2009 年获得的法律硕士专业学位是北京 CBD 区域内唯一一所法律硕士专业学位教育机构。

首都经济贸易大学法律硕士教育努力秉承“崇德尚能、经世济民”校训，从财经类院校特点和首都社会经济发展需要出发，从生源、培养和就业三大环节着手，全面打造和提升本校法律硕士特色、优势和品牌。

首都经济贸易大学法律硕士教育充分依托学校法学院现有的教学科研优势，汇集学校各方面力量，贯彻“敬业、务实、创新、开放”的教育宗旨，突出理论知识与社会实践并重、国际经验与国内状况结合的培养特色，努力为法律实务部门培养德才兼备的、适应社会主义市场经济和社会主义民主、法治建设需要的高层次复合型、应用型法律专门人才。

本专业的课程设置：本专业课程分为必修课、选修课和实践环节。必修课包括：外语、社会主义市场经济理论、法理学、宪法、民法总论、刑法、民事诉讼法、刑事诉讼法、行政法与行政诉讼法、经济法、国际法；选修课包括：中国法制史、公司法、西方法律思想史、古代民商法、银行法、证券法、保险法、信托法、海商法、破产法、婚姻家庭继承法、房地产法、竞争法、财税法、合同、物权法、侵权法、知识产权法、环境、劳动与社会保障法；实践环节主要为专业实习。

研究方向：①法理学方向；②民商法方向（含知识产权方向）；③经济法方向；④行政法方向；⑤国际经济法方向。

2010 年法学院法律硕士专业学位研究生招生信息

法学院获批法学一级学科硕士学位授予权。

是年3月28日，法学院获得法学一级学科硕士学位授予权，在原有的经济法学、民商法学的基础之上，增设法学理论、宪法学与行政法学、国际法学三个学术硕士学位授权点。

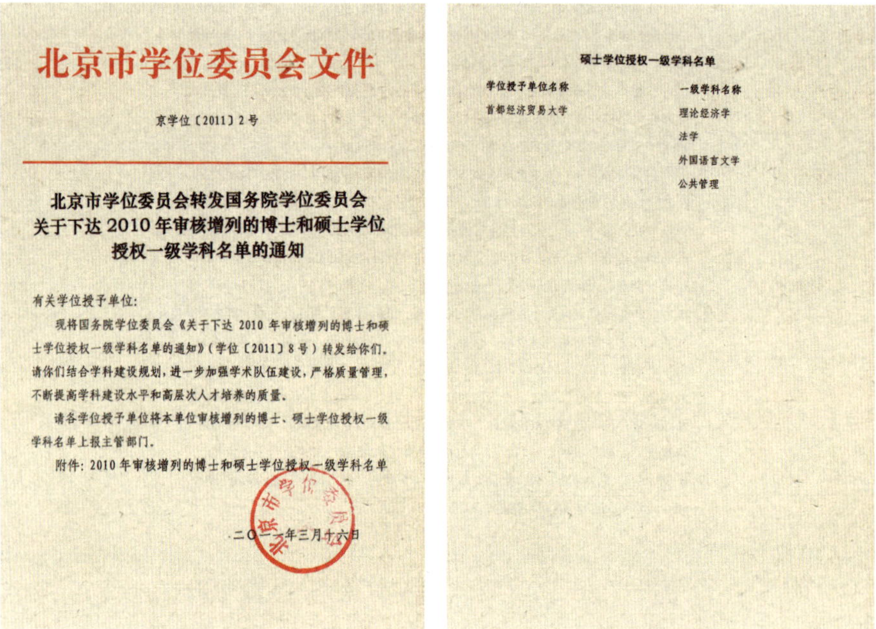

北京市学位委员会文件

京学位〔2011〕2号

北京市学位委员会转发国务院学位委员会关于下达2010年审核增列的博士和硕士学位授权一级学科名单的通知

有关学位授予单位：

现将国务院学位委员会《关于下达2010年审核增列的博士和硕士学位授权一级学科名单的通知》（学位〔2011〕8号）转发给你们，请你们结合学科建设规划，进一步加强学术队伍建设，严格质量管理，不断提高学科建设水平和高层次人才培养的质量。

请各学位授予单位将本单位审核增列的博士、硕士学位授权一级学科名单上报主管部门。

附件：2010年审核增列的博士和硕士学位授权一级学科名单

二〇一一年三月十六日

硕士学位授权一级学科名单

学位授予单位名称	一级学科名称
首都经济贸易大学	理论经济学
	法学
	外国语言文学
	公共管理

2011年法学院获批法学一级学科硕士学位授予权的通知文件

法学院开设辅修（双学位）班。

开设辅修（双学位）是首都经济贸易大学培养复合型人才的一项重要举措，法学院是率先开展此项工作的试点院系之一。是年，法学院正式开设法学辅修（双学位）班，本年度上课两学期。

法学院与天普大学签订合作交流备忘录。

是年 9 月 22 日，美国天普大学法学院亚洲区负责人到访法学院，就双方合作交流达成初步意向。

11 月 1 日，美国天普大学时任校长安·哈特（Ann Hart）女士一行到首都经济贸易大学交流访问，两校正式签订合作与交流备忘录，法学院与美国天普大学法学院的教学科研交流合作项目就此启动。

法学院获首个北京市教学名师奖。

是年，法学院米新丽教授荣获第七届北京市高等学校教学名师奖。

法学院与校外单位交流合作并签订共建实习基地系列协议。

是年 9 月 9 日，法学院与丰台区人民法院花乡法庭签订双向交流机制合作协议。

9 月 21 日，法学院与丰台区人民法院签署共建实习基地协议。

10 月 11 日，法学院与西城区人民法院签署共建实习基地协议。

12 月 7 日，法学院与丰台区律师协会签订双向交流机制合作协议。

法学理论、宪法学与行政法学、国际法学三个专业首批招收学术型硕士研究生。

是年，法学理论、宪法学与行政法学、国际法学三个专业首批招收学术型硕士研究生各 4 人。

法学院研究生人才培养机制、培养方案和管理机制的系列研讨。

为完善学术硕士和专业硕士的培养工作，4 月 6–8 日，法学院召开法律硕士人才培养研讨会。4 月 12 日，法学院召开实践创新人才培养研讨会。5 月 10 日，法学院召开研究生培养方案修订研讨会。5 月 19 日，法学院召开法学院科研与研究生管理机制建设研讨会。

法学院主办“消费者权益保护法修订与完善”国际研讨会。

4 月 21 日，法学院与北京市消费者协会、北京市消费者权益保护法学会、中国人民大学民商事法律科学研究中心共同主办“消费者权益保护法修订与完善”国际研讨会。来自日本、韩国等国以及我国各高校的专家学者，就我国《消费者权益保护法》的修改与完善进行深入研讨。

法学院代表队首次参赛并获得第十届杰赛普国际法模拟法庭中国区选拔赛二等奖。

2 月 22 日，杰赛普国际法模拟法庭（Philip C. Jessup International Law Moot Court Competition）中国区选拔赛在中国人民大学举行，共有包括北京大学、中国人民大学等 37 所大学的代表队参赛。我校法学院代表队首次参赛，获得二等奖。

法学院获批法律经济学博士学位授予权。

是年，法学院获得法律经济学二级交叉学科博士学位授予权，开始招收法律经济学专业的博士研究生，同时还招聘法律经济学方向的博士后研究人员。

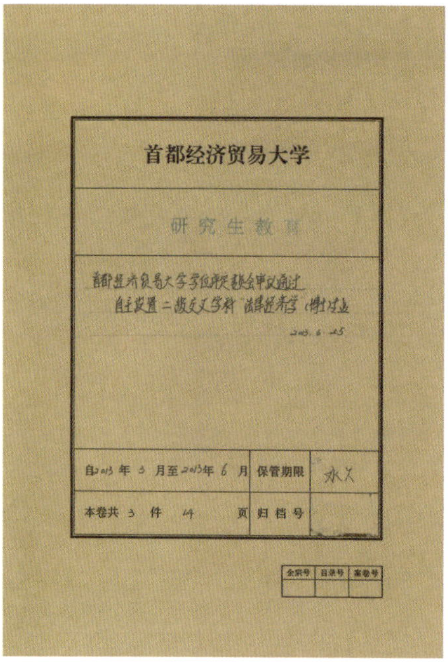

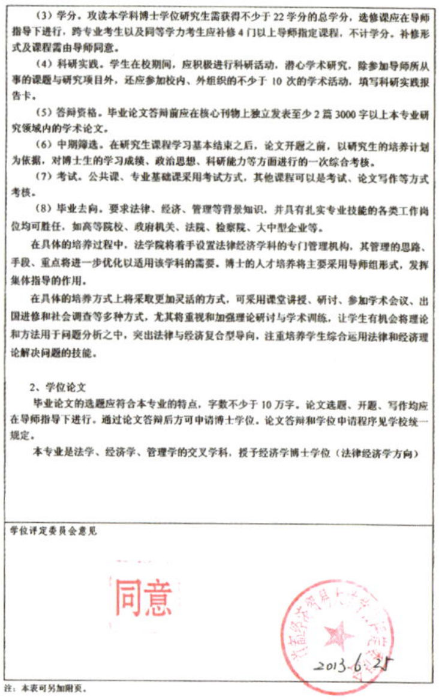
（3）学分。攻读本学科博士学位研究生需获得不少于22学分的总学分，选修课应在导师指导下进行，跨专业考生以及同等学力考生应补修4门以上导师指定课程，不计学分。补修形式及课程需由导师同意。

（4）科研实践。学生在校期间，应积极进行科研活动，潜心学术研究，除参加导师所从事的课题与研究项目外，还应参加校内、外组织的不少于10次的学术活动，填写科研实践报告卡。

（5）答辩资格。毕业论文答辩前应在核心刊物上独立发表至少2篇3000字以上本专业研究领域内的学术论文。

（6）中期筛选。在研究生课程学习基本结束之后，论文开题之前，以研究生的培养计划为依据，对博士生的学习成绩、政治思想、科研能力等方面进行的一次综合考核。

（7）考试。公共课、专业基础课采用考试方式，其他课程可以是考试、论文写作等方式考核。

（8）毕业去向。要求法律、经济、管理等背景知识，并具有扎实专业技能的各类工作岗位均可胜任，如高等院校、政府机关、法院、检察院、大中型企业等。

在具体的培养过程中，法学院将着手设置法律经济学科的专门管理机构，其管理的思路、手段、重点将进一步优化以适用该学科的需要。博士的人才培养将主要采用导师组形式，发挥集体指导的作用。

在具体的培养方式上将采取更加灵活的方式，可采用课堂讲授、研讨、参加学术会议、出国进修和社会调查等多种方式，尤其将重视和加强理论研讨与学术训练，让学生有机会将理论和方法用于问题分析之中，突出法律与经济复合型导向，注重培养学生综合运用法律和经济理论解决问题的技能。

2、学位论文

毕业论文的选题应符合本专业的特点，字数不少于10万字。论文选题、开题、写作均应在导师指导下进行。通过论文答辩后方可申请博士学位。论文答辩和学位申请程序见学校统一规定。

本专业是法学、经济学、管理学的交叉学科，授予经济学博士学位（法律经济学方向）

学位评定委员会意见

同意

2013.6.25

注：本表可另加附页。

2013年法学院获法律经济学二级交叉学科博士学位授予权的备案表

卓越班、涉外法务班和学术提升班三套人才培养方案制定。

是年，根据学校的统一部署，法学院启动人才培养方案的修订工作，形成了卓越班、涉外法务班以及学术提升班三套培养方案。同时，法学院制定《法学院法律实训项目管理办法》（试行）、《法学院分班规则》以及《法学院实践教学指导手册》等文件，为落实新版人才培养方案奠定了制度基础。

法学院“教学贡献奖”设立。

是年，为激发广大教师投身教学工作的热忱，法学院特设“教学贡献奖”。

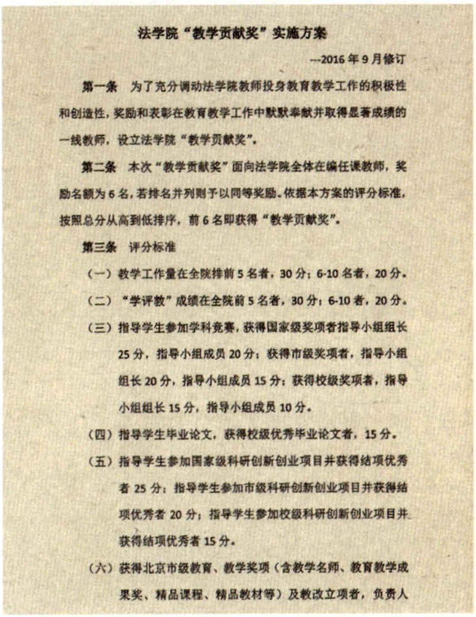
法学院“教学贡献奖”实施方案

---2016 年 9 月修订

第一条　为了充分调动法学院教师投身教育教学工作的积极性和创造性，奖励和表彰在教育教学工作中默默奉献并取得显著成绩的一线教师，设立法学院“教学贡献奖”。

第二条　本次“教学贡献奖”面向法学院全体在编任课教师，奖励名额为 6 名，若排名并列则予以同等奖励。依据本方案的评分标准，按照总分从高到低排序，前 6 名即获得“教学贡献奖”。

第三条　评分标准

（一）教学工作量在全院排前 5 名者，30 分；6-10 名者，20 分。

（二）“学评教”成绩在全院前 5 名者，30 分；6-10 者，20 分。

（三）指导学生参加学科竞赛，获得国家级奖项者指导小组组长 25 分，指导小组成员 20 分；获得市级奖项者，指导小组组长 20 分，指导小组成员 15 分；获得校级奖项者，指导小组组长 15 分，指导小组成员 10 分。

（四）指导学生毕业论文，获得校级优秀毕业论文者，15 分。

（五）指导学生参加国家级科研创新创业项目并获得结项优秀者 25 分；指导学生参加市级科研创新创业项目并获得结项优秀者 20 分；指导学生参加校级科研创新创业项目并获得结项优秀者 15 分。

（六）获得北京市级教育、教学奖项（含教学名师、教育教学成果奖、精品课程、精品教材等）及教改立项者，负责人

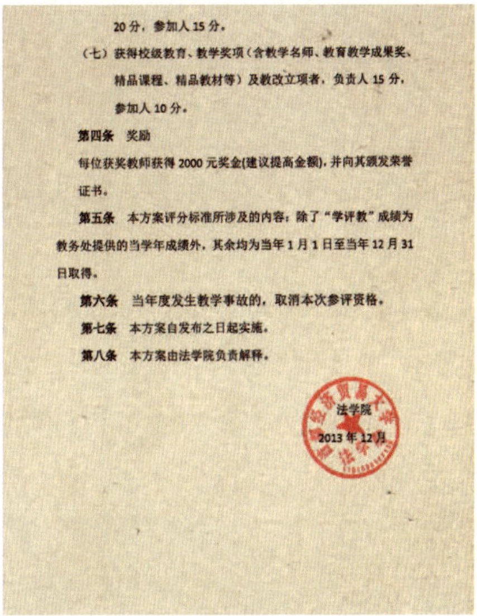
20 分，参加人 15 分。

（七）获得校级教育、教学奖项（含教学名师、教育教学成果奖、精品课程、精品教材等）及教改立项者，负责人 15 分，参加人 10 分。

第四条　奖励

每位获奖教师获得 2000 元奖金(建议提高金额)，并向其颁发荣誉证书。

第五条　本方案评分标准所涉及的内容：除了“学评教”成绩为教务处提供的当学年成绩外，其余均为当年 1 月 1 日至当年 12 月 31 日取得。

第六条　当年度发生教学事故的，取消本次参评资格。

第七条　本方案自发布之日起实施。

第八条　本方案由法学院负责解释。

法学院

2013 年 12 月

2013 年法学院教学贡献奖实施方案

法学院主办“法律经济学：理论前沿与学科建设研讨会”。

是年 11 月 23 日，为推进法律经济学交叉学科博士点建设，法学院主办“法律经济学：理论前沿与学科建设研讨会”。来自北京大学、中国政法大学、中央财经大学、华东政法大学、中国社会科学院等国内多所知名院校的专家学者出席了研讨会。

法学院法律实务高端讲坛启动。

是年 9 月 25 日，法学院推出法律实务讲坛系列，旨在探索研究生实践

能力培养新途径，发展学校特色研究生教育。实务讲坛主要由法学院聘任的校外研究生导师主讲，讲座主要为立法、执法、司法、法律监督领域内的热点、难点、争点等前沿性、实践性问题。

法学院获批北京市高等学校示范性校内创新实践基地。

是年，法学院与文化传播学院联合申报并获批北京市高等学校示范性校内创新实践基地。

法学院签订系列实践教学基地建设协议。

是年 3 月 14 日，法学院与房山区人民法院签署共建实践教学基地合作协议。

3 月 20 日，法学院与北京市安博律师事务所签署共建实践教学基地合作协议。

4 月 12 日，法学院与东城区人民检察院签订共建实践教学基地合作协议。

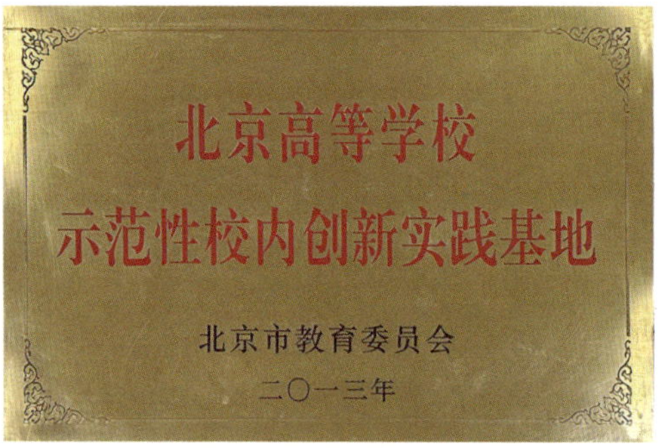

法学院获批北京市高等学校示范性校内创新实践基地的授权牌

6 月 13 日，法学院与北京市工商行政管理局朝阳分局签订共建实践教学基地合作协议。

法学院打造“师生读书沙龙”活动。

是年，在建设学习型党组织的活动中，法学院党总支重点打造“师生读书沙龙”活动，获评北京高校学习型党组织建设品牌活动。

法学院法律诊所代理“政府信息公开之诉”公益诉讼获胜。

是年 3 月 20 日，法学院法律诊所成员代理的公益诉讼“某区工商局信息公开之诉”在北京市某基层人民法院宣判，法学院法律诊所代理方胜诉。

法学院法律诊所代理“政府信息公开之诉”公益诉讼获胜

2012 年 8 月，作为律师的张兴因代理案件需要，向我市某工商行政管理局申请公开某企业自然人股东身份信息及住址。对方以该信息“不属于《公司登记管理条例》规定的登记事项”且“涉及个人隐私”为由拒绝公开。张兴遂对该工商行政管理局提起信息公开之诉。我院法律诊所成员曾令峰、韩晓晨接受委托代理此案，并于 2013 年 1 月 15 日出庭参加诉讼。原告张兴老师与法律诊所成员、本案代理人曾令峰、韩晓晨参加了庭审。经审理，法院认为，企业股东身份信息及住址系被告在履职过程中掌握的政府信息，被告以“不属于规定的登记事项”为由不予公开，缺乏事实和法律依据。此外，被告认为该信息公开后可能侵犯股东合法权益，但并未根据《政府信息公开条例》有关规定，就是否公开原告所询信息书面征求公司股东意见。因此，被告认定公司股东个人身份信息及住址“属于个人隐私”缺乏法律依据，作出的不予公开决定违反法定程序。法院依法撤销被告不予公开原告所询信息的决定，责令其在 15 日内重新做出答复，并承担诉讼费用。

在 1 月 15 日的庭审中，原告、被告双方就企业自然人股东身份信息是否属于工商登记事项、是否属于个人隐私进行了激烈交锋。庭审结束后，法律诊所指导专家李长城副教授和刘胜江老师对我方的本案准备过程和庭审表现做了点评。

在工商信息查询受到限制之时，张兴老师与法律诊所希望借此案明确自然人股东身份信息及住址系工商行政管理机关应依法公开的范畴，且不属于个人隐私，由此疏通以政府信息公开途径查询工商信息的路径。而本案的胜诉或许将为律师及公民依法查询企业信息、监督市场主体、提升决策理性提供积极的参考。

2013 年法学院法律诊所代理政府信息公开公益诉讼新闻资料
（资料来源：首都经济贸易大学法学院网站）

法律经济学专业博士研究生首批招生。

是年，法律经济学专业博士研究生首批招生 2 人，并有 1 名俄罗斯留学生转入法律经济学专业进行学习。

法学院全面实施本科生导师制。

是年，为精细化培养，法学院为每一位本科生都配备了导师，开始全面实施本科生导师制。

法学院设置教学导师制度。

是年，学院落实学校本年度颁发的《本科生课堂教学听课实施办法》和《新聘教师本科课堂教学准入制度实施办法》，制订了学院配套的实施方案，为每一位新聘教师指定了教学导师。

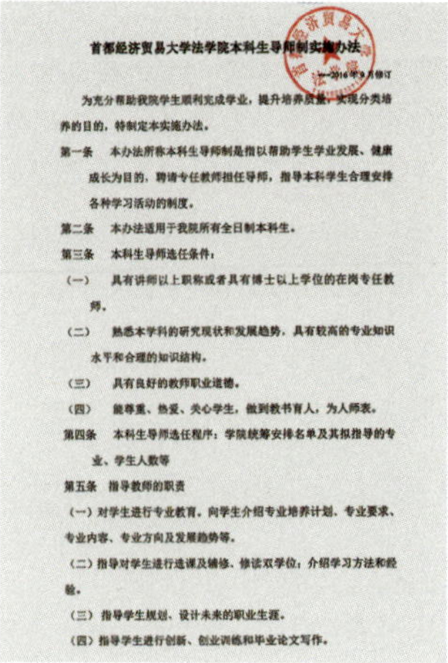

首都经济贸易大学法学院本科生导师制实施办法

——2016年9月修订

为充分帮助我院学生顺利完成学业，提升培养质量，实现分类培养的目的，特制定本实施办法。

第一条　本办法所称本科生导师制是指以帮助学生学业发展、健康成长为目的，聘请专任教师担任导师，指导本科学生合理安排各种学习活动的制度。

第二条　本办法适用于我院所有全日制本科生。

第三条　本科生导师选任条件：

（一）　具有讲师以上职称或者具有博士以上学位的在岗专任教师。

（二）　熟悉本学科的研究现状和发展趋势，具有较高的专业知识水平和合理的知识结构。

（三）　具有良好的教师职业道德。

（四）　能尊重、热爱、关心学生，做到教书育人，为人师表。

第四条　本科生导师选任程序：学院统筹安排名单及其拟指导的专业、学生人数等

第五条　指导教师的职责

（一）对学生进行专业教育，向学生介绍专业培养计划、专业要求、专业内容、专业方向及发展趋势等。

（二）指导对学生进行选课及辅修、修读双学位，介绍学习方法和经验。

（三）指导学生规划、设计未来的职业生涯。

（四）指导学生进行创新、创业训练和毕业论文写作。

2014 年法学院为落实本科生导师制制定的实施办法首页

法学院承办第九届首都法学家论坛。

是年 12 月 2 日，第九届首都法学家论坛在首都经济贸易大学明辨楼举行。该论坛为北京市法学会主办的品牌活动，本年度由法学院承办，论坛的主题是“依宪治国与首都法治建设”。

法学院与校外单位签订系列合作协议。

是年 5 月 29 日，法学院与美国密西西比学院法学院签订教学科研交流合作协议。

3 月 26 日，法学院与北京市第三中级人民法院签订共建实践教学基地合作协议。

6 月 19 日，法学院与北京市东城区人民法院签署战略伙伴合作协议。

法学院代表队首次参加北京市大学生模拟法庭大赛并获得二等奖。

是年 10 月 25 日，第六届北京市大学生模拟法庭竞赛在中国政法大学昌平校区举行。本次大赛由北京市教委主办，法学院代表队首次参赛并夺得此次模拟庭审竞赛的二等奖。

2014 年法学院为参加模拟法庭竞赛的集中训练和参赛现场资料

法学院通过法律硕士专业学位点合格评估。

是年，教育部组织法律硕士专业学位点合格评估工作，法学院顺利通过合格评估。

法学院成为北京市法学专业建设群市属高校牵头单位。

是年，北京市教委确定首都经济贸易大学法学院作为北京市法学专业群建设市属高校牵头单位。

法学院制定双培生人才培养方案并开展培养工作。

双培生是北京市高等教育招生的新举措。是年，法学院首次招收双培生 20 人，前三年分别就读于中国政法大学、中国人民大学等院校。法学院积极与前述高校进行沟通，制定适用于双培生的人才培养方案，并通过双培生返校等活动，加强学院与双培生之间的互相了解。

法学院开展“品读中国”系列通识教育活动。

是年，法学院正式推出“品读中国”系列通识教育活动，建立由 25 名专家参与的，以中国文化体验为主，以专题讲座为主要形式的学院通识教育体系。本年度开办专题讲座七次、主题参观活动两次、相关专题讨论交流活动十余次，覆盖大学一、二年级两个年级全体本科生和部分研究生。

法学院承办亚太民法学术研讨会。

是年4月10日，法学院、中国人民大学民商事法律科学中心联合主办亚太民法学术研讨会。来自澳大利亚、日本、韩国，以及我国台湾地区、澳门地区等海内外近20所大学的专家学者出席了会议。

法学院与北京市第一中级人民法院签署实践教学基地共建协议。

是年11月24日，法学院与北京市第一中级人民法院共建实践教学基地签约仪式在博纳楼举行。

2016年

法学院推进对外合作交流工作。

是年3月23日，法学院邀请时任美国密歇根州马克姆郡文化与经济合作委员会（Macomb Cultural Economic Partnership，MCEP）秘书长爱德华·布鲁利先生（Edward Bruley）进行主题为“美国国会立法过程及美国法院实习项目介绍”的讲座。

5月23日，法学院邀请美国新英格兰大学的戴维·M.西格尔（David Siegel）教授讲授美国警民关系。

6月1日，法学院邀请美国俄亥俄州立大学的盖里·保罗.罗斯（Gary Paul Rose）教授讲授比较公司法。

6月8日，法学院邀请美国华盛顿大学的威廉·科温顿（William Covington）教授讲授美国侵权法实务。

9月27日，法学院邀请圣约翰大学法学院的乔希·奥尔特（Josh Alter）教授讲授美国法律体系和反海外腐败法。

法学院召开系列学科建设研讨会。

是年6月2日，法学院举行法理学学科建设研讨会。

7月8日，法学院双培生项目暨专业群建设研讨会召开。

10月19日，法学院举行宪法与行政法学科建设研讨会。

11月2日，法学院举行民商法学科建设研讨会。

11月9日，法学院举行国际法学科建设研讨会。

法学院承办中国首届“税务司法理论与实践”高端论坛。

是年 4 月 27 日，中国首届税务司法理论与实践高端论坛在北京召开，此次会议由中国财税法学研究会主办，首都经济贸易大学法学院、首都经济贸易大学财税法研究中心承办。

法学院新版人才培养方案修订。

是年，根据学校工作安排，在总结 2013 版人才培养方案运行效果的基础上，法学院广泛邀请校外专家进行论证，制订了新版人才培养方案。遵循宽口径、厚基础的原则，按照因材施教、分类培养的思路，进一步优化课程体系，增加课程供给，注重通识教育和专业教育的结合，强化职业伦理，制订了更加符合人才培养规律、更加尊重学生选择权的人才培养方案。

法学院开展研究生硕士学位、博士学位授权点的校内自评估。

是年 9 月，学校发布学位授权点自我评估工作方案，法学院法学硕士学位一级学科、法律硕士专业学位授权点、法律经济学二级交叉学科博士点参加本次自评估工作。

法学院系列学术研讨会的召开。

是年 4 月 15 日，法学院和台湾中正大学法学院共同主办第一届中华公法学术研讨会。

6 月 2 日，法学院主办第一届法院与法学院的对话——法治人才培养研讨会。

11 月 10 日，法学院主办中国商法研究中心成立暨新时代的商法学科建设研讨会。

11 月 17 日，法学院和《法学论坛》编辑部共同主办人类命运共同体与新时代的中国法学研讨会。

法学院新拓展两家校外实践教学基地。

是年 6 月 8 日，法学院与北京市东方律师事务所共建实践教学基地签约仪式在博纳楼举行。

12 月 13 日，法学院与北京云通律师事务所共建实践教学基地签约仪式在博纳楼举行。

法学院举办首届研究生学术论坛。

是年 5 月 3–14 日，法学院举办首届法学院研究生学术论坛。论坛主要发言人为法学院研究生，同时，邀请来自我校财税学院、劳经学院、金融学院、工商学院和国际经管学院的研究生同学参与交流探讨。

法学院分工会参加 2017 年教职工合唱比赛荣获二等奖。

是年 11 月 15 日，“不忘初心跟党走 赞歌唱响新时代”教职工合唱比赛在博远楼琢玉讲堂举行，法学院教职工代表队荣获二等奖，总成绩排名第四，取得了新的突破。

2017 年首都经济贸易大学教职工合唱比赛现场法学院参赛和获奖资料

法学院通过教育部组织的本科教学审核评估。

是年，教育部本科教学审核评估工作举行。在预评估阶段，以及11月26–30日的正式评估阶段，检查专家对法学院本科教学工作给予高度评价，对所听教师的课程给予高度评价，教学资料检查反馈情况良好，顺利通过教育部本科教学审核评估。

法学院教学首次荣获北京市高等教育教学成果奖一等奖。

是年4月，法学院获得北京市高等教育教学成果奖一等奖，主要完成人为喻中、米新丽、张世君、谢海霞、金晓晨、王德山、郑文科、李英，成果名为《以“三并重”理念、“四结合”模式培养卓越法律人才》。

法学院人才培养研讨会召开。

是年4月14日，法学院在北京景明园宾馆召开人才培养研讨会。会议就《本科毕业论文（案例分析）评分标准》（讨论稿）、《法学院关于鼓励教师投身教学工作、提升教学水平的若干意见》、《首经贸法学院年度科研贡献奖奖励办法》、《首经贸全日制法律专业硕士（法学）研究生培养方案》等系列文件的修订展开讨论。

法学院签订系列人才培养基地协议及合作共建协议。

是年 1 月 10 日，法学院与北京市方圆公证处签订合作共建协议。

11 月 2 日，法学院与北京市大兴区人民法院签订合作共建协议。

11 月 19 日，法学院与兰台律师事务所签订共建实践教学基地协议。

12 月 7 日，法学院与北京市人民检察院第四分院签订共建校外人才培养基地协议。

法学院系列研讨会的召开。

是年 3 月 28 日，法学院和丰台区人民法院共同举行研究生联合培养研讨会。

4 月 13 日，法学院举办改革开放 40 年——中国法治的回顾与前瞻研讨会。

4 月 15-16 日，法学院与台湾中正大学共同主办第二届中华公法论坛。

5 月 18 日，首都经济贸易大学中国商法研究中心和《法学杂志》共同主办人工智能对民商法的影响学术研讨会。

6 月 15 日，法学院举办学习贯彻习近平生态文明思想研讨会暨生态文明立法专家座谈会。

9 月 18 日，法学院召开北京市京津冀协同发展法律问题研究会成立大会暨第一次会员大会。

12 月 9 日，法学院举办互联网背景下司法创新法律问题研讨会。

12 月 15 日，第三届全国老龄法律论坛暨首届京津冀老龄法律研讨会在首都经济贸易大学召开，本届论坛由中国老龄协会指导，北京老龄法律研究会和首都经济贸易大学法学院共同主办。

教学活动的开展和学生的培养。

1. 法学院辩论队荣获首都高校“辩论法联杯”冠军。

是年 5 月，法学院辩论队受邀参加由北京工商大学承办的 2018 年首都八校辩论赛，法学院代表队夺得本次辩论赛冠军。

2. 法学院实践团荣获暑期社会实践最佳风采奖一等奖。

是年 11 月 15 日，校团委举办 2018 年暑期社会实践最佳风采奖决赛答辩会。法学院选送“‘理顺员工关系，减少用工风险’——怀柔女性创业者法律援助暑期社会实践项目”参加答辩，荣获一等奖。

3. 法学院荣获庆祝改革开放四十周年文艺汇演优秀表演奖。

是年 12 月 7 日，首都经济贸易大学校团委举办“赞歌颂辉煌 奋斗新时代”庆祝改革开放四十周年文艺会演。法学院选送表演的节目“中国军魂”获得优秀表演奖。

法学院汇报演出

2018 年法学院“中国军魂”表演现场

法学院法学专业获批北京市一流本科专业。

是年，学院把握教育部“双万计划”一流专业申报契机，成功获批北京市一流本科专业。

教学成果

专业建设成果 +

课程建设成果 +

教材建设成果 +

教学改革研究立项 +

教育教学成果奖 +

教学名师奖 +

教学质量奖 +

教学展示成果 +

人才培养基地

大学生科研创新成果 +

优秀学士论文

北京市一流本科专业建设点

序号	专业名称	负责人	所在学院	获批时间
1	法学	张世君	法学院	2019年
2	信息管理与信息系统	牛东来	管理工程学院	2019年
3	传播学	石刚	文化与传播学院	2019年
4	商务英语	吴瑾瑾	外国语学院	2020年
5	数据科学与大数据技术	任韬	统计学院	2020年
6	安全工程	王庆	管理工程学院	2020年
7	行政管理	麻宝斌	城市经济与公共管理学院	2020年
8	税收学	何辉	财政税务学院	2020年
9	广告学	杨同庆	文化与传播学院	2020年
10	投资学	李新	金融学院	2021年
11	法语	栾婷	外国语学院	2021年
12	数学与应用数学	刘强	统计学院	2021年
13	计算机科学与技术	张军	管理工程学院	2021年
14	土地资源管理	彭文英	城市经济与公共管理学院	2021年

2019 年法学院法学专业获批北京市一流本科专业的证明材料

法学院获批首个北京市高等教育教学项目。

是年，法学院张世君教授团队获批首个北京市级高等教育教学改革研究项目。

附件

2019 年我校获批北京高等教育“本科教学改革创新项目”立项项目名单

序号	项目名称	项目负责人	项目主持学校	类型备注
1	一核心 三坚持 全过程育人的教改模式	李久林	首都经济贸易大学	重点项目
2	德法兼修：新时代思政教育深度融合于法治人才培养的探索与创新	张世君	首都经济贸易大学	一般项目
3	教育信息化 2.0 改革解决教学困境研究	刘经纬	首都经济贸易大学	一般项目
4	数据科学与大数据技术专业融合型、立体化实践教学模式研究	任　韬	首都经济贸易大学	一般项目

- 1 -

2019 年法学院获批北京市高等教育教学改革项目的证明材料

法学院加入亚洲法律学会。

是年 10 月 25 日，亚洲法律学会（Asian Law Institute，ASLI）来函确认法学院已经通过 ASLI 理事会审核，正式成为其成员单位。

2019 年法学院成功加入亚洲法律学会（ASLI）

法学院入选互联网法治人才培养合作联盟。

是年 1 月 21 日，北京互联网法院联合北京地区十所法学院校成立互联网法治人才培养合作联盟，法学院成为入选的唯一市属本科院校。

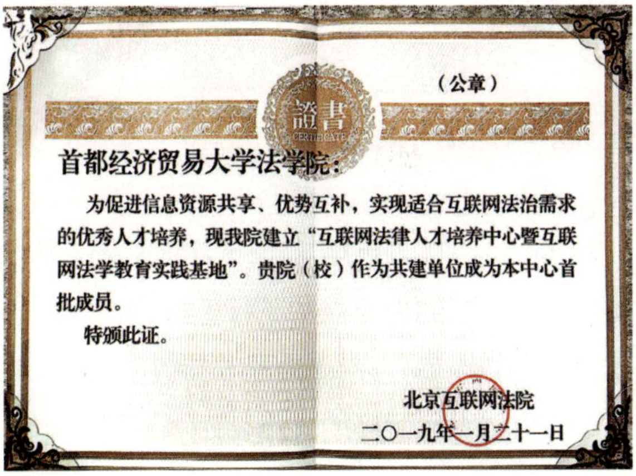

（公章）

證書

CERTIFICATE

首都经济贸易大学法学院：

为促进信息资源共享、优势互补，实现适合互联网法治需求的优秀人才培养，现我院建立“互联网法律人才培养中心暨互联网法学教育实践基地”。贵院（校）作为共建单位成为本中心首批成员。

特颁此证。

北京互联网法院

二〇一九年一月二十一日

2019 年法学院入选互联网法治人才培养合作联盟的证书

法学院加入北京市教委卓越法治人才培养联盟。

是年 12 月 21 日，法学院加入北京市教委牵头的卓越法治人才培养联盟，并成为其会员单位。

法学院评选第一届优秀本科生导师。

是年，法学院制定《法学院实习报告撰写要求及批阅办法》，改革期末考试试题管理制度，奖励优秀本科毕业论文；制定《法学院优秀本科生导师评选细则》，进一步明确优秀本科生导师评选指标体系，并评选出第一届优秀本科生导师。

法学院研究生招生与培养机制的改革探索。

是年 5 月 23 日，法学院召开了由全院研究生导师参加的法学学术型研究生大类招生以及培养改革方案研讨会。会议针对法学学术型硕士的培养方案、研究生招生考试大纲、考试科目和范围进行了研讨和修订。

是年 10 月 26 日，首都经济贸易大学法学院举行“法律硕士专业学位案例库建设汇报研讨会”和“法学院研究生教学管理制度建设研讨会”。

法学院主办第三届中华法治论坛。

2019 年 4 月 20 日，以原先的中华公法论坛为基础，法学院和台湾中正大学法学院共同主办了第三届中华法治论坛。来自海峡两岸的高校法学学者、媒体代表近 150 人参会，与会学者围绕立法政策解读、法学理论探讨、司法制度优化等内容展开讨论。校党委书记冯培、台湾中正大学法学院院长刘建宏作开幕式致辞。

法学院“驼峰法学大讲堂”开讲。

是年 10 月 11 日，法学院对各类讲座进行整合，重新打造的高端精品系列学术讲座“驼峰法学大讲堂”在博远楼 406 会议室首次开讲。

法学院开启首期青年教师学术沙龙活动。

是年 3 月 18 日，由法学院和北京教育法治研究基地（首都经济贸易大学）主办，法学院青年教师协会承办的法学院本年度第一期青年教师学术沙龙活动在博远楼 406 会议室举行。

教学活动的开展和学生的培养。

1. 法学院辩论队荣获第十六届“驼铃杯”辩论赛冠军。
2. 法学院荣获“璀璨七十载　筑梦新时代”文艺会演最佳创意奖。

2019 年 12 月 7 日，法学院在“璀璨七十载　筑梦新时代”文艺会演中表演了《祖国不会忘记》《红》两个节目，获得最佳创意奖。

法学院开展疫情防控工作。

是年，法学院党委深入贯彻落实党中央、国务院重要指示精神，按照“坚定信心、同舟共济、科学防治、精准施策”的总要求，全方位落实好新冠肺炎疫情防控工作。

毕业季，由于疫情防控需要，毕业生无法亲自回校取行李物品，学院20名教师志愿者冒着酷暑高温，给100多名毕业生打包行李。

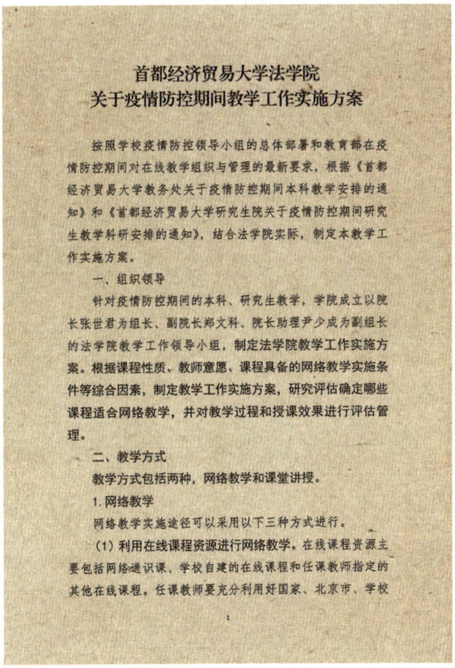

首都经济贸易大学法学院
关于疫情防控期间教学工作实施方案

按照学校疫情防控领导小组的总体部署和教育部在疫情防控期间对在线教学组织与管理的最新要求，根据《首都经济贸易大学教务处关于疫情防控期间本科教学安排的通知》和《首都经济贸易大学研究生院关于疫情防控期间研究生教学科研安排的通知》，结合法学院实际，制定本教学工作实施方案。

一、组织领导

针对疫情防控期间的本科、研究生教学，学院成立以院长张世君为组长、副院长郑文科、院长助理尹少成为副组长的法学院教学工作领导小组，制定法学院教学工作实施方案。根据课程性质、教师意愿、课程具备的网络教学实施条件等综合因素，制定教学工作实施方案，研究评估确定哪些课程适合网络教学，并对教学过程和授课效果进行评估管理。

二、教学方式

教学方式包括两种，网络教学和课堂讲授。

1. 网络教学

网络教学实施途径可以采用以下三种方式进行。

（1）利用在线课程资源进行网络教学。在线课程资源主要包括网络通识课、学校自建的在线课程和任课教师指定的其他在线课程。任课教师要充分利用好国家、北京市、学校

1

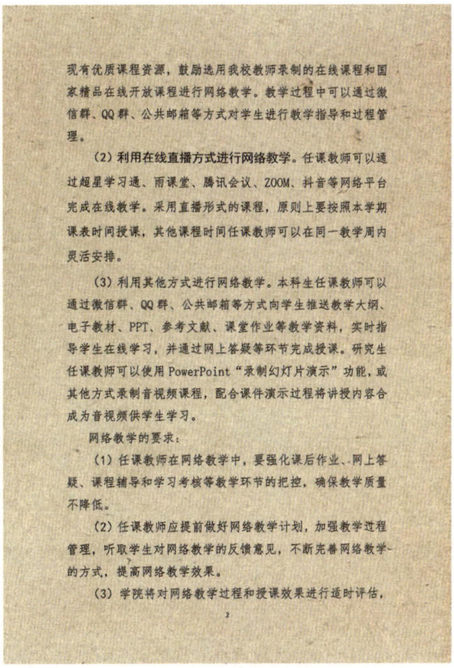

现有优质课程资源，鼓励选用我校教师录制的在线课程和国家精品在线开放课程进行网络教学。教学过程中可以通过微信群、QQ群、公共邮箱等方式对学生进行教学指导和过程管理。

（2）利用在线直播方式进行网络教学。任课教师可以通过超星学习通、雨课堂、腾讯会议、ZOOM、抖音等网络平台完成在线教学。采用直播形式的课程，原则上要按照本学期课表时间授课，其他课程时间任课教师可以在同一教学周内灵活安排。

（3）利用其他方式进行网络教学。本科生任课教师可以通过微信群、QQ群、公共邮箱等方式向学生推送教学大纲、电子教材、PPT、参考文献、课堂作业等教学资料，实时指导学生在线学习，并通过网上答疑等环节完成授课。研究生任课教师可以使用PowerPoint“录制幻灯片演示”功能，或其他方式录制音视频课程，配合课件演示过程将讲授内容合成为音视频供学生学习。

网络教学的要求：

（1）任课教师在网络教学中，要强化课后作业、网上答疑、课程辅导和学习考核等教学环节的把控，确保教学质量不降低。

（2）任课教师应提前做好网络教学计划，加强教学过程管理，听取学生对网络教学的反馈意见，不断完善网络教学的方式，提高网络教学效果。

（3）学院将对网络教学过程和授课效果进行适时评估，

2

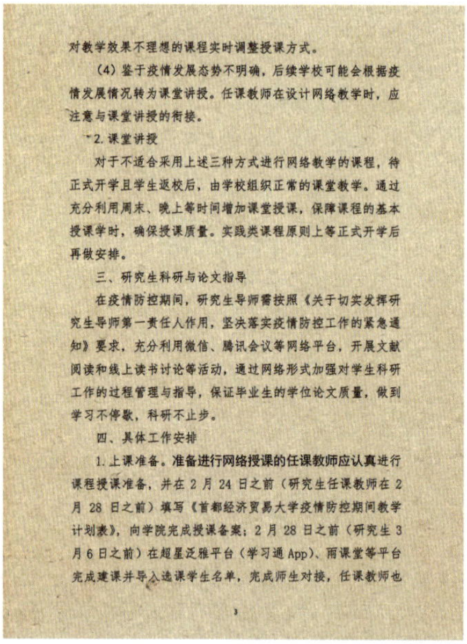

对教学效果不理想的课程实时调整授课方式。

(4) 鉴于疫情发展态势不明确，后续学校可能会根据疫情发展情况转为课堂讲授。任课教师在设计网络教学时，应注意与课堂讲授的衔接。

2. 课堂讲授

对于不适合采用上述三种方式进行网络教学的课程，待正式开学且学生返校后，由学校组织正常的课堂教学。通过充分利用周末、晚上等时间增加课堂授课，保障课程的基本授课学时，确保授课质量。实践类课程原则上等正式开学后再做安排。

三、研究生科研与论文指导

在疫情防控期间，研究生导师需按照《关于切实发挥研究生导师第一责任人作用，坚决落实疫情防控工作的紧急通知》要求，充分利用微信、腾讯会议等网络平台，开展文献阅读和线上读书讨论等活动，通过网络形式加强对学生科研工作的过程管理与指导，保证毕业生的学位论文质量，做到学习不停歇，科研不止步。

四、具体工作安排

1. 上课准备。准备进行网络授课的任课教师应认真进行课程授课准备，并在 2 月 24 日之前（研究生任课教师在 2 月 28 日之前）填写《首都经济贸易大学疫情防控期间教学计划表》，向学院完成授课备案；2 月 28 日之前（研究生 3 月 6 日之前）在超星泛雅平台（学习通 App）、雨课堂等平台完成建课并导入选课学生名单，完成师生对接，任课教师也

3

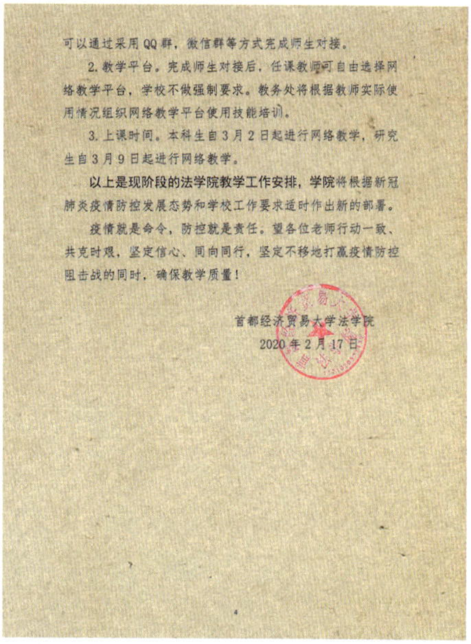

可以通过采用 QQ 群，微信群等方式完成师生对接。

2. 教学平台。完成师生对接后，任课教师可自由选择网络教学平台，学校不做强制要求。教务处将根据教师实际使用情况组织网络教学平台使用技能培训。

3. 上课时间。本科生自 3 月 2 日起进行网络教学，研究生自 3 月 9 日起进行网络教学。

以上是现阶段的法学院教学工作安排，学院将根据新冠肺炎疫情防控发展态势和学校工作要求适时作出新的部署。

疫情就是命令，防控就是责任。望各位老师行动一致、共克时艰，坚定信心、同向同行，坚定不移地打赢疫情防控阻击战的同时，确保教学质量！

首都经济贸易大学法学院

2020 年 2 月 17 日

2020 年法学院关于疫情防控期间教学工作实施方案

疫情期间对线上教学、线上面试、线上答辩、线上会议等工作的探索和规范。

是年，新冠疫情给教学工作带来重大影响，上半年学生无法返校，全部采取网上教学方式。法学院严格按照教育部、北京市教委和学校的要求，切实做好网络教学安排，确保教学质量不下降。制定《法学院关于疫情防控期间教学工作实施方案》《法学院本科教学安排》《法学院疫情防控期间毕业实习替代方案》等，详细规定了网络教学的教学安排、教学方式、教学要求等事项。通过召开党政联席会议、院教指委会议、学生班会等多种形式，听取学生对网络教学的意见和建议，不断完善网络教学。

法学院在线课程登录中国大学慕课平台。

受疫情影响，学生的课堂从“线下”转移到了“线上”，为做好“停课不停教、停课不停学”，保证线上教学和线下教学同等质效，法学院先后打造了 7 门慕课：

（1）《论语启蒙：〈论语〉的法典化解读》，沈敏荣老师负责。

（2）《走近国粹——京剧艺术欣赏》，张鹏老师负责。

（3）《“戏”说民商法》，陶盈老师负责。

（4）《财税法学》，何锦前老师负责。

（5）《行政诉讼法原理与实务》，兰燕卓老师负责。

（6）《法律图像的密码》，陈皓老师负责。

（7）《英美商事法》，魏庆坡老师负责。

法学院获批学校课程思政建设试点单位。

是年，法学院积极推进课程思政建设，获批学校首批课程思政建设试点学院。

学科竞赛成绩获得历史突破。

是年，法学院代表队在第十二届北京市大学生模拟法庭竞赛荣获一等奖，取得历史性突破，刘迎泽老师荣获最佳指导教师奖、王静同学荣获最佳个人二等奖。

2020 年法学院代表队荣获第十二届北京市大学生模拟法庭竞赛的获奖证书

法学院法学专业获批国家级一流本科专业建设点。

是年，根据《教育部办公厅关于公布2020年国家级和省级一流本科专业建设点名单的通知》（教高厅函〔2021〕7号），法学院法学专业获批“国家级一流本科专业建设点”。这是继2020年获批“北京市一流本科专业”之后，法学院在专业建设方面再次取得重大突破。

一流本科专业建设“双万计划”是教育部全面贯彻落实全国教育大会和新时代全国高校本科教育工作会议精神，全面振兴本科教育，提高人才培养能力，实现高等教育内涵式发展的重要举措。法学院全面统筹、精心组织，最终获批国家级一流本科专业建设点。

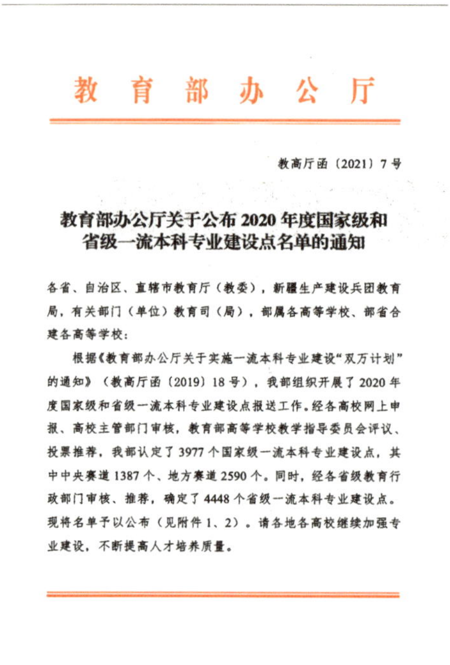

教 育 部 办 公 厅

教高厅函〔2021〕7号

教育部办公厅关于公布2020年度国家级和省级一流本科专业建设点名单的通知

各省、自治区、直辖市教育厅（教委），新疆生产建设兵团教育局，有关部门（单位）教育司（局），部属各高等学校、部省合建各高等学校：

根据《教育部办公厅关于实施一流本科专业建设“双万计划”的通知》（教高厅函〔2019〕18号），我部组织开展了2020年度国家级和省级一流本科专业建设点报送工作。经各高校网上申报、高校主管部门审核，教育部高等学校教学指导委员会评议、投票推荐，我部认定了3977个国家级一流本科专业建设点，其中中央赛道1387个、地方赛道2590个。同时，经各省级教育行政部门审核、推荐，确定了4448个省级一流本科专业建设点。现将名单予以公布（见附件1、2）。请各地各高校继续加强专业建设，不断提高人才培养质量。

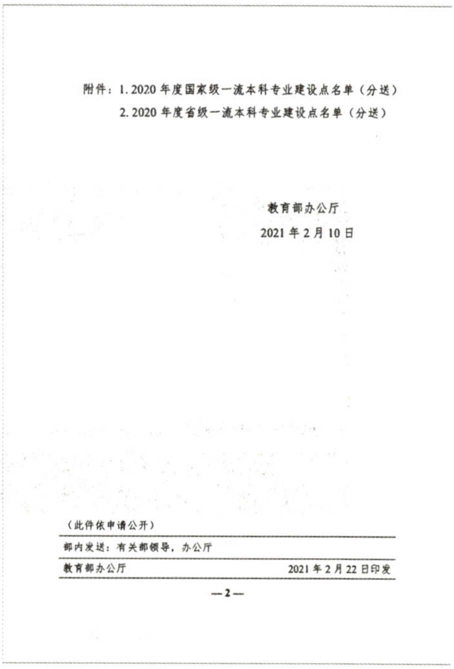

附件：1. 2020年度国家级一流本科专业建设点名单（分送）
2. 2020年度省级一流本科专业建设点名单（分送）

教育部办公厅
2021年2月10日

（此件依申请公开）

部内发送：有关部领导，办公厅

教育部办公厅 2021年2月22日印发

—2—

2021年法学院法学专业获批国家一流本科专业建设的通知文件

法学院教育教学和课程建设取得系列新成果。

1. 法学院获批北京高校优秀本科育人团队。

2. 谢海霞教授的《国际法》获北京市优质本科生课程。

3. 兰燕卓副教授在北京高校第十二届青年教师教学基本功比赛中荣获文科类B组一等奖、最佳现场展示奖和最受学生欢迎奖，张世君教授获得最佳指导教师奖。

荣誉证书

首都经济贸易大学“习风润心，法意启智”新时代高素质法治人才培养团队：

在北京高校优质本科育人团队评选中，贵团队被评为2021年度“北京高校优秀本科育人团队”。

特发此证！

北京市教育委员会

二〇二一年九月

法学院 2021 年度教育教学和课程建设团队荣誉证书

首都城市治理法治研究基地在首经贸挂牌成立。

是年 4 月 22 日，北京市法学会将其第一家市级研究基地“首都城市治理法治研究基地”设立于首都经济贸易大学法学院。

法学院举办首届环球国际税法论坛研讨会。

是年 11 月 5−6 日，法学院与意大利费拉拉大学法学院联合主办首届环球国际税法论坛。论坛以“国际税收规则改革包容性框架及其应对”为主题，来自意大利费拉拉大学、博洛尼亚大学，美国纽约大学，澳大利亚墨尔本大学、新南威尔士大学，加拿大约克大学，荷兰蒂尔堡大学，列支敦士登大学，比利时根特大学以及我国武汉大学、厦门大学、中国政法大学、中央财经大学等国内外高校和中国税务杂志社的专家学者们参加了此次论坛。

法学院设立首都城市治理法治研究基地的授权牌

法学院党委全面启动党史学习教育活动。

是年4月6日，法学院党委在博远楼412会议室举办理论中心组学习活动，就中共中央总书记、国家主席、中央军委主席习近平的重要文章《在党史学习教育动员大会上的讲话》的精神进行专题学习研讨。法学院党委制定《法学院党史学习教育实施方案》《法学院党委党史学习教育学习计划》等文件。

4月13日，法学院“一师一书”党史讲堂第一讲开讲，法学院党委副书记孙明春以《从红歌中看中国共产党为什么“能”》为题进行了专题讲授。

4月14日，法学院党委召开党支部书记会议，专题部署了开展党史学习教育的相关安排。

法学院党史舞台剧《宝塔山下的审判》公演。

法学院党委指导学生根据陕甘宁边区“黄克功案”新编党史舞台剧《宝塔山下的审判》。是年6月17日，《宝塔山下的审判》进行首演，12月3日于“宪法宣传周”全校公演。在党史学习教育北京教育系统第一指导组、党史学习教育中央第一指导组来校督导检查期间，学院汇报展示以舞台剧形式将党史学习教育与专业学习深度融合的做法和效果，得到了专家们的高度评价。

2021 年党史舞台剧《宝塔山下的审判》公演图像资料

“雯辉”法学教育基金设立。

雯辉法学教育基金是以原经济系主任沈雯辉命名的名师教育基金。是年 5 月 9 日，“雯辉法学教育基金”发起仪式在首都经济贸易大学博纳楼举行，年届九十的沈雯辉老师出席仪式并致答谢词。

法学院线上教学活动有序推进。

疫情原因，春季学期学生未能按期返校，教学工作线上开展；秋季学期的后半学期疫情急转直下，教学被迫从线下又转为线上。全年教学秩序稳定，各项工作稳步推进，课程思政建设试点学院考核获得优秀。

法学院教育教学和课程建设工作取得新成果。

1. 法学院张世君教授团队完成的“社会主义核心价值观融入法学课程的100个连接点：课程思政的创新与实践”获得北京市高等教育教学成果奖一等奖。

2. 法学院米新丽教授主编的《商法学：原理与案例》获北京市优质本科教材。

3. 法学院米新丽等教授负责的“合同法”入选北京市课程思政示范课程，授课教师入选课程思政教学名师和教学团队。

4. 法学院张世君教授团队首次获得教育部协同创新项目，探索打造虚拟仿真课程。

2023年

法学学科评估获得佳绩，学科建设取得历史突破。

是年年初，教育部完成第五轮全国学科评估。在本次参评的160多所法学院校中，我院法学学科获得佳绩，一举进入B类（所有本次参评法学院依据其办学实力水平和人才培养质量，共分为A、B、C、D四类），至此，法学学科建设取得重大历史性突破。

法学院持续打造一流本科人才培养体系。

1. 法学院张世君教授主持的“商法学”获批国家一流课程，这是法学院获批的首个国家级一流课程。

2. 法学院陶盈副教授的“民商法经典案例评析”获批北京市优质本科课程。

3. 兰燕卓副教授获批高校青年教师创新教研工作室。是年11月8日，法学院在博远楼406会议室举行北京高校青年教师创新教研工作室揭牌仪式。

2023年北京市高校青年教师创新教研工作室揭牌现场

4. 法学院成功获批学校数智化转型试点专业。

教务处关于公布首都经济贸易大学首批数智化转型试点专业名单的通知

时间：2023-11-29　作者：教学建设科

各教学单位：

为贯彻落实学校第五次党代会精神，推进人才培养质量提升"琢玉工程"，深化学校本科专业数智化建设和转型，教务处组织开展了学校首批数智化转型试点专业的评审工作。

经学院推荐、现场汇报、专家评审等环节，结合各申报专业进一步深化数智化转型的培养目标、举措和成效，最终确定以下专业为首都经济贸易大学首批数智化转型试点专业（按学院排序）。

序号	专业名称	所在学院
1	城市管理	城市经济与公共管理学院
2	工商管理（数智化管理）	工商管理学院
3	经济学	经济学院
4	会计学（数智化国际会计）	会计学院
5	广告学	文化与传播学院
6	信息管理与信息系统	管理工程学院
7	资产评估（评估师）	财政税务学院
8	法学	法学院
9	金融学	金融学院
10	经济统计学	统计学院

请各教学单位高度重视专业数智化转型工作，贯彻转型精神，落实转型举措，共同推动学校本科专业数智化转型工作平稳有序开展。

2023 年法学院获批学校数智化转型试点专业的通知文件

法学院科研产出创历史新高。

法学院多措并举调动教师科研积极性。是年，全院教师一年内在法律出版社、中国政法大学出版社出版学术专著 19 部；获批省部级课题 9 项，其中国家社科基金 4 项；发表论文 48 篇，含 CSSCI 论文 28 篇，其中 12 篇为高水平法学类 CSSCI 期刊（不含集刊与扩展版）；产出咨政报告 6 篇，得到党政机关采纳和领导批示。

首都经济贸易大学廉政法治研究中心成立。

是年 12 月 9 日，首都经济贸易大学廉政法治研究中心成立仪式暨首届首都廉政法治建设论坛在博远楼新闻发布厅举办。

2023年学校党委副书记孟波与学校党委常委、纪委书记毛百战共同为廉政法治研究中心揭牌，会计学院党委书记许江波、马克思主义学院院长周宇宏和法学院院长张世君共同参与揭牌

法学院访企拓岗富有成效。

是年，法学院领导带队，先后到北京国际贸易促进委员会法律部、北京市第二中级人民法院、北京互联网法院、北京中闻律师事务所、北京家理律师事务所、北京盈科律师事务所、北京京师（天津）律师事务所、北京海勤律师事务所、北京道广律师事务所、北京金诚同达律师事务所等单位洽谈合作，拓展实习就业资源。多家律所纷纷在学院设立奖学金，雯辉教育基金顺利完成筹资计划，正式投入使用。

法学院新型交叉学科社会治理法学的设立。

是年 3 月 27 日，法学院在博远楼 406 会议室举办社会治理法学学科建设研讨会，正式启动社会治理法学新兴交叉学科建设。

社会治理法学学科简介

首都经济贸易大学法学院社会治理法学科最早可以追溯到2018年成立的“中国基层社会治理研究中心”。2018年以来，研究中心紧扣党的十八届三中全会提出的国家治理体系和治理能力现代化战略和党的十九大报告提出的基层社会治理新命题展开研究，取得了一系列高质量成果，并前瞻性地提出打造社会治理法学这一新兴交叉学科。法学院早在2021年就将《社会治理法学》课程纳入本科生培养方案，并已成功完成首轮授课。

2023年2月，中共中央办公厅、国务院办公厅印发《关于加强新时代法学教育和法学理论研究的意见》（以下简称“《意见》”），将社会治理法学纳入加快发展的法学交叉新兴学科之首。自《意见》出台后，法学院认真贯彻落实《意见》要求，以研究中心为基础平台，积极筹建社会治理法学学科团队，进一步优化学科专业和学科体系布局，并于2024年3月27日举行“社会治理法学学科建设研讨会”，正式设立首都经济贸易大学法学院社会治理法学学科。

2021年挂牌设立首都城市治理法治研究基地

社会治理法学学科举行学科建设研讨会

我院社会治理法学学科以超大城市基层社会治理为特色，以传统法学为基础，坚持以问题为导向，实现多学科融合发展。长期以来，我院社会治理法学学科积极主动服务于国家治理体系和治理能力现代化战略，立足服务新时代首都城市发展战略定位，从法治层面贯彻落实北京“四个中心”功能定位，不断提高“四个服务”水平，为超大城市基层治理提供法治方案。

本学科主要聚焦于以下十个研究领域：习近平法治思想中的社会治理理论、社会治理法学的基本原理、社会治理的历史经验与启示、超大城市基层社会治理的理论与实践、基层社会矛盾纠纷的预防与化解机制、新时代“枫桥经验”赋能基层社会治理、社会治安综合治理防控体系的构建与优化、超大城市治理中突发事件应对机制、科技赋能与网络社会治理、基层执法能力建设的中国经验。

在习近平新时代中国特色社会主义思想的引领下，在习近平法治思想的指引下，我院社会治理法学学科展现出蓬勃旺盛的生命力，在继续坚持和优化学科布局的基础上，努力为首都城市发展法治化、中国式法治现代化、建设社会主义现代化国家做出自己的贡献！

学科团队调研陕西省金融消费纠纷调解中心

学科团队调研西北政法大学枫桥经验与社会治理研究院

2024 年法学院设立社会治理法学学科的介绍资料

“首・新”社会治理法学创新平台暨校地调解工作站的设立。

4 月 24 日，“首・新”社会治理法学创新平台暨校地调解工作站揭牌。法学院联合丰台区新村街道成立工作站，是社会治理法学创新工作的一次尝试。

2024 年“首・新”社会治理法学创新平台暨校地合作调解工作站揭牌仪式现场

法学院学术刊物创刊。

为支持法学学科建设，学校研究决定，将原学校的《当代经理人》杂志改刊，主要刊发法学类学术论文，改刊后由法学院承办，刊名暂定为《经贸法学研究》。至此，法学院拥有了自己的学术刊物。

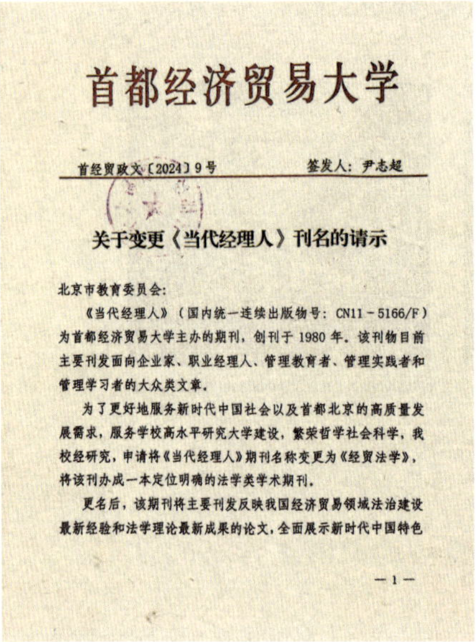
首都经济贸易大学

首经贸政文〔2024〕9号　　签发人：尹志超

关于变更《当代经理人》刊名的请示

北京市教育委员会：

《当代经理人》（国内统一连续出版物号：CN11－5166/F）为首都经济贸易大学主办的期刊，创刊于1980年。该刊物目前主要刊发面向企业家、职业经理人、管理教育者、管理实践者和管理学习者的大众类文章。

为了更好地服务新时代中国社会以及首都北京的高质量发展需求，服务学校高水平研究大学建设，繁荣哲学社会科学，我校经研究，申请将《当代经理人》期刊名称变更为《经贸法学》，将该刊办成一本定位明确的法学类学术期刊。

更名后，该期刊将主要刊发反映我国经济贸易领域法治建设最新经验和法学理论最新成果的论文，全面展示新时代中国特色

—1—

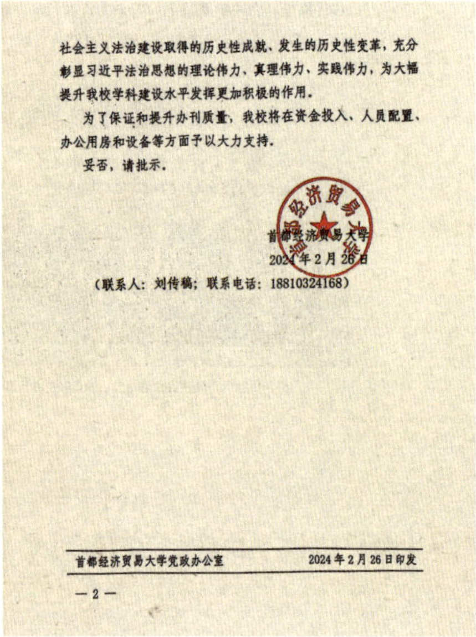
社会主义法治建设取得的历史性成就、发生的历史性变革，充分彰显习近平法治思想的理论伟力、真理伟力、实践伟力，为大幅提升我校学科建设水平发挥更加积极的作用。

为了保证和提升办刊质量，我校将在资金投入、人员配置、办公用房和设备等方面予以大力支持。

妥否，请批示。

首都经济贸易大学

2024年2月26日

（联系人：刘传稿；联系电话：18810324168）

首都经济贸易大学党政办公室　　2024年2月26日印发

—2—

2024年法学院申请办刊的请示报告

驼铃悠悠
春秋学人

工作传记

WORK BIOGRAPHY

历史写作通常包括三种类型：编年、大事和传记。院史编纂遵循了上述历史写作的三个类型。工作传记部分首先建立在一些基础资料——被称为“口述史”的采访稿上，这些采访稿源于学院在2022年对部分退休教师的采访，稿件中记述了退休教师对学院历史的回忆。编者对这些资料予以修改和补充，淡化采访人痕迹，保留受访人的讲述，并将原稿中的转述改为第一人称的讲述。

同时，编者联系学院全部的退休老师，再做采访。除已故沈雯辉老师、张庆和老师，目前学院两代退休教师18人，个别老师因身体、年龄等原因无法接受采访，实际参与采访者共11人，还包括在学院工作30年，刚刚调离的米新丽老师。同时，孙明春老师查阅档案资料，撰写了已经去世的姚圻和关乃凡两位老师的传记，为院史传记一章做了非常重要的增补。

此次采访内容不单纯让受访者讲述学院历史，更侧重记录老师们个人的工作历程和心路历程。采访的主要方案系根据每位老师的基本信息资料（包括教育背景、工作经历、教授课程、科研成果、社会服务和主要贡献）设计12个问题，在这12个问题的框架中，老师们回忆和讲述自己的工作历史。待收集书面问答文稿后，再编辑整理，还原第一人称的讲述方式，从而呈现每位老师各自的工作形象。

退休老师既是学院历史的见证者，也是学院历史的建造者。他们的工作历史就是学院历史的一部分，他们的工作形象就是学院形象的一部分。每一位受访人都很重要，他们有自己独特的个性，独特的工作经历，独特的工作感受。工作传记，就是要发掘和呈现这些内容，通过个性化的故事和感受向读者传递历史的真实。这种真实，就像一个小孩子趴在泥土里去闻青草的气息。在生活中，我们的老师是真实的、努力的、仰望着的人，而在神圣课堂，在三尺讲台上，可为圣人。

姚圻

驼铃悠悠　春秋学人

姚圻，1919 年生，1945 年毕业于西南联合大学。曾先后在北京市人民政府财经委员会、北京市人民委员会计划委员会工作任职。1981 年调入北京经济学院。1986 年调入北京物资学院，1991 年 6 月在该院离休。1992 年逝世，享年 73 岁。

姚圻先生任教期间，对经济法、物资法等领域有深入研究。主要成果包括编写全国中等物资学校试用教材《物资计划管理》和《简明国民经济计划原理》，发表论文《谈谈物资计划管理和把物资搞活》《加强物资流通领域法制建设刍议》等。

姚圻先生是一位历经坎坷但始终坚守信仰和追求进步的历史人物。他不仅在革命活动中展现了坚定的信念和勇敢的精神，还在教育与研究工作中取得了卓越的成就。他的生平事迹和贡献不仅是他个人的荣耀，也是首都经济贸易大学法学院的宝贵财富。

姚圻先生

小　传*

姚圻，1919 年 12 月出生于北京，原籍安徽桐城。1936 年 10 月，加入共产主义青年团，同年 12 月由团转党。1937 年 8 月以后，因北平沦陷，在南下过程中与组织失去联系。1938–1939 年，曾在云南大学法律系学习一年。1939–1945 年，转入西南联合大学，初学于社会学系，后在经济学系毕业，获“法学士”学位。1950 年 10 月，重新参加革命工作。1981 年 1 月，调入北京经济学院（首都经济贸易大学前身之一）任教，为经济法学科创办和发展作出了杰出贡献。1985 年 6 月，在北京经济学院重新入党。1986 年 10 月，调入北京物资学院，1991 年 6 月在该院离休。

姚圻先生长于书香门第，其父曾在中国大学任中文系教授，其母出自安徽桐城方氏，为世家大族。先生自幼勤学乐读，中学时期就开始接触、传播进步思想。著名作家、文学评论家舒芜认为，正是表兄姚圻对其完成了进步思想的启蒙。据《舒芜：回到原点》一文记述，舒芜在读了表兄姚圻带给他的《辩证唯物主义与历史唯物主义》等体现马克思主义思想的书籍后，被强烈吸引，继而搜读了各种马克思主义以及宣传中国共产党抗日救国理纲政策的书刊，他也因此成长为一名进步作家。

1936 年 5 月至 6 月间，先生在北平参加“中华民族解放先锋队”（简称“民先”），并先后担任该组织师大附中分队负责人、南城区队负责人。1937 年 1 月，因参加“民先”被捕。被捕后未暴露中共党员身份，未泄露党的机密，未出卖其他同志。后以公开登报脱离“民先”为条件取保释放。出狱后，先生随即将被捕经过及检讨写成书面报告提交党组织，经党组织审查，决定在党内不予处分，继续保留党的组织关系。

1937 年“七七事变”后，先生经党组织同意离开北平南下求学，并按

---

* 执笔人：孙明春，本文撰写主要参考了北京物资学院档案馆姚圻先生的档案资料，特此鸣谢。

规定未带组织关系介绍信。时值国土沦丧，不少人流离失所，先生自此也失去了组织关系。但在南下求学、工作期间，先生坚持参加进步组织，并在党的领导下开展了一些工作。1938 年夏，在云南昆明，他参加“民先”地方队部的活动，先后担任该队部负责人、云南大学学生会负责人、西南联合大学学生会负责人等。朱康福先生（1942 年毕业于西南联合大学化工系，1949 年获美国路易斯安那州立大学硕士学位，1950 年回国。历任石油部北京设计院总工程师、院长等职）在《朱康福自述》一书中也有相关记述。据朱先生回忆：“开学后不太久，班上又来过两位战区学生：姚圻和王季康，跟我都较为接近。姚圻是北平师大附中的，后来知道他不仅是民主解放先锋队的干部，还是地下党员……他进联大后，出面与三青团的人竞选学生会主席，记得最后他与三青团的朱声度都任副主席。那时我们都是三年级，我见他时开玩笑称他为‘摇旗呐喊副主席’。”

1940 年暑假，先生还曾到重庆，参加进步青年学生组织“中国青年民主社”成立会，并成为该会会员。自西南联大毕业后，先生在重庆也曾填表加入“民主建国会”，但未参加该会的实际活动。抗战胜利后，先生随亲北上，在一些机构担任过会计员、会计主任、财务课长等职。1948 年 5 月因肺病复发，并再次吐血，至 1950 年 9 月，一直在其哥哥家养病。病愈，又先后在北京市人民政府财经委员会、北京市人民委员会计划委员会、北京市物资管理局及五七干校、五七工厂等地工作或劳动。“文革”结束后，先生先在北京市物资管理学校任教师，1981 年 1 月调入北京经济学院。

先生任教初期的主要成果有：1980 年，作为主要执笔人编写全国中等物资学校试用教材《物资计划管理》，该教材经国家物资总局教材编审委员会审定后于 1980 年 11 月内部发行。1980 年，在北京物资经济学会筹备组编辑出版的《北京物资》第一期上发表论文《谈谈物资计划管理和把物资搞活》。1981 年至 1982 年，参加编写全国中等物资学校试用教材《简明国民经济计划原理》，为部分章节撰稿人。

因工作需要，先生自 1982 年起研习法学基础理论，为讲授经济法做准备。根据系里安排，1982 年 7 月，与青年教师赵兵（后成长为北京物资学院教授，硕士研究生导师）结成帮扶对子，目标是将其尽快培养成一名合格的经济法教师。1983年后，先生为校内师生和校外不少单位讲授《经济法概论》，参加了多场关于经济法、物资法相关教材编写的研讨会。1984年8月，先生与赵兵合作撰写学术论文《加强物资流通领域法制建设刍议》，该文在全国第二次经济法制工作大会上宣读，后发表在1984年第9期的《物资经济研究》上，并获北京经济学院1984年优秀论文三等奖。同年，先生还参加了经济法研究会北京市分会成立会，并向大会提交了与赵兵合写的论文。此外，先生还编印了《经济法规选辑》一册。1986年，先生与赵兵合作完成《经济法基础知识问答》中关于计划法和基本建设法的部分，并连载在《物资经济研究》1986年第2期、第4期和第5期上。

先生早年参加革命，中学时代就曾入党，后来虽被迫脱党，但曾多次向组织表达恢复身份的申请，终因时局动荡，人事变迁，未能如愿，直到年近70岁高龄重新入党，可见先生对党的初心始终未改。参加工作后，虽辗转多个岗位，“文化大革命”期间也被下放批斗，但能做到“干一行爱一行，干一行钻一行”，特别是在经济法学科创办过程中，不避艰难，勇挑重担，可见先生对为公众服务的志向也是忠贞不渝。正如他在入党志愿书中所言：“我参加党的唯一动机和目的，就是要把生命的余年无保留地贡献给党，贡献给人类最伟大的事业。”诚哉斯言！

今值首都经济贸易大学法学学科创办40周年，特录此小传缅怀先生。

关乃凡

驼铃悠悠　春秋学人

关乃凡，1928年生，曾就读于中国大学法学院政经系经济组，中华人民共和国成立初期，曾在察哈尔省政府民政厅、华北行政委员会政法委担任办事员、秘书等职。1978年11月，正式调入北京经济学院，先后担任中国经济史教研组组长、经济法教研室主任等职，为北京经济学院经济法专业的组建、巩固和发展作出了很多开创性贡献。1989年4月在北京经济学院离休。2000年逝世，享年72岁。

关乃凡先生在北京经济学院工作时期曾创建了一个以企业法为中心的课程体系，主讲经济法概论、中国经济法律史、法学基础知识等课程，也筹备了《特区与涉外经济法》等特色课程。他领衔编写的《中国经济法教程》成为全国财经院校讲授经济法的重要教材。此外，关乃凡先生创办了北京市第九律师事务所，成为经济法专业师生实习和面向社会的服务窗口。

离休后，关乃凡先生兼任北京市第九律师事务所主任、中国生产率科学院经济与科技法研究所所长、中国政法大学中国法制史研究所兼职研究员等职，坚持耕耘在法制服务和理论研究的第一线，为学校专业建设和国家法治事业贡献力量。

关乃凡先生

小　传*

关乃凡，1928 年 11 月出生于辽宁沈阳，满族。中华人民共和国成立前，曾就读于中国大学法学院政经系经济组，后在华北人民革命大学学习 5 个月。中华人民共和国成立初期，曾在察哈尔省政府民政厅、华北行政委员会政法委担任办事员、秘书等职。1954 年 9 月至 1955 年 7 月，调入北京政法学院并送中国人民大学法律系法制史教研室进修一年。此后长期在北京政法学院工作，曾任审判日本战犯律师组组长、中国法制史教研组组长。1978 年 11 月，正式调入北京经济学院（首都经济贸易大学前身之一），先后担任中国经济史教研组组长、经济法教研室主任等职，为北京经济学院经济法专业的组建、巩固和发展作出了很多开创性贡献。1989 年 4 月在北京经济学院离休。

先生早年虽家境殷实，求学经历却较为坎坷。祖父曾在大军阀张作霖手下做过军需课长，父亲曾在沈阳申海铁路公司和东北火柴会工作。“九一八”事变后，居无定所，随家人奔波往返于东三省与北京之间，家道也日渐中落。先生小学在两地三所学校就读，初一曾休学数月，后由北

* 执笔人：孙明春，本文撰写得到首都经济贸易大学档案馆的大力协助和戴凤岐老师的督促勉励，特此鸣谢。

平市立四中转辅仁中学、育英中学就读，1946 年 9 月考入私立中国大学，但其间上课不多，且要兼管家务。

1949 年 9 月至 1950 年 3 月在华北人民革命大学短短几个月的学习对先生影响巨大。他在一份自传中曾这样记述："入学以后，积极的学习空气，热烈的文娱活动，特别是互助友爱的集体生活对我有很大影响，和中大乌烟瘴气的环境相比，更感到学校里的生机勃勃。"先生当时被分在华北人民革命大学二期 29 班学习，因文化水平较高且为人热情，班里第一次选学习代表时就高票当选学习副组长，后还被选为青年代表参加学校第一届青年代表大会。

在华北人民革命大学期间，除了学习，先生还初步改造了自己的思想，立志为党和国家的建设服务。毕业时，先生无条件服从组织分配，奔赴察哈尔省工作。其间，因贡献突出，光荣入团，被授予省政府模范工作者称号，并当选团支部宣传委员。察省建制撤销后，先生被调到华北行政委员会政法委员会，在老上司赵化风（首都经济贸易大学离休干部，原北京经济学院党委书记，1937 年参加革命，1938 年加入中国共产党）手下工作了一段时间，直到 1954 年 9 月调入北京政法学院，随后便一直留在了北京高教系统。

先生调入北京经济学院时已是"知天命"之年，但他毫不懈怠，意气风发，无论是在教学科研上还是创建经济法专业的工作中依然焕发出强大活力并取得丰硕成果。他来院时间不长，就创建了一个以企业法为中心的课程体系，还承担了经济法概论、中国经济法律史、法学基础知识等课程的讲授任务，并很有前瞻性地筹备了特区与涉外经济法等特色课程，发表了《经济法基础知识概述》《关于企业法基础知识》《中国古代经济立法》《中国经济法律史简述（上、下）》《外国经济立法的历史与现状》《〈六法全书〉评介》等论文，科研成果丰硕。

在先生领衔下，教研室在参编教材以及咨政服务等方面成效明显，并赢得广泛赞誉。20 世纪 80 年代初，经济法尚为一块处女地，相关教材极为匮乏。先生召集包括上海财经学院在内的全国 13 所财经院校的精干力量协作编写了《中国经济法教程》，于 1985 年由江西人民出版社出版。在主编这部教材时，先生除设计全书编写思想，并进行最终统稿和加工修订外，还亲自撰写了其中的第二章至第四章，该书一经出版遂成为全国财经院校讲授经济法的一部重要教材。为更好地为政府部门进行立法决策和业界同仁开展经济法研究提供服务，先生还带领教研室成员编印了《经济政策、法规汇编》（共 12 卷，310 万字），在戴凤岐老师看来，“这是一件在全国政法界引发重大反响，甚或说是轰动的大事件，也是关老师操盘的一次大手笔，一次得意之作”。（参见戴凤岐：《喜借天时敢为先——经济法专业创业散记》一文）在此基础上，先生又创办了全国财经院校第一个经济法专业资料室，编印了《中国经济法辞典》《中国企业经营管理法律知识手册》等流传较广的参考资料。除此之外，先生还重视与实务部门加强互动，他在《对北京内燃机总厂贯彻执行经济合同法的调查》中提出了相关立法和司法建议，得到北京市人大财经委员会的好评，并被有关文件加以引用。

先生调到北京经济学院的一项重要使命就是组建、巩固和发展经济法专业。对于开展此项工作，先生有着很高的政治站位和清晰的创建思路。他提出，总结中华人民共和国成立以来历史的主要经验之一，就是在社会主义建设中要加强民主与法制，而运用法律手段来管理经济，又是一个客观规律。因此，在北京经济学院创建、巩固与发展经济法专业，是党的需要，国家的需要，人民的需要。他认为，北京经济学院具有各类经济专业比较齐全的优势，这是一个很有利的条件。借助这一条件，在各部门经济学的基础上建设各部门经济法，是创建新的边缘学科的一条有效的途径，并将形成财经院校经济法的特色。在这一思路指导下，经过积极争取，1983 年北京经济学院即获教育主管部门批准，新增经济法专业，第二年开始招收第一批经济法专业本科生，1988 年开始招收经济法专业硕士研究生，1993 年正式获得经济法专业硕士学位授予权，这些标志性进展均走在了全国财经院校的前列。先生于 1985 年创建的北京市第九律师事务所更是在全国财经院校中开了先河，该所遂成为经济法专业师生的实习基地和面向社会的服务窗口。

离休后，先生还兼任北京市第九律师事务所主任、中国生产率科学院经济与科技法研究所所长、中国政法大学中国法制史研究所兼职研究员等职，坚持耕耘在法制服务和理论研究的第一线，继续为学校专业建设和国家法治事业贡献力量。

戴凤岐老师追随先生多年并对先生感念颇深，2016 年曾赋诗一首称赞先生，现摘录如下，权作结尾：

半世蹉跎意未寒，天时勇借敢为先。

功成身退终无悔，只待后人补续篇。

今值首都经济贸易大学法学学科创办 40 周年，特录此小传缅怀先生。

（以下图片资料是对关乃凡先生所作的《北京市第九律师事务所三年来工作总结》的完整收录）

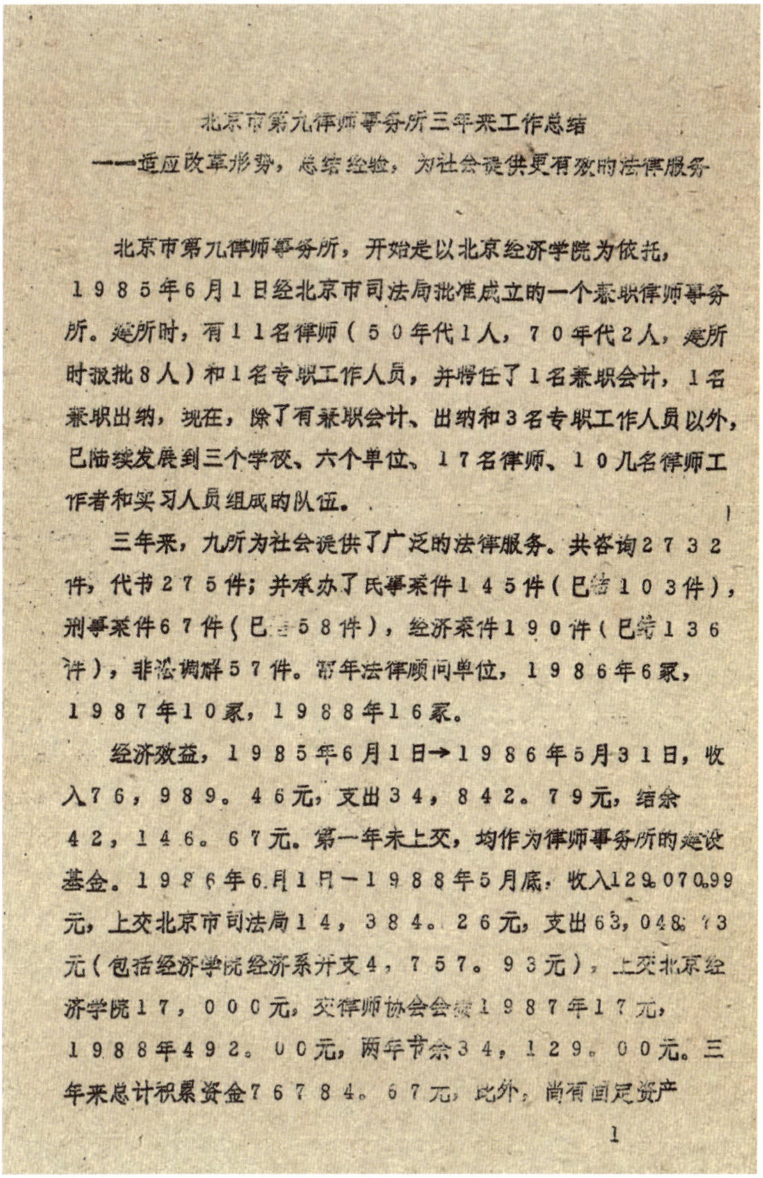

北京市第九律师事务所三年来工作总结

——适应改革形势，总结经验，为社会提供更有效的法律服务

北京市第九律师事务所，开始是以北京经济学院为依托，1985年6月1日经北京市司法局批准成立的一个兼职律师事务所。建所时，有11名律师（50年代1人，70年代2人，建所时报批8人）和1名专职工作人员，并聘任了1名兼职会计，1名兼职出纳，现在，除了有兼职会计、出纳和3名专职工作人员以外，已陆续发展到三个学校、六个单位、17名律师、10几名律师工作者和实习人员组成的队伍。

三年来，九所为社会提供了广泛的法律服务。共咨询2732件，代书275件；并承办了民事案件145件（已结103件），刑事案件67件（已结58件），经济案件190件（已结136件），非诉调解57件。历年法律顾问单位，1986年6家，1987年10家，1988年16家。

经济效益，1985年6月1日→1986年5月31日，收入76，989。46元，支出34，842。79元，结余42，146。67元。第一年未上交，均作为律师事务所的建设基金。1986年6月1日－1988年5月底，收入129.070.99元，上交北京市司法局14，384。26元，支出63，048.73元（包括经济学院经济系开支4，757。93元），上交北京经济学院17，000元，交律师协会会费1987年17元，1988年492。00元，两年节余34，129。00元。三年来总计积累资金76784。67元，此外，尚有固定资产

1

12，534．30元（包括复印机一台、照像机一台、办公桌、文件柜、沙发等等）。

我们九所，是一个集体性质的为社会提供法律服务的单位，因此，办所的主要目的，还不是为了经济效益，而是为了社会效益。从1985年6月1日至1987年上半年，两年期间进行义务咨询，不收费，除坐班咨询1132件外，还在西单、王府井、海淀、朝阳等地区组织了五、六次较大规模的街头咨询，宣传了法制，解决了群众的一些疑难问题，获得了社会上的好评。对于群众中的冤假错案，而确有困难无力缴纳诉讼费的，我们 给予照顾，免费服务。比如，三河县的一个案件，原来是承包合同纠纷，因为地方势力撕毁合同，并非法拘 押当事人，致使其中一人死亡，地方势力却慌称是"自杀"，案情变化了，承包的一些农民有冤无处诉，告状无门。我们接受了这个案件，在河北立了案，派了几名律师并请了法制报、农民日报的记者参与了这个案件，花费了一年多的时间支付了几百元的办案经费，总算使案件告了一个段落。伸张正义，维护法制，是我们律师办案的宗旨。

三年来，我所通过承办各种案件，所取得的社会效益，主要是：

㈠ 着重调解，避免争讼。律师应为社会提供优质的法律服务，而不是挑动诉讼，案子越多越好，凡是能够和解的民事争议，就着重调解，消灭案件于未萌，这有利于人民内部的安定团结。比如，中国科学院的一个民事争议，开始，声势很大，双方当事人都有一定的地位，劳动人事报又对此案作过报导，某市长作过批示，又是科学院秘书长亲自过问的，双方争执不下，非要法庭见面不可。经过周汝成律师及其助手赵聪详细调查研究，了解案情以后，认为有可解可能，就通过组织耐心细致的做双方的工作，几经周折，把案

2

件在内部消化了，得到了各有关方面的好评。

(二) 促进了人民内部的安定和团结。这是办好民事案件的主要目的。除上面一例外，我们再举两个婚姻案列。一个是周汝成、吴思、刘实三位律师在建所不久后承办的，基层法院认定是死亡婚姻，已拟判离，但女方一直向律师表示不愿离婚，经过律师的调查以后，知道男女双方仍有一定感情基础，只是女方不善于处理家庭关系，得罪了婆婆，男方为了尽孝，而决心要离婚的。了解了问题的症结以后，就多方的做工作，请法院缓判。最后，女方向婆婆赔礼。婆婆表示谅解，男方也愿意重归于好，法院也很满意，一个行将破裂的家庭又团聚起来了。还有一个相反的案例，男方是河北某大学的一位知名教授，省政协委员，因女方有神经质，无法共同生活，20多年一再向有关法院提出离婚请求，但法院一直不敢判离，其原因是：　　女方以判离　即自杀来威胁。这样一起死亡婚姻，长期维持下去，对双方都不利。杨丙芝、赵兵律师和丛峰同志接办了这个案件，了解了案情以后，重点地做女方的工作，并到医院取得了女方并无神经病的证据。说服法院不要担心和顾虑。经过多方面的工作，法院判离了，男方解除了痛苦和束缚，心情舒畅，工作上有明显的成效。女方也得到了适当的物质补贴，并没有自杀，正准备重新安排生活。解决男女双方的痛苦，避免关系激化，也是有利于人民内部的安定、团结的。

(三) 维护了当事人的合法权益。作为律师，当事人的代理人，是依据事实的法律来维护当事人的合法权益，对于当事人的违法行为，不能维护，相反，应教育其遵纪守法。有一个涉及厦门的经济案件，纠缠很长时间没有解决，后来沈士心律师来接办，发现双方当事人均有违法行为，遂对自己代理的这方当事人进行教育，补办

3

合法手续，维护了当事人的合法权益，妥善地解决了双方的纠纷。当事人承认律师的做法是正确的，自己受到了一次具体的法制教育。在改革、开放当中，特别是贯彻《民法通则》以后，出现了一些新的问题，比如，沈士心律师代理的郭宗红肖像权案，沈志新律师代理的徐良名誉权案，都是过去没有承办过的。律师们很认真，详细地调查了案情，搜集了证据，研究了《民法通则》的有关规定，在庭审中据理力争，恢复了当事人的名誉，消除了不良影响，效果很好。这两个案件风靡一时，不仅当事人很重视，社会上各方面都很关注，案件的合理解决，是贯彻执行《民法通则》的生动事例，人们普遍地从中加强了对法制的信赖与运用法律手段来保护自己民主权利的信心。

四、为企事业单位挽回了经济损失。我所接受了一个经济案件，特别是标的比较大的，总是经过一定的调查研究；理不在我方手里，是不会接的。比如，徐江运追索麻袋欠款案。当时社会上刮起一阵出口玉米风，到处抢购麻袋，徐江运和北京某公司签订了订购40多万元的麻袋合同，已付款，可是这家公司却是中转方，历经河北、河南、山西几个单位，到期无货可供，而这个公司却因违法被查封，法人代表拘留审查，这笔麻袋款竟变成了无头案。我们接受了这个案件，按款项的走向，一个单位、一个单位的追查，经过摆明利害、说服教育，总算把这笔麻袋款基本上追回了。还有一种情况，是挽回可能受到的损失。比如，北京市京兆实业公司与海淀区某公司联合从厦门购进一批化肥，卖给了河北某公司，但因质量不合格发生了纠纷，对方告到法院，法院到北京查封了京兆的帐号。我们代表京兆接受了这个案件，经过调查，发现有两个问题：一是这批化肥有好有坏，是装车时缺乏验货所致，并非以次顶好，而且

4

责任不在京北，二是京北没有经营化肥的业务范围。据此，我们采取了调解的办法，把北京双方从厦门购进，改成由海滨某公司购进，京兆介绍，已运到河北的化肥找渠道售出，退还河北一万的购货款与罚金。结果，京兆不仅没有受到经济损失，反而获得了一定数额的利润。总之，为企事业单位挽回经济损失，是办理一个经济案件的主要目的，办好了，社会取得客户的信任，增强律师事务所的信誉。三年来，我所承办不少经济案件，为企事业单位挽回经济损失不下数百万元。

(五) 在办案中注意维护国家的利益。律师是以事实为根据，以法律为准绳来办案的。所谓的法律为准绳，其实质就是维护国家的利益。我们在办案中，对这一点很明确。比如，我们承办的华美汽车出租公司的案件。这个案子很大，是一个颇有影响的涉外经济案件。一个台 赖天 赐代表美国大西洋公司与机械委的一个公司联合成立了华美汽车出租公司，免税进 400多辆兰鸟牌小轿车，标的达6亿日元，是由江苏信托公司担保购进的。后来，合营双方意见分歧，公司业务没有开展起来，汽车的经营权转让给了北京汽车出租公司。我们接受赖天赐的委托，对全案进行了全面的调查，发现有几个问题：① 赖天赐确没有从国外带来资金，但机械委亦未投资；② 营中，双方均有违约行为，而机械委应负主要责任；③这批营汽车的投资，是向日本丸红银行的贷款，由江苏信托公司担保，因已超期，日本丸红银行在追索贷款及利息。对这个案子，中央很重视，我们也很慎重，及时向北京市司法局和律管处作了汇报，并提出了应由北京汽车出租公司及时归还贷款的建议。我们处理这个案子的基本出发点，是维护国家的利益，这有两个方面的内容：①贯彻对外开放政策，依据法律保护外商的合法权益；②但亦不能叫

5

外商钻空子占便宜，使国家单位受到不应有的经济损失。现在，这个案子还没有结束，袁天赐现在美国，我们已向他提出了由我国贸促会仲裁委员会进行仲裁的具体建议，尚未得到回音。

（六）协助法院执法，教育刑事罪犯。这是我所处理刑事案件的指导思想。作为律师，接受一个刑事案件以后，首先是查明被告人是否构成犯罪，如果构成犯罪，就要研究罪行大小，是否有从轻情节了。从这个方面来协助法院准确的认定事实和正确的适用法律，是深受法院所欢迎的。周汝成律师与其助手赵联承办的刑事案件最多，在海淀区法院与看守所是很有影响的。他们开始办的刑事案件，在认定犯罪的事实与情节上，适用减轻处罚的条款上，帮助法院做了不少工作，判决适当，被告人家属对律师很感谢，法院也很满意。这样，一传十、十传百，周汝成与赵联在海淀就出了名了，看守所的在押犯不断请看守所代发名信片，请周汝成与赵联为其辩护。当前，在一般刑事案件中，青少年犯罪比例很大，周汝成律师与赵联除教育他们认罪服法外，还帮助他们认识犯罪的根源，使其改恶从善，做一个对社会有益的人。经过他们的教育，确有一批青少年犯罪分子有所转变，在这方面取得了看所守与家属的不断赞扬。

我所是以高等财经院校为依托建立起来的一个兼职律师事务所因此，在办案中有以下几个特点：

㈠重视调查研究，收集证据。律师办案的准则是以事实为根据．以法律为准绳。对高等院校的兼职律师来说，因为对法理与法条比较熟悉，所以其主要精力是放在调查研究、澄清事实、收集证据这方面的。这对准确判定案情很重要，往往一个基本事实、一个基本证据，就能扭转全局。比如，广东曲江县南华公司倒卖钢材案，湖北省黄冈地区工商局的裁定是：根据1985年国务院37号文件

6

的规定，南华公司是集体性质的企业，在湖北黄冈就地倒卖钢材是违法行为，应没收其钢材及全部货款。南华公司声辨：这批钢材是鞍钢调拨给他们联合经营的一个制钉厂的原料，因为铁路紧张无法运输才在当地处理的，并不违法。湖北省工商局没有接受他们的申诉，仍维持原裁定。南华委托我们来办理这个案件。经过详细的调查研究，我们认为南华的企业性质是关键。它虽然领的是集体营业执照而实际上是地方国营企业，采取集体经营方式。这在广州是很多的。我们走访当地的工商部门，查阅了当地政府的会议记录和有关文件，认定它是地方国营企业，並取得了有力的证据，这就从根本上推翻了湖北省工商局的裁定。这个案子现在还没有结束，但我们有把握可以稳操胜券。

调查研究、收集证据是一个艰苦的劳动，特别是在九所，大部分是兼职老律师，他们在完成了繁重的教学与科研任务之余，每办一个案件，都要付出很多艰苦的劳动。比如，周汝成同志为了调查一个离婚案件是否仍有感情基础，反复到当事人家里和有关单位调查10余次；杨清涛同志带病调查；沈士心同志不辞辛劳经常奔跑外地；高宝华同志有一次到山东办案，下了火车坐汽车，下了汽车走路，恰逢下雨，道路泥泞，只好脱下鞋来打赤脚。这种艰苦调查取证的精神，确是很感人的。

(二)办案与教学科研相结合。高等院校的兼职律师，在办案时与教学科研密切结合起来，是他们的职业本能。比如，从事民刑法教学工作的同志，办一般的民刑事案件就很顺手；教　　经济法专业课的教师，对国内与涉外经济纠纷案件有兴趣；教劳动法的愿意承办劳动纠纷案件；研究专利、科技法的热衷于专利侵权案件等等。

7

我们在分配案件时，也尽量考虑照顾每一个人的专长。

教师办案，通过实践，能丰富教学的内容。这一点吴思同志体会的比较深刻。在未任律师工作以前，她虽然在讲课时努力联系实际，但是因为实践较少，总是感到力不从心。办了一些案件以后实践经验丰富了，再讲起课来，顺手拈来均是例证，深入浅出、生动活泼，深为学生所欢迎。她总结了办案与教学科研相结合的经验，写了一篇小论文，曾登载在我院的校刊上。

在这方面，杨炳芝同志更是身体力行，取得了很大的成效。杨炳芝同志在法大时是一个双肩挑的干部，理论研究与教学实践受到一定的限制。到经济学院以后，首先抓了一年的律师工作，本人兼任了几个法律顾问并承办了一批案件，从中着重加强了对经济合同法的研究。开始，北京市工商局请他讲经济合同法，其中的实例，都是他的办案所得。后来北京市第三期法律顾问培训班的40多个小时的经济合同法，也是由他承担下来的。学生反映他讲课的主要特点是：实例丰富、容易学，容易懂，便于应用。现在，他把办案与讲课经验溶于一炉，编写了一本《实用经济法合同法》，约28万字左右，已经发排，不日即将由出版社公开出版。这是一个把办案、教学、科研相结合的一个很好的实例。

有的同志认为办案与教学科研有矛盾，特别是在讲课时要出庭，讲课让路，影响教学，颇有烦言。其实，这是一种形而上学的看法，办案与教学在时间上的矛盾，是可以协调的。从本质上来看，他们是理论与实践相结合的关系，相反相承相互促进的。我们要说服这些同志能够正确地看待办案与教学、科研的关系。

㈢运用理论知识来指导办案。高等院校的兼职律师，都是有一

8

定理论修养的，这种理论修养，在办案时是自觉不自觉地起着指导作用的。

比如，我们承办了一个北京顺商实业公司的所谓投机倒把案。这个案子是河南洛阳办的。本来案情很简单，却人为地复杂化了。1985年春节前夕，洛阳市工商局在洛阳郊区一个军队停车场发现了存放的30辆东方红665载货汽车，原认为军队有问题，一查是厦门一个公司暂存的，就把车扣下了，追查这件事。原来汽车是洛阳拖拉机厂滞销的计划外产品，辽宁铁岑的一个公司购下了卖给了北京顺商实业公司，顺商实业公司又卖给了厦门的一个公司，已经成交，钱货两清，车是属于厦门的了，因为时近春节没有司机，所以暂存在洛阳，待春节后拉走。洛阳市工商局武断地认为是一个数额巨大的投机倒把案，汽车货款250多万，谋取暴利4—50万元。对北京顺商实业公司来说，认定其负有主要责任，应退出全部“赃款”。因为顺商不承认违法，案件又升级了，经洛阳市工商局外、公安局、检查院，认定其经理商刘达犯有投机倒把罪，现在案件已经到了法院。

我们接受了北京顺商实业公司与当事人家属的委托，承办了这个案件，对全案进行了系统的调查：顺商公司是怎么成立的？成立以来的经营情况及全部帐目，又到铁岑、厦门进行了查证。调查结果，我们得出了相反的结论：这笔东方红汽车生意，是合法经营，其总经理商创达既没有投机倒把，更谈不上什么经济犯罪。那么，问题在那里呢？关键是对国务院1985年37号文件中一个概念的理解，即其中所提到的“就地倒卖”与“就地交易”。如果认定是就地倒卖当然是违法的，如果是“就地交易”，那当然就是合法

9

的了。这涉及到一个基本理论问题，即承认不承认我国现阶段仍然是一个有计划的商品经济的社会。如果承认我国有商品经济，那么不管是什么商业活动，只要不违法，不管赚多少钱，都应当视为合法利润。既然如此，判断这笔汽车生意是“倒卖”或“交易”根据是什么呢？主要有两条①顺商公司是否有经营计划外汽车营业范围②其进出差价是否在物价法规允许的幅度之内。顺商公司的经营活动符合这两条内容，又何谈是违法？洛阳抓住了：顺商经营汽车，转手没有出洛阳范围，以及赚钱过多，等等，认定为违法犯罪，是站不住脚的。

现在，这个案子还没有结束，我们向市司法局和律协也汇报过。洛阳公安局、法院的同志也来找过我们，经过我们的解释和说明，他们有些同志的观点　转变了。现在，在洛阳公检法内部仍是两种意见争执不下，随着改革、开放的深化，政策的进一步落实，我们相信认为无罪的观点会逐渐占上风的。

二、存在的问题和今后意见

(一)编制和房子问题

根据三年来的工作经验，一个兼职律师事务所，必须设置几个专职工作人员，以处理日常事务。我们先后配备了三个人，一个是刘实，负责办公室的日常工作，一个是田立云（聘用）负责内勤，一个是赵丛（借调）负责外勤。此外，还有一个会计、一个出纳，是兼职。

刘实是学校的行政编制，由于和教员兼律师在职称、待遇上有区别，一直没有安下心来。田立云和赵丛因为是聘用和借调，也有不稳定感。这对律师事务所的建设是很不利的。我们曾和经济学院与司法局的领导汇报过这个问题，希望能给我们几个编制。学校超编

10

解决这个问题有困难，司法局领导答应考虑这个问题。但是，根据现在律师体制改革的趋势来看，专职律师是要往合作制发展的，国家不再包下来。所以，即使司法局给我们几个编制，我们仍然要自力更生。配备专职人员要精干，要控制在最小限度，按合作制体制把他们包下来，免除他们的后顾之忧，能够安心地做好工作。

房子，也是一个急待解决的问题。我们现在只有一间房子，当事人稍多一些就无法接待，只有到楼道或门口去谈话，特别是一些隐私案件，当事人是不愿意无关人员旁听的，按制度，也应当回避，单独接待。我们向学校领导上反映过这个问题，但一直没有解决。现在，我们准备采取自力更生的办法，或者是依靠一个有实力的企事业单位，给我们提供几间房子，以作义务法律顾问的条件交换；或者是筹措一笔基建基金，租几间房子，最好是能购买几间房子，这对巩固和发展律师事务所是十分必要的。

(二)会议制度

建立和健全会议制度，不仅是提供了传递信息、交流经验的场所，也是学习、讨论工作，进行民主管理的重要形式。因此，必须健全起来。关于讨论工作的会议，我们应当坚持原来的制度，每年召开一次全体工作人员会议，讨论总结工作，必要时半年再小结一次。选举主任律师、制定规章制度等重大问题，均应经过大会充分讨论决定。此外，还可以增加两种专题性的会议：

(1)传递信息。这包括两个方面的内容，一是上级的文件、有关部门颁发的规章制度。作为一名律师，不仅要熟悉国家的法律和法规，也需要了解上级颁发的有关文件和有关部门制定的规章制度，这在办案中适用法律是十分重要的，特别是某些方面的立法不健全

11

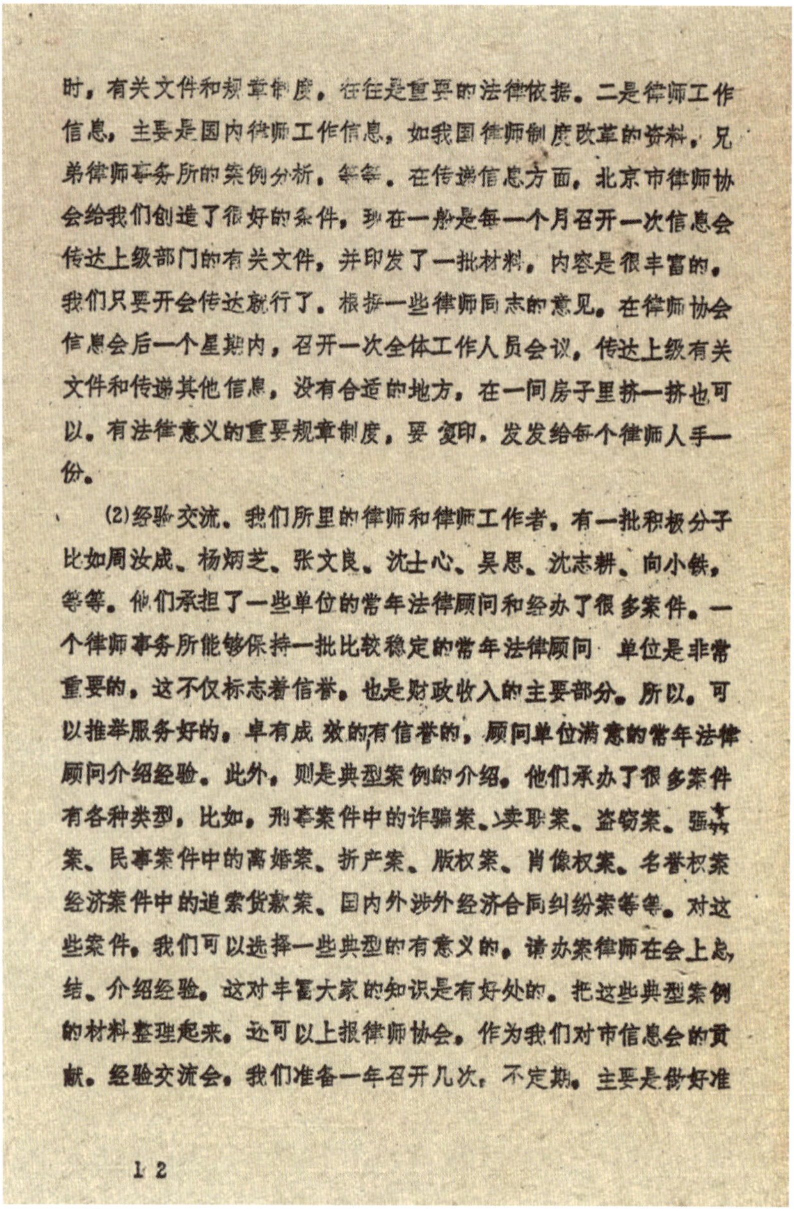

时，有关文件和规章制度，往往是重要的法律依据。二是律师工作信息，主要是国内律师工作信息，如我国律师制度改革的资料，兄弟律师事务所的案例分析，等等。在传递信息方面，北京市律师协会给我们创造了很好的条件，现在一般是每一个月召开一次信息会传达上级部门的有关文件，并印发了一批材料，内容是很丰富的，我们只要开会传达就行了。根据一些律师同志的意见，在律师协会信息会后一个星期内，召开一次全体工作人员会议，传达上级有关文件和传递其他信息，没有合适的地方，在一间房子里挤一挤也可以。有法律意义的重要规章制度，要复印，发发给每个律师人手一份。

(2)经验交流。我们所里的律师和律师工作者，有一批积极分子比如周汝成、杨炳芝、张文良、沈士心、吴思、沈志耕、向小铁，等等。他们承担了一些单位的常年法律顾问和经办了很多案件。一个律师事务所能够保持一批比较稳定的常年法律顾问 单位是非常重要的，这不仅标志着信誉，也是财政收入的主要部分。所以，可以推举服务好的，卓有成效的有信誉的，顾问单位满意的常年法律顾问介绍经验。此外，则是典型案例的介绍。他们承办了很多案件有各种类型，比如，刑事案件中的诈骗案、卖耶案、盗窃案、强奸案、民事案件中的离婚案、折产案、版权案、肖像权案、名誉权案经济案件中的追索货款案、国内外涉外经济合同纠纷案等等。对这些案件，我们可以选择一些典型的有意义的，请办案律师在会上总结、介绍经验，这对丰富大家的知识是有好处的。把这些典型案例的材料整理起来，还可以上报律师协会，作为我们对市信息会的贡献。经验交流会，我们准备一年召开几次，不定期，主要是做好准

12

各工作会议要有内容，有成效。

㈢行政管理。主要是两个方面的问题：

⑴要加强对所里日常工作的领导

建所时及建所后，杨炳芝同志花了很大精力来管理所里的工作，特别是在开拓方面做出了突出的贡献，但是，自从杨炳芝同志负责系里的工作以后，刘实同志又得了肝炎，我也不能把全部精力放在律师事务所，所里的内勤工作和各项规章制度就没有很好的巩固起来。我们急需一个常务副主任律师抓日常的工作，希望这次会议能解决这个问题，以加强所里的工作。另外，就是办公室的问题。刘实的肝炎短期内不能恢复。我们急需配备二个专职工作人员，做好收发、接待等日常工作，以及把文书档案管好。现在只有小田一个人，还需要落实一个人，较长期的稳定下来。

⑵贯彻执行各项规章制度。北京市司法局制定和颁发了七项规章制度，我们均应认真地贯彻执行。从我们所的具体情况来看，财务制度还是比较健全的，能够做到日清月结、帐款相符、数字准确没有差错，只是在办案收入、结案分配与出纳工作上，尚需进一步地密切衔接起来。此外，则应抓好以下几项制度的建设：

第一，办公与接待制度。现在，我们只有一间房子，办公与接待是混在一起的，人员庞杂，有些混乱。今后应坚持律师值班制度，除必要的工作人员外，其他人员一律不许入内。一个法律服务单位应当有一个严肃协调的工作秩序。要制定几条办公室与接待室的守则，相互监督、认真执行。

第二，立案与分案制度。现在，我们的法律顾问和重大案件，大都是律师个人拉来的，待室收的案子不多，也缺乏严格地管理。今后，应当加强管理、组织协调，除了继续鼓励大家拉法律顾问单

13

位和一些重大案件外，接待室应有专人收案，由常务副主任律师统筹全局、组织协调。使没有任务的律师要承担一些任务，还要适当地分配给每一个律师一些一般的民刑事案件。

第三，工作检查制度。这是我们的一个薄弱环节。常年法律顾问单位服务的如何？办案的质量如何？均缺乏检查。我们要把常年法律顾问单位巩固下来，担任法律顾问的律师必须认真负责、帮助人家解决一些问题，取得信任。为了督促律师做好常年法律顾问的工作，应当建立法律顾问工作簿，记载律师所做的各项工作。所里也应不定期的派人到法律顾问单位征求意见。对于办案，我们想建立一个质量监督小组，由一位副主任律师负责。对一些较重大的案件，应集体研究案情与确定办案方针，疑难案件还可以扩大范围来讨论。

第四，文书档案制度。建所以后，我们就定了一条规矩，不交齐材料，不算结案，不发办案费。这一条很灵，帮助我们建立了档案制度。但是，因为内勤人员不够，是由小田兼管的，所以，仍有积压，不能及时装订成册，有的档案材料也不够完整。今后应建全起来，把小田的日常杂务摆脱一些，每星期集中一段时间，系统地整理好三项档案：①上级单位及有关部门的来文；②我所发出的信函底稿及各种介绍信的存根；③咨询、代书记录与各种案件的档案。

我们只有把上述制度认真地建立起来，律师事务所才有规矩方圆，也才能顺利地发展。

四材料的搜集和编写

一个好的律师事务所，应当有自己的丰富的图书、资料、文书、档案，这是提高律师业务水平和办好案件的重要条件，也是一个律

1 4

师事务所能够取得信誉的资本。我提议在建立文书档案制度的基础上，加速图书、资料的建设。可以由小田具体负责这一方面的管理工作。

我们应当系统地搜集和整理以下资料：

(1)各项立法资料。主要是我国现行有效的法律和法规，这是办案和进行各项服务的法律依据。除了法律和法规以外，还有很多具有法律效力的文件和有关部门的各项规章制度，即通常所说的准法规，也是很重要的。此外，则是我国参加签订或承认的国际条约，或者是我国与其他国家签订的双边协议或条约，对我国也有法律约束力，是办理涉外案件的重要法律依据。至于外国的法律，对我国没有法律约束力，但也可以搜集一些典型材料作参考。

(2)各种司法文书与各种合同文本。我国的司法文书，一般是法定的格式， 比如起诉状、辩护词、答辩书、调解书，等等。我们应当收集的齐全一些，律师应当熟悉这些格式，按格式填写内容，即准确、又方便。各种合同文本，很多是意定的，比较复杂，特别是科技合同与涉外合同，有很多新的格式和内容，且这方面的案件又在逐步增加，因此，我们应当尽量多收集一些，研究他们的合法性与违法性，合同的格式和内容基本条款是否齐全，是否有重大缺陷，等等，以丰富律师的知识。

(3)各种典型案例与案例分析。我们律师办案，不仅要总结自己的经验，还要学习和借鉴别人的经验，不管是成功的或失败的，都是有意义的。对案例要从各种不同的角度来分析和鉴别，分析的越透彻，鉴别的越清楚，就越能获取教益。我们应当编写一些我们自己办的有价值的案例 所以 作为高等院校的兼职律师，应当在这方

1 5

面做出自己应有的贡献。

(4)有关律师活动方面的资料。律师的职责和活动范围是很广泛的，作为律师个人很难参加所有的活动，因此，也有必要了解国内的；以及国际上律师的活动情况，这不仅可以丰富见闻、开阔思路扩大知识面，而且也可以从中学到律师活动的经验和规律。

把上述四个方面的材料收集的较齐全以后，我有一个想法，就是组织一些律师，以我所的名义编写出版几本对律师工作有价值的书，发挥我们高等院校兼职律师的长处，为北京市的律师工作做出我们的一些独特的贡献。

(五)收入和分配问题

我所的各项收入，一直是严格按照中央司法部和财政部的规定执行的，是比较偏低的。分配可以分两个阶段，建所后前半年，我们自己制定了一个分配标准，报司法局备案。因为法律顾问和案件的个人分配比例较高，大家的积极性很高，很快就拉来了一批法律顾问单位，办了很多案件，半年，律师事务所款收入就达4－5万元。市司法局的分配标准下达以后，是按标准执行的，因为分配个人部分偏低，拉法律顾问单位和办案的积极性下降了，认为不如讲课、写文章、编书。这个矛盾各个兼职律师事务所都有反映，一直没有得到较满意的解决。现在，适应改革与开放的形势，各所的收入和分配制度均有所改革，我们也应当适应形势，确定一个收入与分配的标准，我和几个同志研究了一下，准备：

(1)在中央司法部和财政部的文件没有修订以前，仍应执行这个文件，但是，以后各项法律服务均应收费，一般不再照顾。各项收入，在文件允许的幅度内，可采用最高标准。

16

(2)分配。主要是经济标的案件的分配问题。原规定分配给个人部分是封顶的，最多不得超过150元，这是很不合理的。一般来说，标的越大案件就越复杂，花费的精力和时间也越多，有时一个案子拖一、两年也结不了案。分配不封顶以后，产生两个问题：一是个人分配超过150元的案件不愿意接了；二是标的大案件，因为个人收入不能增加就少收费。现在各所均在改革这项制度，有的所规定，不再封顶，超过150元部分提成10%，个人每月总收入上超过400元，就交个人调节税。是采取这个办法好，还是超过150元外个人收入按比例递减，再研究一下。

(3)奖励：在北京市司法局关于兼职律师事务所基金使用办法的文件下达后，我所没有再发奖金。这也有些问题，难以用经济杠杆来鼓励先进帮助后进。我们考虑，适当给予奖励还是有好处的，可以制定一些标准，比如：承担法律顾问多的，办标的大的案件有成效的，办理民刑事案件较多质量较好的，勤勤恳恳任劳任怨从事无偿劳动的，等等。这笔奖励可以在福利费中开支。

以上收入、分配、奖励的项目和标准，待领导班子健全以后，研究制定一个方案，报司法局批准或备案。执行日期可以从1988年7月1日开始。

总之，我们总结存在的问题和提出今后的意见，目的是为了适应改革的形势，认真地改进工作，团结起来，在社会主义竞争中前进。不仅要为社会提供更多更好的法律服务，而且要取得多种效益不单纯是经济效益，这是物质的，更重要的是精神的，要加强社会实践，通过实践总结经验，不断地提高我们律师的政治素质与业务素质，尽快地达到一个新的境界，新的水平，为北京市的律师工作做出我们应有的贡献！

17

沈雯辉

沈雯辉，1932年生，1953年2月毕业于华东政法学院法律系本科。原北京财贸学院经济法系系主任，法学教授。曾任中国农业经济法研究会常务理事兼秘书长，北京市法学会理事，经济法学研究会副会长。

1953年至1958年，曾任司法部科员、北京市人民法院助理审判员、北京市司法局助理检查员职务。1980年后曾任北京财贸学院经济研究所讲师、副所长，工商行政管理系副主任、副教授。讲授刑法、民法、经济法、行政诉讼法等课程。1994年起任硕士生导师，1997年起兼任东北林业大学教授、博士生导师。1997年被聘为首都经济贸易大学首批教学督导专家。

沈雯辉先生在推动全国经济法研究和创办首都经济贸易大学经济法学系的过程中作出了突出贡献。他是国内最早提出法经融合的学者之一，较早推动财经类院校开设经济法课程、设立经济法专业。他亦是我国农业法奠基人，是农业法研究会创始人，为繁荣农业法研究作出了开创性贡献。他曾作为重要骨干参与原国家教委与司法部组织的统编经济法教材的编写工作，其主编的《经济法教程》多次再版，在经济法学界具有较大影响力。

沈雯辉先生热爱教育，治学严谨，言传身教，立德树人，深受学生爱戴。2021 年 5 月，在广大校友倡议下，学校在教育基金会设立“雯辉法学教育基金”，以此来传承名师精神，汇聚各方力量，推进法学学科发展，为国家法治建设做贡献。沈雯辉先生于 2023 年 1 月 4 日逝世，享年 91 岁。

沈雯辉 自传*

我祖籍江苏南通，自曾祖于清道光年间迁沪以来，即定居上海。祖父沈阿桂，早年充马伕，后为汽车司机，有子女二，长乃我父，幼系姑母。父亲沈金宝，十七岁起即随祖父充司机助手，十九岁时，与母亲蔡氏结婚。婚后四年，我始诞生；此后即无弟妹，家庭人口至稀。

* 2023 年 3 月 15 日，首都经济贸易大学经济法系首任系主任、已故教授沈雯辉的女儿沈智伟向档案馆、校史馆捐赠了沈雯辉自传手稿。该手稿系沈智伟在整理父亲遗物时发现，正文共 12 页，以竖排繁体字写就，讲述了沈雯辉教授自 1932 年出生至 1955 年的经历。为表示对先生的尊重，收录于本书时未修改。

我诞生时（一九三二年），正值一·二八事变之际，由于时局动荡殊剧，经济收入日下，虽极度节俭，仅勉强温饱。鉴于家境窘迫，时姑母虽在学龄，亦无力入学；祖母和母亲也经常替人做些零星手工，以弥生计之不足。

我家历代均从事体力劳动，未尝闻有培养子弟入学者，自我出生后，因系家中唯一独子，且体质较弱，故亟希我能入学念书，受些教育；我五岁时（一九三七年），即被送入上海小学念书。未几时，八·一三抗战爆发，父亲从事之运输行毁于日寇炮火，而告失业。当时觅职艰难，遂筹小本，以摆小摊为生，经济条件益下。此后，母亲因操劳过度，心神交瘁，不幸身染肺病，由于无力医治休养，加上生活条件极端困苦，于一九四一年病故。当时我已九岁，幼年失恃，倍感悲痛，因母亡负债益重，生计更见窘迫，穷困潦倒，不得已而辍学。一九四三年，经舅父介绍，进入沙利文做了一个时期的临时童役，从事打扫、洗碟、看管自行车等杂务，以图温饱。

童年时代的遭遇，使我历尽颠沛流离的生涯，至今忆之，犹感辛酸。在这种环境下，使我丧失了童年时代固有的特点，促使了思想意识的早熟，并形成了我早年落落寡欢、消沉悲观的性格。由于我母亲在世之日笃信佛教，我自幼即闻因果轮回之说，加上我生活困苦，且受了旧小说中宿命论思想的渲染，因而形成了我初期即具释教意识的宿命论的人生观；认为人世间功名利禄、离合悲欢等现象，一方面固命由天定，同时也认为人生匆匆数十年，如石火电光，弹指即逝，荣华富贵，均系虚妄缥缈之物，如永沦轮回，则不尽其生老病死之苦，在这种世界观的影响下，自幼即造成了我能备受磨折，忍受困苦艰难的一面。

一九四七年——十五岁时，在邻居董绍裘君介绍下，谋得上海归侨实业公司（染料厂）练习生之职。按练习生的地位在当时极为低下，一般均由无力升学的贫苦人家子弟所事（如除工作外，也替职员端菜盛饭等），其待遇亦甚菲薄。虽然如此，就当时情况而言，觅得此职确如获至宝，庆幸万千。为巩固职业计，家庭曾谆谆告诫再三，必须勤勤恳恳地工作，更不能得罪任何人。当时觅职艰难，无人情靠山者，动辄即有遭资方解雇之危。因此，我在工作中除兢兢业业、刻苦勤奋外，对同仁之间的态度亦极恭谨，纵受委屈，亦逆来顺受，忍气吞声、自怨自艾而已。

一九四九年上海解放前，二年来的工厂生活，使我接触到各种新的科学技术知识。鉴于自己既无技艺，又少文化，不仅在事业上将无所进展，纵稍高一些的职务亦势难胜任，若一旦失业，则更无从措筹，因此我亟愿学习一些技术，并希望能提高自己的文化水平，使职业多一层保障。故虽然工作繁忙（一般都在晚上值班），疲乏不堪，且工作时间经常变动，工厂距市区甚远，附近又无补习学校之类，学习机会之觅得实在困难重重。但自己求知心切，一方面除结合染料制造技术之学习相应学习理、化等知识外，并去市区的各种补习学校中系统地补习高中的全面课程，纵风雪载途，亦勤学不懈，如此经过二年来的补习和自学，基本上完成了高中的学业；从而进一步奠定了自己刻苦自学的信心和信念，同时也初步锻炼了我能独立自学的能力和摸索出工作和学习相结合的门径。

一九四九年上海解放，举国欢腾。当时我亟愿自己能进入高等学校学习专门知识，按我当时愿望而言，希能入理学院攻物理、化学诸系科，但理学院有实验等课，必须离职学习，我限于经济之掣肘，不得已仍谋求工读之途。当时上海高等院校的文、法诸系科，每日上课仅三、四小时，又采选课制，若调配得宜，可工读兼顾，于是于一九四九年九月——我十七岁时，以同等学力报考新中国学院中文系。半年后，又转入东吴大学法学院法律系。

当时我虽仍工作，惟学费昂贵，我收入至微，故除维持必要的生活费用外，悉以支付学费和书籍等费。入大学后，自顾少年遭遇之困苦，刻苦勤学，始得今日学习之机会，今又工读参半，因此学习态度颇刻苦勤奋，也尽了主观上的努力。

由于我学习上尚认真钻研，数年来也一直担任课代表和学习干事等工作，因而与教授们接近机会较多。为了解决学习中的疑点和难题，故经常趋谒各教授，如张汇文、杨兆龙、戴荣锋诸师，交往甚密，私交亦好。在诸师的陶冶熏染下，一方面获得了很多课外学术性的问题和理论知识，同时也羡佩诸师在学术上的成就和造诣，因而树立了我将来从事学术研究工作之志趣。

我因急于提高自己的理论水平，同时也觉得今既攻习社会科学，必须对整个社会科学领域应有一全面而系统的了解。同时也受了“一渠之缺，为士之耻”的影响，于是博览群籍，在大学二年级前，几乎涉及社会科学之各个部门。由于学术领域载籍浩瀚、茫如烟海，颇感钻研无门、速成乏术之苦。时戴荣锋师睿言，谓学术之成就赖辛勤之劳动，谓我虽天赋颖悟、理解力强，有学习志趣，也能刻苦钻研；如操之过急，方法论上再有不当，极易陷入旁门。因此，戴师指出必须以某一学科为重点，再相应涉猎有关知识，以避分头平进、事倍功半之弊。此后，我即致力于社会犯罪现象之探讨，除刑法、犯罪学等专业科外，广泛涉及政治、经济、哲学、心理……等诸领域。因而培养了自己阅读大量参考书之方法，同时也提高了专业书籍和选择资料的能力。

一九五一年我大学三年级初，从事毕业论文之准备，当时以“犯罪人的意志”为题，试图解决刑法理论中责任能力——刑事责任基础的问题。为参考先哲对此之学说，曾浏览了哲学史、社会思想史等；为探究犯罪现象的客观原因和主观原因，以致逐渐深入到意志自由等问题。通过这一专题之撰写，使我的志趣从法学领域遂转入哲学领域，而对此产生了浓厚的兴趣。当时因方法论上之误，囿于单纯从犯罪人意志和动机方面之探讨，后经张汇文师之指导，使我深思社会现象变化万千之根本原因。回忆我在旧社会中遭遇之种种，深受经济之胁迫而历尽苦难，因而使我领会到犯罪现象之探讨不仅在于犯罪者之动机、意志，更重要的是应从决定这些动机和意志的社会物质生活条件和在社会中的经济地位出发。此后，使我初步获得了以马列主义的观点和方法为指导方针的收获。

近四年来的大学教育，一方面确立了我对哲学和社会科学研究的志趣，同时也初步奠定了一般理论基础和摸索出以马列主义为指导的学习观和研究方法，揭开了我从事科学研究的序幕。

毕业前夕，我亟愿自己能从事哲学和社会科学的教研工作，以继续研习昔大学时所存在之疑点。一九五三年三月，我统一分配来北京中央人民政府司法部，从事司法部研究室的资料汇总和整理工作。由于工作中所接触到的均是全国各大区和省市的实际材料和重大的政策问题，因而初步体会到马列主义理论具体化为党的政策及其贯彻过程的情况；同时也学习了如何从浩瀚庞大的实际资料中进行归纳、整理的方法，提高了自己思想的科学系统性。

虽然，当时的工作使自己对党的政策原则的领会和研究方法之习得具有很大裨益，但限于自己实际斗争经验差，还不能深入体会政策中的精神实质和其在实践中之所以正确的关键，尤其对某些具体问题，也只限于在一般理论上泛泛其谈，显得空虚浮夸。于是在自己的请求下，司法部领导批准我以司法部实习干部的名义，去北京市的基层法院直接从事审判工作，以弥补自己感性知识之不足。

五三年八月后，我除直接从事审判工作外，参加了普选人民法庭工作、粮食统购统销等中心工作，并深入农村从事调解委员工作之试点。通过这些具体工作的实践，一方面使我感到自己以往知识之空虚，同时也觉得唯有通过具体的社会实践，才能深入体会政策之所以正确及其精神实质。一年多来的具体实践，一方面由于接触并深入基本群众，进一步掌握了社会的基本情况和群众的感情和心理，同时也学习到在基层做群众工作的方式和方法。最后也对以往自以为“少年博学”的错觉爽然自失，体会到必须老老实实向群众学习的真理，否则自己的所谓研究不仅只限于书本知识上而易陷空洞教条之虞，实际上也无法概括丰富的社会现象中新的萌芽和事实，以充实和增加理论宝库之新颗粒。

一九五五年，北京市司法局成立，我即在该局第一处任助理检查员，从事政策研究、检查和总结审判实践等工作。中层机关工作性质的特点，一方面既可讨论研究重大的政策原则和理论性的问题，同时也能深入下层进行社会调查等工作。五五年七月，我负责北京南苑区关于破坏农业合作化案件的审判实践的总结工作，虽然因而提高了自己的政策水平和思想水平，锻炼了独立工作和研究的能力，但在总结过程中也发现很多理论上的困难而深感自己理论基础之浅显和不足，如农村中阶级斗争的特殊规律、“自发”反革命的理论问题等；虽然在这三年半的工作过程中，也试就实际工作中的观察接触所及，提高到理论上来加以分析、研究，但每感到头绪漫茫，不易深入本质以找出其主流。为了更好地完成任务也曾不懈地学习马列主义基本理论，但亟希自己能有一机会能系统地将自己的感性知识提高到理论知识，并进一步扎下较雄厚的理论基础。

一九五五年九月，中国科学院研究生暂行条例颁布后，适与我之愿望相合而倍感振奋，虽然自己觉得条件还不够，但也亟希望能进入科学院作研究生，通过四年的学习，以期使自己能具有较高的独立研究能力，完成昔年的志愿，更好地为社会主义革命而服务。

沈雯辉

访　　谈*

我 1932 年生于上海，因家庭条件不好，进入大学前只断断续续地读了五年书。但我喜爱读书，有机会就去图书馆。因为不安于现状，不甘心落后，我于 1949 年考上了原东吴大学法学院（1952 年经院系合并，原东吴大学法学院并入新成立的华东政法学院）。1953 年，我大学毕业，本来已经安排好留校任教了，后来机缘巧合之下被分配到了北京工作，任职于司法部，后来又到了北京市人民法院做法官，1980 年，我离开了法院，调入北京财贸学院工作。

我在调任至财贸学院之后，和其他几位老师一起创办了财贸学院法学学科。我调任至财贸学院之初，由于没有法学系，所以最先去的是经济研究所，当时所里有四个研究室，我的工作岗位是在其中的经济法研究室，当时财贸学院还没有讲授法律的部门和老师，于是学校就让我所在的经济研究室负责讲授相关的法律课程。

由于我在年少时没有学习过理科知识，加上之前读夜校期间曾学习和

* 本文由赵进、孙婉卓根据对沈雯辉老师的访谈记录整理而成。

接触过一些当时相关的法律知识，之后我便对法律有了兴趣并有了更深的了解。在我任职财贸学院后，为了响应国家的号召，服务于社会需要，我和其他的同事决定开设经济法课程，在对经济法课程教学进行了研究之后我开始了教学，并将经济法学科作为毕生志业。

我写了一篇文章，叫作《财经院校怎样开设经济法课程》，写此文的思路是这样的：为什么开设这门课程？起什么作用？学校培养的人才是做什么工作的？我在法院工作过，深知法官不缺少法律知识，但是往往缺乏经济学知识。因此，财经院校培养的法律人才，既可以去法院审理经济案件，也可以去企事业单位担任法律顾问，这样我们培养的学生在这些方面会很有优势。培养目标要符合国家和社会的需要，财贸学院开设经济法课程要和其他院校有所区别，应突显学校的学科特色，扬长避短，发挥优势。

经济法概论授课时间长且安排紧凑，所以我把课程安排分成了四个部分：第一部分，法的一般概念；第二部分，静态上说，经济法的主体主要是企业，那么便以企业法为主；第三部分，动态上说，经济法要回应经济活动的动向，这主要体现在经济合同上，遂以合同法为主；第四部分，经济纠纷的处理，一是经济仲裁，二是经济审判。我和同事们还组织过 13 省市财经类院校经济法的研讨会，很多外地的学校都被财贸学院的经济法课程吸引，纷纷前来交流学习。

1986 年司法部法律教材编写部在郑州召开了经济法教材编写会，我是 300 多位主编中的一位，我和一位同事一起代表北京财贸学院去参会并在会上结识了全国各地很多的老师，我通过参与会议大大开阔了自己的视野。虽然由于这次教材编写人员过多，导致整本教材缺乏连贯性，使得这部教材没能发挥足够的权威作用，但是通过这个会，经济法学者们却加深了了解，整个经济法学界变得更加团结。

在主管教学工作时我多次强调，要对学生负责，既要发现学生的不足予以指引，又要发现学生的优势予以鼓励。对学生的指引和鼓励不能仅停留在口头的批评和表扬上，而是要落实在每一次的作业批改中。

我对学生的要求很严格，一方面，培养他们的法律素养。我常跟学生们说，一个人一生中能够安心学习的时间是很短暂的，知识也是永远学不完的，所以要脚踏实地，静心务实地进行法律学习，做好法律工作。另一方面，在教授知识的同时，也要加强同学的个性和品格的培养和引导，学法律的人要恪守法律，要有强烈的法律意识，否则以后步入工作岗位容易犯错误。所以，我要求学生功课要严谨，人品要正派。因为学习差了些，尚且还可以努力追赶，但若人品出了问题，会犯致命的错误。而法律人才将来有一批是要走上司法工作的岗位的，手中或多或少会掌握一定的司法权力，一旦这些学生的品行出现问题，是很可能影响许多人的生命和财产的。同时，我强调老师也应当加强自身的理论研究，才能更好地培养实用型应用型法治人才。

基于经济法与经济学的密切联系，而数学又是深入研究经济学必不可少的工具，出于对学生今后的发展方向的考虑，我和其他老师们决定开设数学课。当时有两种主要意见：一是广泛设课，有哪些法律部门我们就设哪些课程；二是主张学习经济法基础课程，主要是民法和行政法。权衡之下，我和其他老师们决定采取后者，于是乎，学校所培养的学生都带有学校为其留下的深深的烙印，进而成为我们学校法学生的一种特色，甚至可以说是精神传承。在立足于实务型人才培养的同时，理论研究也要跟上去，没有理论研究的地方不叫大学，若是理论研究搞不好，那和专科学校就没有了分别。特别是对于研究生阶段的学习，当然更要加强学生们自身的法学理论的修养，想要有学术创新是很困难的，但理论学习是一定要比本科阶段提升才行，学习的系统性和完整性要有，自己的专门方向也要有。

我退休后仍然关注社会法律热点，我认为，研究经济法要关注“发展生产力”“增加社会物质财富”“增加流通”“关注流通的环节”，我在退休后还担任督导，经常听课开会指导授课老师，发现授课老师的优缺点，提出教学要善于发现同学的优点和不足，才能更好地培养法治人才。

沈雯辉老师在全国土地管理干部行政诉讼法研讨班授课

沈雯辉老师任教经济法系时辅导学生

沈雯辉老师编写的部分书籍封面

沈雯辉老师（前排右四）参加中国农业经济法研究会第四次代表大会

2021 年 5 月 9 日“雯辉法学教育基金”发起仪式上，
1985 级、1986 级校友向沈雯辉老师献花

2023 年 3 月 15 日沈雯辉老师之女沈智伟向档案馆、校史馆捐赠了沈雯辉自传手稿

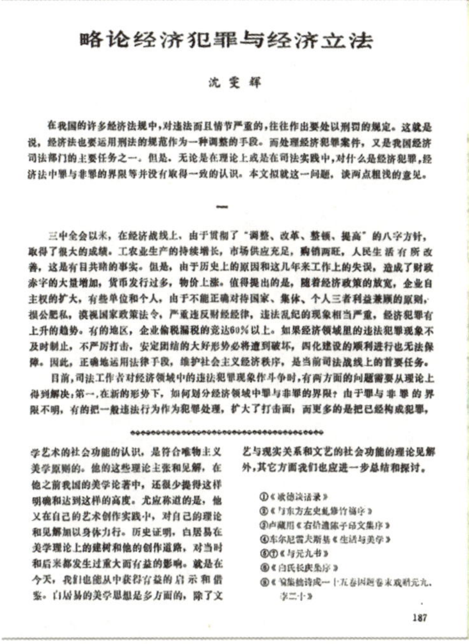

略论经济犯罪与经济立法

沈雯辉

在我国的许多经济法规中，对违法而且情节严重的，往往作出要处以刑罚的规定。这就是说，经济法也要运用刑法的规范作为一种调整的手段。而处理经济犯罪案件，又是我国经济司法部门的主要任务之一。但是，无论是在理论上或是在司法实践中，对什么是经济犯罪，经济法中罪与非罪的界限等并没有取得一致的认识。本文拟就这一问题，谈两点粗浅的意见。

一

三中全会以来，在经济战线上，由于贯彻了"调整、改革、整顿、提高"的八字方针，取得了很大的成绩。工农业生产的持续增长，市场供应充足，购销两旺，人民生活有所改善，这是有目共睹的事实。但是，由于历史上的原因和这几年来工作上的失误，造成了财政赤字的大量增加，货币发行过多，物价上涨。值得提出的是，随着经济政策的放宽，企业自主权的扩大，有些单位和个人，由于不能正确对待国家、集体、个人三者利益兼顾的原则，损公肥私，漠视国家政策法令，严重违反财经纪律，违法乱纪的现象相当严重，经济犯罪有上升的趋势。有的地区，企业偷税漏税的竟达60%以上。如果经济领域里的违法犯罪现象不及时制止，不严厉打击，安定团结的大好形势必将遭到破坏，四化建设的顺利进行也无法保障。因此，正确地运用法律手段，维护社会主义经济秩序，是当前司法战线上的首要任务。

目前，司法工作者对经济领域中的违法犯罪现象作斗争时，有两方面的问题需要从理论上得到解决：第一，在新的形势下，如何划分经济领域中罪与非罪的界限？由于罪与非罪的界限不明，有的把一般违法行为作为犯罪处理，扩大了打击面；而更多的是把已经构成犯罪，

学艺术的社会功能的认识，是符合唯物主义美学原则的。他的这些理论主张和见解，在他之前我国的美学论著中，还很少提得这样明确和达到这样的高度。尤应称道的是，他又在自己的艺术创作实践中，对自己的理论和见解加以身体力行。历史证明，白居易在美学理论上的建树和他的创作道路，对当时和后来都发生过重大而有益的影响。就是在今天，我们也能从中获得有益的启示和借鉴。白居易的美学思想是多方面的，除了文艺与现实关系和文艺的社会功能的理论见解外，其它方面我们也应进一步总结和探讨。

①《歌德谈话录》
②《与东方左史虬修竹篇序》
③卢藏用《右拾遗陈子昂文集序》
④车尔尼雪夫斯基《生活与美学》
⑤⑦《与元九书》
⑥《白氏长庆集序》
⑧《编集拙诗成一十五卷因题卷末戏赠元九、李二十》

187

沈雯辉教授在《内蒙古社会科学》1981年第3期发表的《略论经济犯罪与经济立法》一文，首次在国内学界提出了经济犯罪的概念，并概括了经济犯罪的成立要件。改革开放之初，面对经济犯罪快速增长之势，沈雯辉教授敏锐地洞察到了治理经济犯罪的时代所需，并以高度的政治站位和强烈的责任意识、学术担当，提出了这一创新性、前瞻性观点。这不仅具有很高的学术价值，而且具有重要的实践指导意义，为当时国家治理经济犯罪提供了新的思路和方向，充分展现了一位法学学者的时代责任感和家国情怀。

——首都经济贸易大学法学院经济犯罪研究中心 刘迎泽 王剑波 高洁 刘传稿

沈雯辉老师论文《略论经济犯罪与经济立法》首页，该论文发表于《内蒙古社会科学》1981年第3期

张庆和

驼铃悠悠　春秋学人

张庆和，1942年生，1964毕业于北京政法学院政教系，1964年8月参加工作，在北京25中教书，任政治教研组组长。1980年8月，调入北京财贸学院，曾任经济法系部门法教研室主任、副教授，中国法学会民法经济法学研究会干事。1981年起从事兼职律师工作。2003年1月退休。2023年5月18日逝世，享年81岁。

曾参加撰写、审定《企业经济法律知识》一书的工作（国务院经济法规研究中心办公室和中央广播电台理论部合编），参加过广播电视出版社出版的《经济管理大辞典》经济法部分编写审定工作，与王雨本共同主编教材《经济法教程》（中国审计出版社出版），并在省市级刊物上发表过若干篇文章。

张庆和

访　谈*

首都经济贸易大学1978年以前叫北京财经学校，1978年升格为北京财贸学院。改革开放伊始，各行各业都缺少人才。因为我有在北京政法学院政教系学习的经历，1980年就从北京二十五中调入了北京财经学院。北京财贸学院当时没有法学系，只有经济法研究室。主任是焦廉成，加上我一共九个人，我是第八个或者第九个过来的。焦廉成好像是工商行政管理局那个系统出来的。还有一个叫陈克聪的，他是20世纪50年代初在朝阳大学法律系毕业。还有两个是法院出来的，一个叫丁耀堂，另一个叫徐立达的是朝阳区人民法院的。

除此之外，还有沈雯辉老师。他是1953年华东政法学院毕业的，在司法部工作过一段，对经济法系的建立作出了巨大贡献。沈老师眼睛很不好，他是弱视，视力只有0.03，他给学生讲课，笔记本都需要几乎贴在眼睛上来看，后来他干脆不看笔记了，就背着讲。别人评价他"讲得那么棒，都不用笔记。"他笑道，"我看也看不清楚，干脆不用笔记了"。张粟海是我们当中岁数最大的一个。他是中央大学法律学系的毕业生，参加过中国共产党地下组织的外围组织，给中华人民共和国成立前的北平法院当推事，也就是法官。他讲课比较少，主要起到顾问作用。再有就是张云福，是和我同一年上的政法学院政法系，他曾经在新疆公安系统干过，后来调到北京财政局，他爱人也是咱们学校的行政人员。最后就是程琛，也是政法学院政教系的，比我们低一届。

我是政教系出身的，没有系统地学过法学。为了给同学们讲课，我专门去北大法律系听了半年课，又去复旦法律系进修半年。进修完毕后人家给我打分，我记得我的民法和民诉法分别得了优和良。

---

* 本文由赵进、许婧楠和闫一杰根据对张庆和老师的访谈记录整理而成。

进修完回到学校，我去听了一些老教师的课。1981 年下学期我开始给学生讲授课程。因为教师数量少，加上焦廉成和张粟海要主管行政工作，能够上课的时间很少，所以一个老师都要讲好几门课。我讲商标法、专利法、合同法和民法。我刚开始讲课那段时间，有一些法律还没有被制定好，像商标法。涉及相关内容的时候就只能讲理论。后来没过几年，一些法律就被制定好了，就可以给同学们讲法条了。

在我从教初期，发生了很多有意思的事情。我大学从政教系毕业后是教高中的，调来后发现自己以前教过的学生成了同事；还有两个学生高中毕业考到我们学校来了，上我的课又教了他们一遍。这缘分就很奇妙。

还有就是同学们上课都很认真，没有发现过调皮捣蛋的。而且因为我自己做律师，也接触了一些案例，在课上能随便拿出很多案例来讲。那时候焦廉成不放心我刚来，听过我的课，他说，“行，讲课还行”。听学生反映，有的学生本来要去看病的，特意挪到双休日去看病了，因为觉得我的课挺有意思，不愿错过。还有的学生说：“爱听这课，跟讲故事似的，挺有意思的。”另外我在做兼职律师期间，有一次在法院打官司，法官调解结束后叫书记员过来，书记员是咱们法学院的，是我教过的，跟我打招呼：“张老师好”，我当时还怕当事人误会。后来也遇见过其他学生，就是只看一眼，免得误会。还有，我儿子也是咱们院的校友。我给他们班上课的时候不能给他特殊待遇。我叫他回答问题时，他回答得不好我会批评他。要是回答得好，也不能夸他。我想着私底下夸他可以，当堂夸他那有点不合适。

我 1981 年左右写过一篇文章《制定专利法势在必行》。20 世纪 80 年代初，法学界在讨论民法和经济法的关系。我也就这一主题发表了一些文章，核心观点是经济法应该是个独立的法律部门。1982 年，我被评为讲师。1985 年，经济法研究室扩大为经济法系，沈雯辉任系主任。经济法系成立之初规模比较小，只有一个班的学生，后来人慢慢多了起来，招了几个大学毕业生，像宋成斌、高雁、李长城和翟业虎。经济法系的发展和壮大，离不开沈雯辉老师的努力，他付出了很大力气。另外，沈老师与人为善，作为领导从不仗势欺人，这点令我佩服。

1990 年，我被评为副教授。1995 年，北京财贸学院和北京经济学院合并为首都经济贸易大学，从经济学院法学系那边过来不少老师（如米新丽老师）。合并以后人就多了。随着法学系进一步壮大，就成立了法学院。

调任学校前，我就一直真心觉得共产党好，真心想入党。但因为社会关系，我入团、入党都有很多阻力。在二十五中教书时，尽管年年被评为优秀，但就是无法入党。后来就有些没信心了。

来咱学校后的某一天，焦主任找到我，让我写个入党申请书，要发展我入党。我就去找张粟海，我挺信任他的，说："张老师，焦主任要发展我入党了，你知道，过去我是一直坚决入党的，可是现在我看有些党员干部有便宜就伸手。我入党是为了真为老百姓做好事，但一看这情况，我就挺犹豫的。"张老师说："这就不对了。正因为有这些现象，才更应该加入党组织去和这种现象作斗争。"张老师这句话让我大为感动，我写了入党申请书，成了一名中国共产党党员。后来（1995–2000 年）我还是咱们院的支部书记，发展了一名党员。我 2004 年正式退休，最后在岗几年在教经济法和民法的相关课程。

王之龙

驼铃悠悠 春秋学人

王之龙，1929 出生于北京，1952 年毕业于燕京大学（现北京大学）法学院政治系。

王之龙先生毕业后支援包钢建设，20 世纪 70 年代，多次参与中外企业合作及大型成套设备进出口的商务谈判、合同起草工作。1980 年，王之龙先生赴美国哈佛大学法学院进修经济法，并实习律师业务。

1984 年，王之龙先生调入北京经济学院经济系经济法教研室，主要讲授课程为美国法、美国商法、英美审计制度，著有或编著 *Doing Business in China*（英文教材）、《美国的律师和法律教育》、《美国的企业和法律》、《美国进出口贸易管理和法律》、《论美国契约法中的要约与承诺》、《美国商法的起源和构成》、《论美国契约法中的损害赔偿》、《论美国契约法中的公正原则及保护消费者利益的立法》、《美国的托拉斯法和反托拉斯法》等，译有《美国合同法》（北京大学出版社 1980 年版，汪仕贤等合译）、《法国公司法中的股份公司》、《美国产品责任方面的法律问题》等。

1986–1988 年，王之龙先生访学美国纽约州立大学及波士顿萨福克大学并授课讲学。

1989 年王之龙先生退休后创办中国最早的合伙制律师事务所君合律师事务所，并享有永久投票权。

王之龙

访　谈*

我 1929 年 1 月出生。我父亲曾赴美国留学，从密歇根大学毕业后在冶金部工作，一级工程师。小时候我读教会学校，1946 年入南开大学学习一年后，进入燕京大学政法系学习法律，1952 年毕业。参加了广西土改，后来又分配到华北行政管理委员会做人事工作。1954 年，响应国家支援边境建设包钢的号召，我申请到内蒙古包头工作，分别在包钢的劳动工资处、计划处工作过。1976 年我回到北京，首先去了北京市纺织系统的一个工厂。就在这个时候，美国来了一个律师团队在中国做培训，我参与了这个培训活动。得到这次培训机会，主要因为“文革”期间我在牛棚子里把英语捡起来，坚持学习。那时读了不少英文小说，就喜欢侦探故事，晚上给孩子讲这些英文故事，吓得他们睡不着觉。培训期间，我白天学习，每晚回来就在打字机上打英文，夜深人静直到凌晨。培训前纺织局的局长看重我，

* 本文由王之龙老师自述《走在改革开放前面的北京经济学院》、季冬梅根据对王之龙老师的访谈记录、吴心岳根据陈皓对王之龙夫人欧阳珠女士的访谈记录，以及陈皓对王之龙老师再次采访的记录整理而成，成文后经陈皓增补修改，王之龙老师审读后定稿。

把我调到了纺织局的科研所，后来又被纺织局科研所借调到经济学院。

1980 年，我去美国哈佛大学法学院深造，那年我 51 岁。哈佛人叫我们“Pioneer”，是中华人民共和国成立后的第一批先锋。离开大学已经 20 多年的我，经历了历次政治运动的洗礼，又和刚刚过去的“大革命”中的种种“锻炼”和“改造”相别不久，突然接到去美留学的通知，这是做梦也不敢想的。对于这样难得的机会，我要利用一切可能利用的时间努力学习。除了上课学习，我去法院旁听，去证券交易所参观，去投资公司了解情况，去律师事务所实习，以便尽可能多地了解美国的经济、司法制度以及律师事务所的运营、管理和律师的实务。

回国之后，我在北京市纺织局工作，其间，因一次偶然的机会，我参与了北京经济学院一项课题的翻译工作。由于国家当时要成立一个审计机构，在北京经济学院的经济系开展相关课题工作，当时有印度、美国的相关专家参与，需要语言翻译。1984 年，我正式从原工作岗位调入北京经济学院，加入经济系中的经济法组，从事法学教育与研究工作。在经济系当中，经济法组的人员其实很少。且由于当时北京经济学院还没有正式招收法学方向的学生，刚开始我并没有在本校授课，而是在中国政法大学的研究生院进行法学专业授课。之后，在北京经济学院虽然也上课，但时间并不长，主要教美国法。当时由于并没有系统的相关教材，我就去图书馆查阅资料，寻找适合课堂讲授与讨论的案例、法条解释，拿着案例去教，一个案例对着一个案例讲。

到北京经济学院之后，孙仲鸣副院长和经济法专业的戴凤岐老师让我为学院聘请来的美国纽约州立大学法学教授来校讲课时做翻译。首课日，到场的还有北京一些院校和政府部门以及社会科学院法学研究所的许多知名专家。授课内容主要是介绍美国的司法制度、与经济有关的法律法规，涉及合同、争议解决、反倾销、知识产权、国外投资以及公司法等方面的问题。之后，我又被会计系的满国梁主任借去。当时学院正在为筹建中的原国家审计署举办培训班，参加培训的都是审计署未来的工作人员，授课老师是请的外教。我仍是担任课堂的翻译，同时负责接待和陪同工作。除此之外，我还曾被借到中国社会科学院法学研究所，为该所请来的一位德国法学教授做接待和翻译。

1985年，北京经济学院设立了与纽约州立大学的交换项目。1986年，我作为交换学者第二次赴美，在纽约州立大学的法学院和管理学院教了两年课。当时办理出国手续的流程十分烦琐，孙仲鸣院长知道后，直接带着我骑自行车到当时北京市教委负责人的家中申请。之后，我的出国申请得到了教委批准，并到北京市政府外事办公室申请办理护照和代办美国签证。那时出国机票必须先买好，但是等待这套手续办理完已经到了1986年年初，离美国学校开学日近。一直到飞机起飞前几个小时我才在北京市政府外事办公室拿到了签证。与当时相比，现在的中国变化巨大，一切都变得更快捷、更方便、更好了！中国的富强是改革开放的花，是改革开放的果，也是与那些为了中国的改革开放事业兢兢业业、雷厉风行、积极负责工作的人们的努力分不开的。回想起来，经济学院在20世纪80年代的工作成果是我们今天不能忘记也不该忘记的光辉一页。

我在1988年春节前回国。1990年前后白内障等眼疾干扰了我的正常生活，经过多次手术眼睛终于恢复了正常。我于1989年退休。有很长一段时间，我都不愿、不敢说自己是燕京大学毕业的，因为很长时间我都没有机会从事自己的专业工作。想想，如果你一辈子学这个你没干，你一辈子在这个专业上都没用着，什么想法？后来终于有机会发挥所长，但时日不久就要退休。为了延续这个学以致用的情结，退休后，我和几个年轻人一起办了一个独立的，能为客户提供公平法律服务的合伙制律师事务所，它的名字叫“君合”。

创业初期，很难，没有案源，大家骑着自行车，背着西服出去找案子。虽然困难重重，但工作氛围非常好。我家里的四合院就是我们最初的办公场所。当时我主要负责律所内部管理。我对待工作的态度是十分认真的，管理非常严格。每个律师的评定都要看工作记录，工作记录是有要求的。男士西装领带，女士正装裙装，早上8点上班，没有人迟到。管理制度虽然严格，但人与人之间的关系非常平等，工作之余也很疯很欢乐，一开始大家都没钱，过年过节都在我们家吃豆包、馄饨、炸鸡腿，开联欢会。

创业初期的风格就是要在中国建设一个现代化的私人律师事务所。在当时，大部分律所属于国家机关，律师属于国家工作人员。司法部认为，可以学习美国律所的模式，成立独立的律师事务所，而不是国家机关性质的律所，于是在北京推行“合作制”律所的试行，如经纬律师事务所。而君合律师事务所是完全独立性质的律所，是中国最早的合伙制律师事务所之一。现在，君合律师事务所在世界范围内建立了 14 个办公室，人、财、物统一管理，现在还在不断地成长着。

我们能有今天，是因为我们的事业是正确的，是时代的需要，是改善中国投资环境不可或缺的一个重要环节。我始终认为，在工作中，要做一个有原则的人，坚持真理，一是一，二是二；要忠诚，对国家对事业忠诚；要认真，要勤奋学习，学以致用方能干出一片天地。

2024 年 3 月

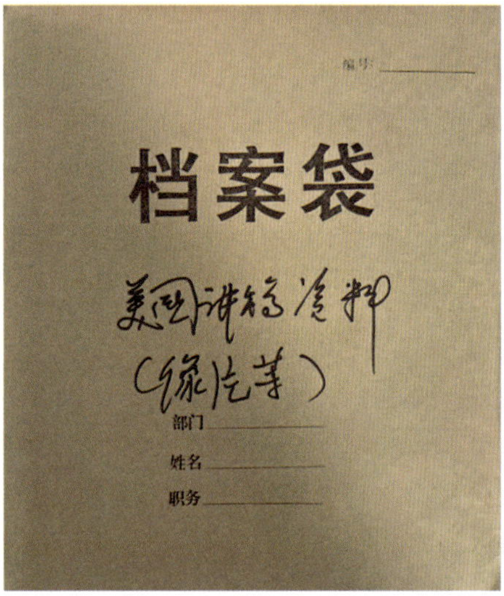

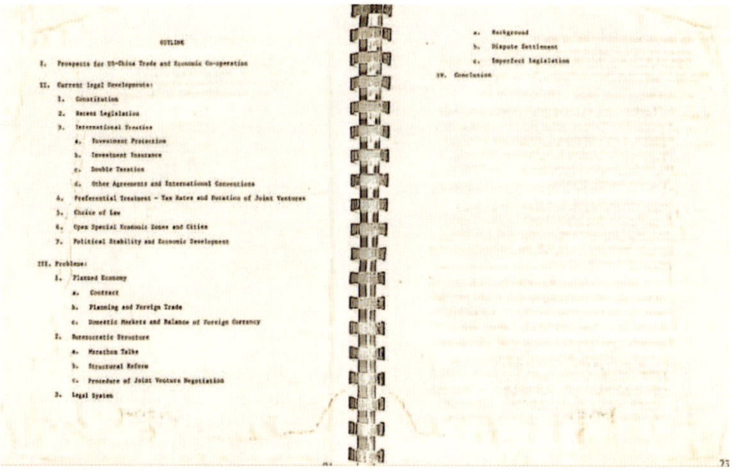

OUTLINE

I. Prospects for US-China Trade and Economic Co-operation

II. Current legal Developments:

1. Constitution
2. Recent Legislation
3. International Treaties
   a. Investment Protection
   b. Investment Insurance
   c. Double Taxation
   d. Other Agreements and International Conventions
4. Preferential Treatment – Tax Rates and Duration of Joint Ventures
5. Choice of Law
6. Open Special Economic Zones and Cities
7. Political Stability and Economic Development

III. Problems:

1. Planned Economy
   a. Contract
   b. Planning and Foreign Trade
   c. Domestic Markets and Balance of Foreign Currency
2. Bureaucratic Structure
   a. Marathon Talks
   b. Structural Reform
   c. Procedure of Joint Venture Negotiation
3. Legal System
   a. Background
   b. Dispute Settlement
   c. Imperfect Legislation

IV. Conclusion

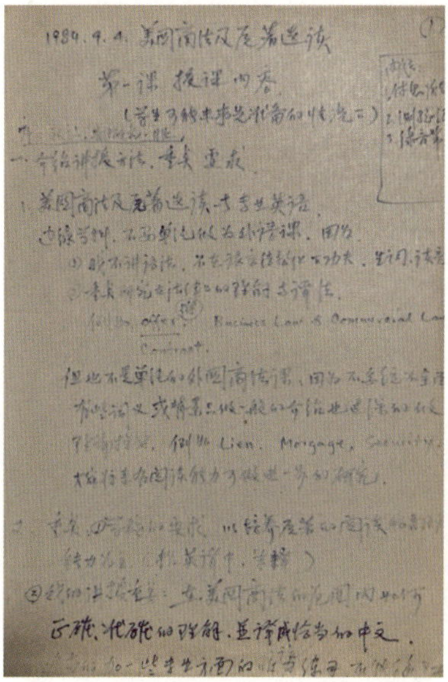

1984.4.4. 美国商法及原著选读

第一课 授课内容

一、介绍讲授方法、重点、要求

1. 美国商法及原著选读——大学生英语

例如 Lien. Mortgage.

正确、优雅的理解，并译成恰当的中文

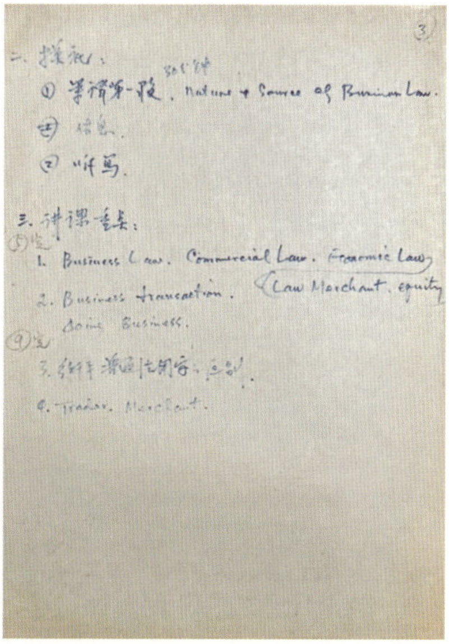

二、授课：

① 导读第一段. Nature + Source of Business Law.

三、讲课重点：

1. Business Law. Commercial Law. Economic Law

2. Business transaction. (Law Merchant. equity

doing Business.

4. Trader. Merchant.

王之龙老师部分自编讲义资料

王之龙老师 1986 年赴美讲学期间的图像资料

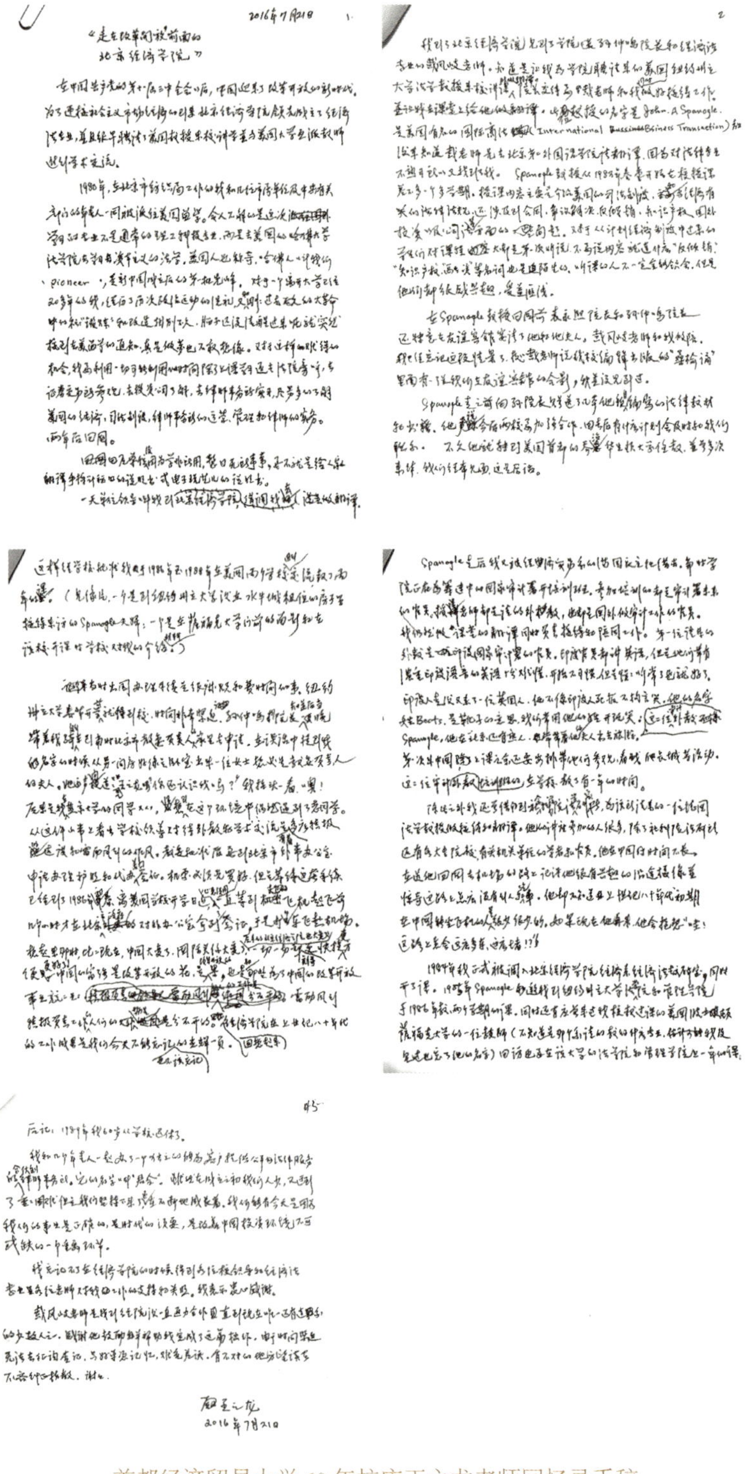

首都经济贸易大学 60 年校庆王之龙老师回忆录手稿

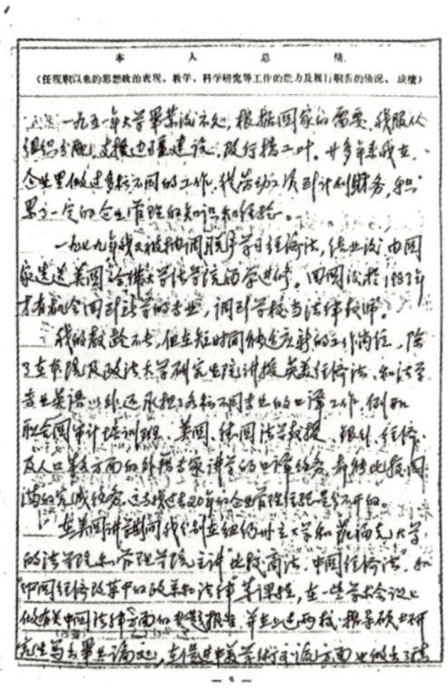

本人总结

（任现职以来的思想政治表现、教学、科学研究等工作的能力及履行职责的情况、成绩）

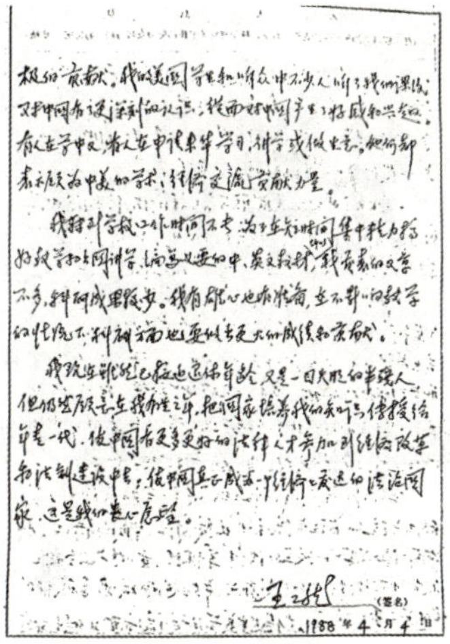

王之龙（签名）

1988年4月4日

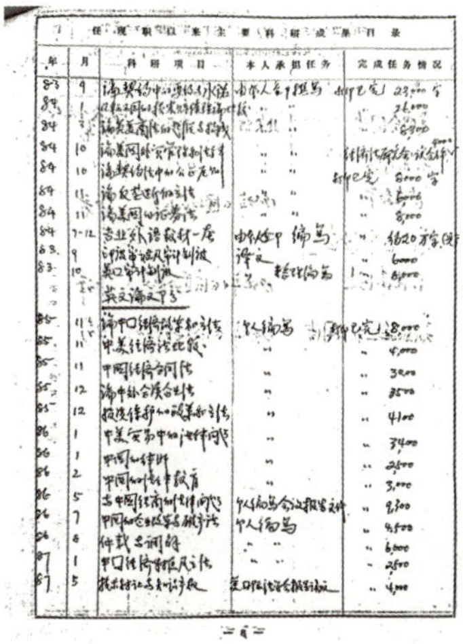

任现职以来主要科研成果目录

年	月	科研项目	本人承担任务	完成任务情况

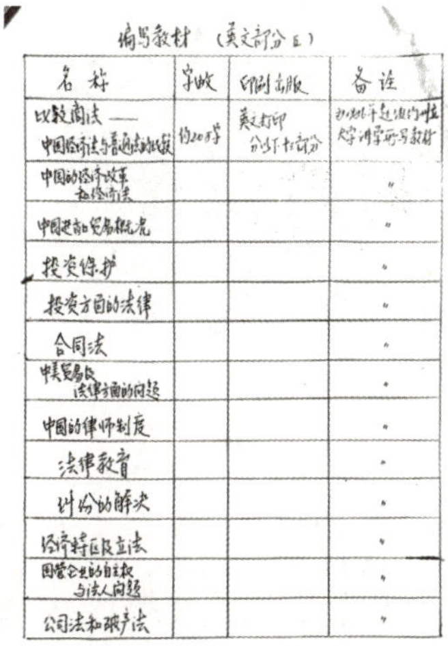

编写教材（英文部分Ⅱ）

名称	字数	印刷 出版	备注
比较商法——中国经济法与普通法的比较	约20万字	英文打印 分订十七部分	和纽约大学法学院合作 讲学研究编写教材
中国的经济改革和经济法			〃
中国进出口贸易概况			〃
投资保护			〃
投资方面的法律			〃
合同法			〃
中美贸易及法律方面的问题			〃
中国的律师制度			〃
法律教育			〃
纠纷的解决			〃
经济特区及立法			〃
国营企业的自主权与法人问题			〃
公司法和破产法			〃

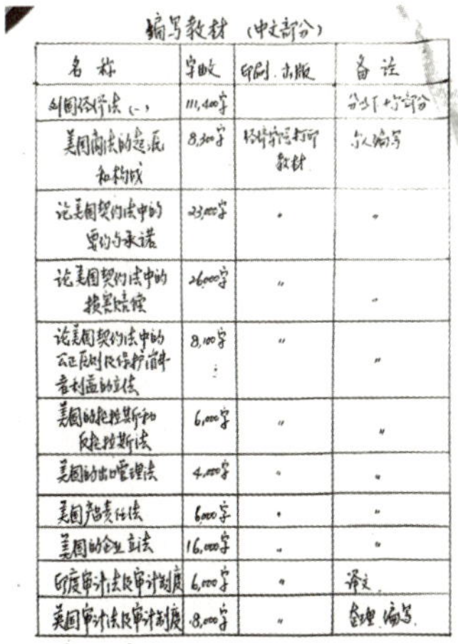

编写教材（中文部分）

名称	字数	印刷 出版	备注
美国经济法（一）	111,400字		分五十七部分
美国商法的意义和构成	8,300字	经济管理系打印教材	个人编写
论美国契约法中的要约与承诺	23,000字	〃	〃
论美国契约法中的按买法律	26,000字	〃	〃
论美国契约法中的欺诈和对价	8,100字	〃	〃
美国的反托拉斯和反垄断法	6,000字	〃	〃
美国的出口管理法	4,000字	〃	〃
美国产品责任法	6000字	〃	〃
美国的合资立法	16,000字	〃	〃
印度审计法及审计制度	6,000字	〃	译文
美国审计法及审计制度	8,000字	〃	合译 编写

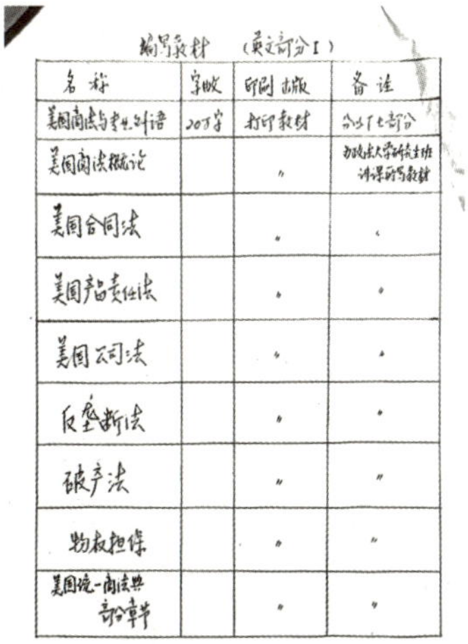

编写教材（英文部分Ⅰ）

名称	字数	印刷 出版	备注
美国商法与专业术语	20万字	打印教材	分五十七部分
美国商法概论		〃	为政法大学研究生班讲课所写教材
美国合同法		〃	〃
美国产品责任法		〃	〃
美国公司法		〃	〃
反垄断法		〃	〃
破产法		〃	〃
动产担保		〃	〃
美国统一商法典部分章节		〃	〃

王之龙老师 1988 年教授职称评定自述资料和著述列表

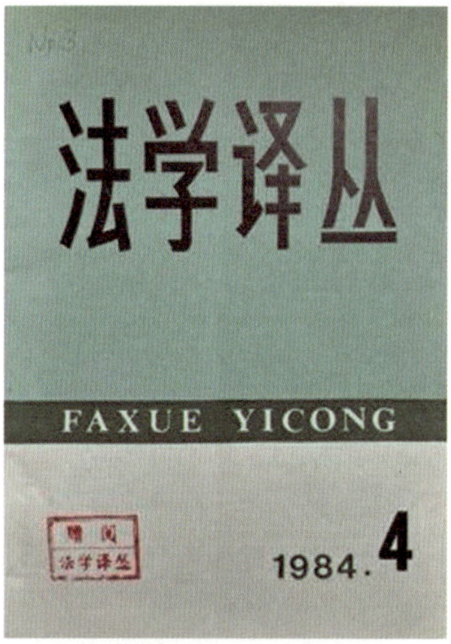

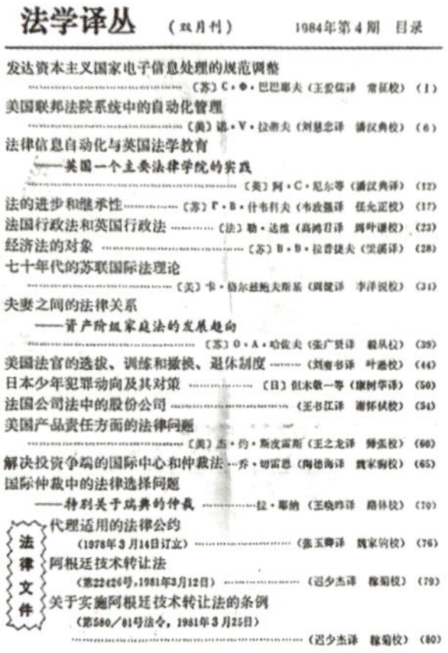

法学译丛 （双月刊） 1984年第4期 目录

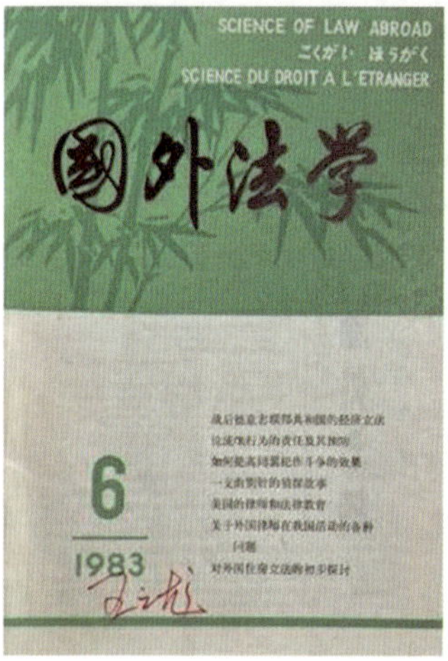

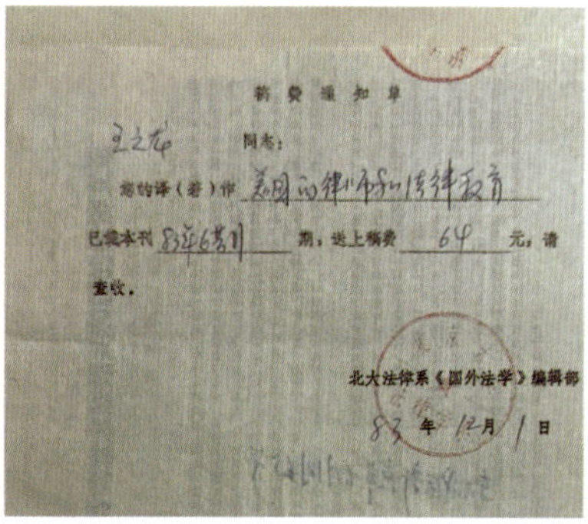

稿费通知单

王之龙 同志：

您的译（著）作 美国的律师和法律教育

已载本刊 83年6期 期，送上稿费 64 元，请查收。

北大法律系《国外法学》编辑部

83 年 12 月 1 日

论美国契约法
中的损害赔偿

王之龙

1983年8月—84 4

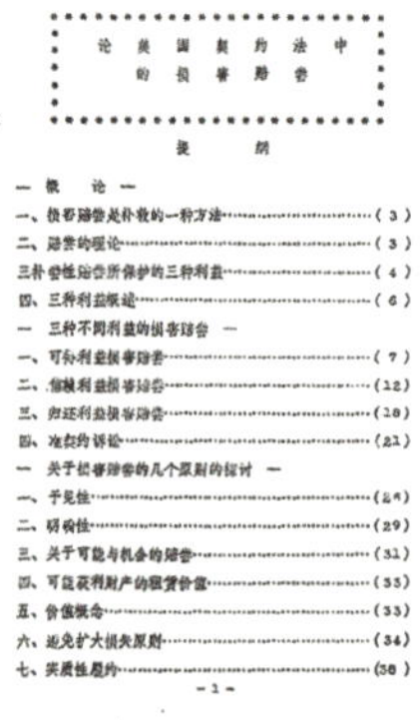

论美国契约法中
的损害赔偿

提 纲

- 1 -

- 2 -

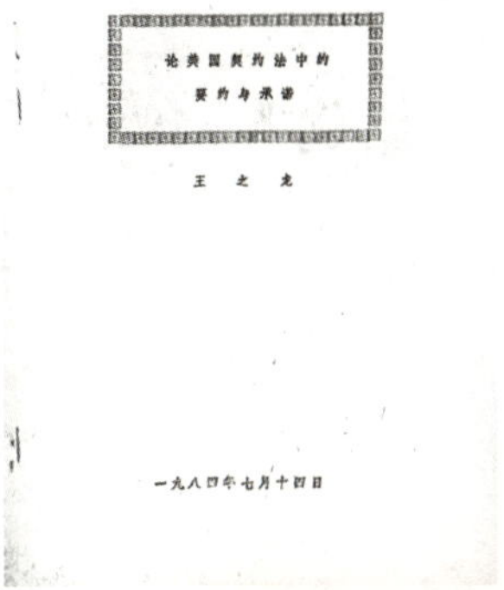
论美国契约法中的
要约与承诺

王之龙

一九八四年七月十四日

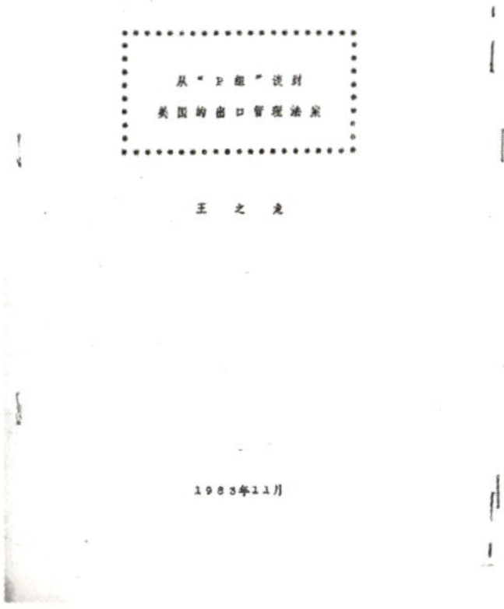
从"D组"谈到
美国的出口管理法案

王之龙

1983年11月

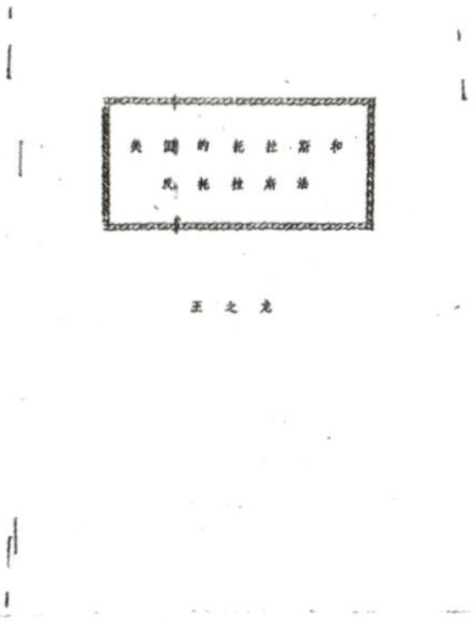
美国的托拉斯和
反托拉斯法

王之龙

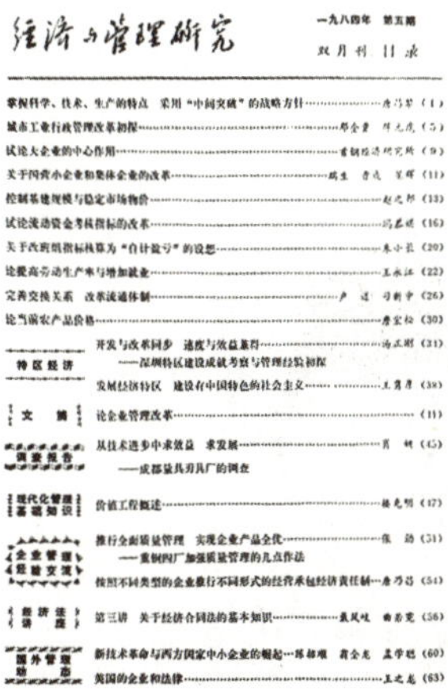
经济与管理研究

一九八四年 第五期

双月刊 目录

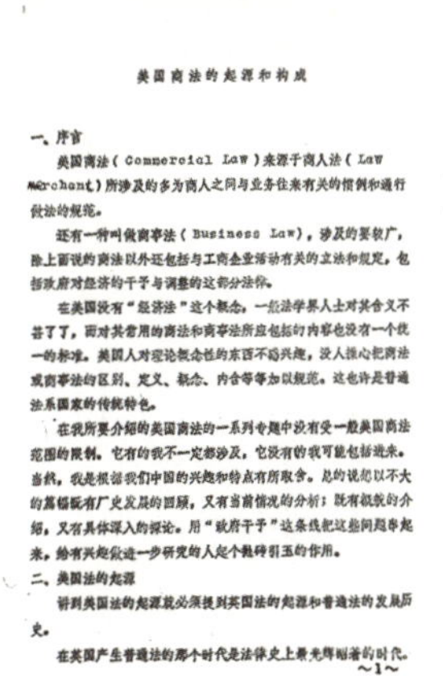
美国商法的起源和构成

一、序言

美国商法（Commercial Law）来源于商人法（Law Merchant）所涉及的多为商人之间与业务往来有关的惯例和通行做法的规范。

还有一种叫做商事法（Business Law），涉及的要较广，除上面说的商法以外还包括与工商企业活动有关的立法和规定，包括政府对经济的干予与调整的这部分法律。

在美国没有"经济法"这个概念，一些法学界人士对其含义不甚了了，而对其常用的商法和商事法所应包括的内容也没有一个统一的标准。美国人对理论概念性的东西不感兴趣，没人操心把商法或商事法的区别、定义、概念、内含等等加以规范。这也许是普通法系国家的传统特色。

在我所要介绍的美国商法的一系列专题中没有受一般美国商法范围的限制。它有的我不一定都涉及，它没有的我可能包括进来。当然，我是根据我们中国的兴趣和特点有所取舍。总的说想以不大的篇幅既有厂史发展的回顾，又有当前情况的分析；既有概貌的介绍，又有具体深入的探论。用"政府干予"这条线把这些问题串起来，给有兴趣做进一步研究的人起个抛砖引玉的作用。

二、美国法的起源

讲到美国法的起源就必须提到英国法的起源和普通法的发展历史。

在英国产生普通法的那个时代是法律史上最光辉昭著的时代。

~1~

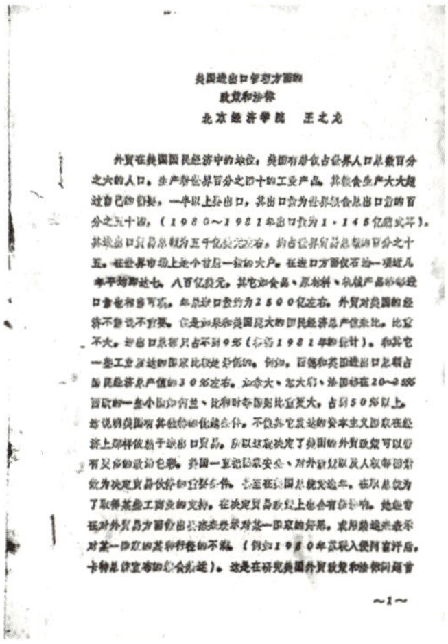
美国进出口管理方面的
政策和法律
北京经济学院 王之龙

外贸在美国国民经济中的地位，美国有着仅占世界人口总数百分之六的人口，生产着世界百分之四十的工业产品。其粮食生产大大超过自己的需要，一半以上供出口，其出口量为世界粮食总出口量的百分之五十四，（1980～1981年出口量为1.145亿吨谷物）。其进出口贸易总额为五千亿美元左右，约占世界贸易总额的百分之十五。在世界市场上是个首屈一指的大户。在进口方面仅石油一项近几年平均即达七、八百亿美元，其它如食品、原材料、机械产品的进口量也相当可观。年总进口量约为2500亿左右。外贸对美国的经济不能说不重要。但是如果和美国庞大的国民经济总产值来比，比重不大，进出口总额只占不到9%（按1981年的统计）。和其它一些工业发达的国家比较是较低的。例如，西德和英国进出口总额占国民经济总产值的30%左右，加拿大、意大利、法国都在20～25%，西欧的一些小国如荷兰、比利时等国比重更大，占到50%以上。这说明美国有其独特的优越条件，不像其它发达的资本主义国家在经济上那样依赖于进出口贸易。所以这就决定了美国的外贸政策可以带有更浓的政治色彩。美国一直把国家安全、对外政策以及人权等因素做为决定贸易伙伴的重要条件。甚至在美国总统大选之年，在职总统为了取得某些工商业的支持，在决定贸易政策上也会有所影响。总统曾经在对外贸易方面作出姿态来表示对某一国家的好感，采用封锁来表示对某一国家的不满（例如1980年苏联入侵阿富汗后，卡特总统宣布的粮食禁运）。这是在研究美国外贸政策和法律问题首

~1~

王之龙老师部分出版物和印刷作品封面及目录的图像资料

张云福

张云福，1941年生，1964年毕业于北京政法学院政法系。1981年任职北京财贸学院，法学教授。2003年退休。

曾任北京财贸学院经济法系系副主任（主管教学）、经济法系总支委员、经济法系学术委员会评委。主要学术任职有中国经济法研究会理事，北京经济法研究会常务理事，北京市金融系统资信评估委员会专家组成员。编写有《经济合同法教学大纲》《市场经济法》等。

张云福

访　谈*

我祖籍上海，父亲在中华书局工作。1954年，中华书局实行公私合营，总公司迁至北京，我们全家就随我父亲到了北京。那时候我上初中了，课堂上答不出问题，因为我说上海话，普通话不行。1960年，我考入了北京政法学院，当时政法学院只有政法和政教两个专业，学校最终把我分配到了政法专业。

毕业后，响应国家的号召，到国家最需要的地方去，到边疆去，我报名去了新疆，被分配到新疆塔城地区公安处政保科。在新疆工作了11年。先是在塔城公安处做内勤，再到新疆农七师毛泽东思想学习班，后又被分到新疆塔城报社，负责采访、写稿、摄影、排版。1976年，我因为家庭原因返回北京，到北京市财政局工作，主要也是做文字工作。1978年全国“拨乱反正”提出政法干部归队，我决心回归政法队伍，于是向上级领导提出申请，我说我原来是搞政法的，希望领导能考虑我原来学习的东西。那时，北京财贸学院成立了经济法研究室，我认为符合我学的知识，可以锻炼提高自己。于是我入职北京财贸学院，成为经济法研究室的一员，开始了自己的教育生涯。

1981年我刚刚来到财贸学院，当时经济法研究室开设的有经济法这门课，但没有独立招生，为了能够招收经济法学生，申请成立了经济法系。在经济法系建立初期，我们面临着两大难题：师资和教材的匮乏。为了解决这些困难，我们采取了多种措施，如积极参加一些经济法学会的工作。因为我们是全国经济法研究会理事单位，有些老师还在全国和北京市经济法、税法等研究会任职，所以我们积极参加各兄弟单位的经济法研讨会。

* 本文由常冰清、吴心岳根据陈皓对张云福老师的访谈记录整理而成，成文后经陈皓增补修改，张云福老师审读再修改后定稿。

我们还作为高等财经院校经济法研究会的发起单位，以东道主的身份在北京召开了全国财经院校经济法研讨会。我们的努力最终得到了回报，学院的经济法学科在北京乃至全国都赢得了声誉。此外，我们还组织老师们编写教材，对新加入的教员进行了有关经济法教材编写的培训，在编写经济法教材时，我们坚持实用和前瞻性原则，解决了教学的急需。这些活动为经济系的创建和发展奠定了基础。

回顾 20 世纪 80 年代和 90 年代中国的经济法研究，我认为这是一个新兴法律部门的成长期。那时，我们不仅专注于对经济法基础理论的研究，如经济法的定义、调整对象、范围和立法原则，而且还关注如何加强经济法制建设的研究，如打击经济犯罪的立法问题。我个人也在报刊和杂志上发表了不少文章，分享我的研究成果。对于学生的培养，同样是理论和实践并重。学生社会实践的主要领域是司法机关、法院经济厅、大型国有企业和律师事务所。这些实践经历为学生们提供了理论联系实际和接触社会的平台。

给我印象最深、让我反复回忆的是我的第一堂经济合同法课程。在那之前我从未上过讲台，更没有面对过高校的学生。为此我做了充分准备，我琢磨怎么让学生喜欢听我的课，尝试用案例引导学生思考。讲义写好后，我请老教师把关，然后反复练习。课程中列举了当时市场活动中出现的一些企业未经登记而设立、乱签合同、欺诈等违法现象，由此我开始介绍合同法知识，再帮助学生学习运用这些知识处理相关问题。这种方法引人入胜，使学生对学习合同法兴趣大增，听课的学生始终不减。毕业后，有的学生对我说：老师，您讲的合同法对我们最有用。

20 世纪 80 年代和 90 年代，这段时间是我人生道路上最值得回忆和思念的时期，是我从进入高校学习、成长到立足的阶段。我从普通的教员，到评为讲师、副教授、教授，并且在行政岗位上担任了经济法系副主任的职务，应该说我的事业发展还算顺利。我从事教学工作平均一年达 300 课时，有本科、函授、业大，以及各种培训班的课程，工作量非常充实。在完成教学任务的同时，在科研方面，我先后撰写并正式发表论文 10 余篇，其中，有的论文被《经济法制》杂志社评为优秀论文，在本院也获得了科研论文二等奖和综合科研成果一等奖。我主编的教程《市场经济法学》获得同行专家的肯定。这段时间也是我校经济法在北京乃至全国高校中蓬勃发展，大步向前的时期。

从事教育事业30余年的时间里，我把我的一生献给了首都经济贸易大学法学教育，我也从中一步步成长，教育工作同时也塑造了我。作为一名教师，最首要的任务是教书育人，所以我们对自己必须从严要求，必须与党的路线方针相一致，讲堂上不能胡说乱说。平时的话语也要维护党的威信，这是最起码的教师要求。仪表、穿着、板书、上下课时间都不能马虎。其次，讲课要准备好，要讲得通俗易懂，生动活泼。我十分注意相关案例收集，灵活地运用到讲课内容中。我长时间担任系副主任，主管教学工作，教学管理工作涉及很多细致烦琐的事务，所以遇事需要多和教师商量，需要在交流中抱着谦和的态度尊重教师，只有依靠全体教员齐心协力，才能把教学工作做好，绝对不能自以为是。

对于大学里的法学教育，我认为首先要定位正确。从教育的层次上，大学是高等学府，培养高等人才，从本科、硕士到博士，这些人才既需要掌握本领域的基础知识，又要能从事实际工作，还要培养其进一步进行理论科研的能力。同时，这些人才应该是德才兼备的。大学生要树立为谁学，怎样学的观念。必须是在党的领导下，为中国的现代化实践而学习，忠心为人民服务，德智体全面发展。学校要为大学教育创造良好环境，围绕德智体全面发展创造各种条件，创立各种学术活动组织，为学生提供参加相关社会活动的平台，如搞好模拟法庭、组织好社会实践等，使学生在大学期间身心健康发展，成为知识雄厚、全面发展的人才。

关于首都经济贸易大学法学院的特色，我认为我们应当始终立足于服务首都经济法制发展，我们的目标是为首都乃至国家的经济发展培养高质量的法律人才。法学院未来的发展在学科建设方面，要以高水平学科建设为龙头，形成经管法文理工相互支撑、协同、促进的高水平学科群。具体讲还是两个方面：一是教学，即师资队伍的建设。二是科研，即有承担国际与国内经济贸易相关项目的科研力量。要建设国内一流、国际知名的高水平研究型的财经大学，除本院的本科教学、科研工作外，还应面向全国乃至国际方面的相关学术、学科。我们要发挥学院全体教师的聪明才智、奋斗精神积极参与，要具有我们经贸学校的特点，因材施教，培养工作型人才，培养与国际接轨的高端人才，时刻关注国内外经济贸易的新话题（我注意到我们刚刚建立了廉政法治研究中心），此外也要多关注网络犯罪、走私犯罪、聚众赌博、环境保护等方面的法制研究，成立研究中心，开展理论研究。

一个好的学术研究集体应当有一个团结的领导班子、一支坚定而勤奋的科研队伍，以及显著的研究成果，这三个要素共同构成了优秀学术研究团体的标准。首都经济贸易大学法学院应当建设成为特色鲜明、国内有影响力、国际知名的高水平研究型财经大学，提升教学和科研的水平，发挥我们的特点，培养适应国际新形势的，既能做好实际工作，又能从事理论研究的综合型人才。衷心祝愿我们的法学院越办越好。

張文福

2024 年 3 月

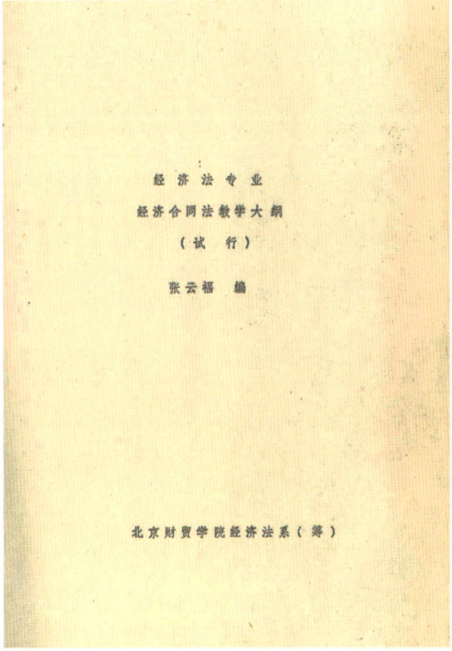

经济法专业

经济合同法教学大纲

（试行）

张云福 编

北京财贸学院经济法系（筹）

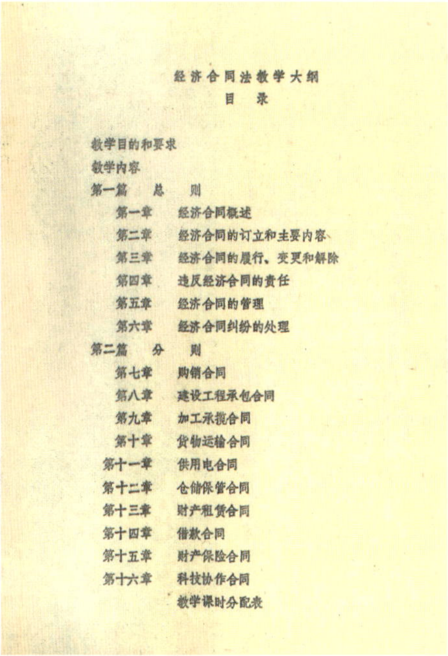

经济合同法教学大纲

目录

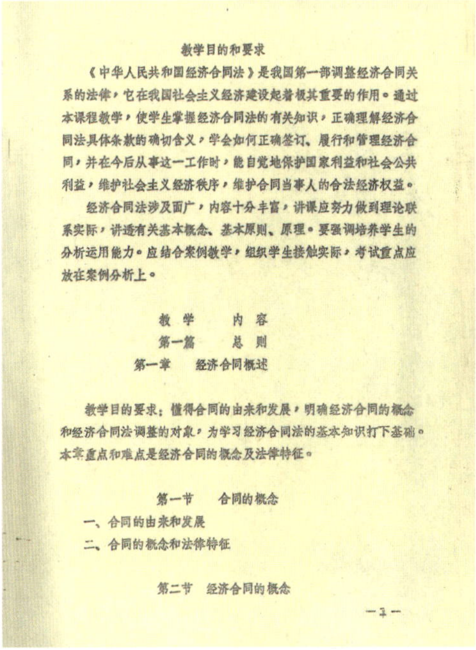

教学目的和要求

《中华人民共和国经济合同法》是我国第一部调整经济合同关系的法律，它在我国社会主义经济建设起着极其重要的作用。通过本课程教学，使学生掌握经济合同法的有关知识，正确理解经济合同法具体条款的确切含义，学会如何正确签订、履行和管理经济合同，并在今后从事这一工作时，能自觉地保护国家利益和社会公共利益，维护社会主义经济秩序，维护合同当事人的合法经济权益。

经济合同法涉及面广，内容十分丰富，讲课应努力做到理论联系实际，讲透有关基本概念、基本原则、原理。要强调培养学生的分析运用能力。应结合案例教学，组织学生接触实际，考试重点应放在案例分析上。

教学内容

第一篇 总则

第一章 经济合同概述

教学目的要求：懂得合同的由来和发展，明确经济合同的概念和经济合同法调整的对象，为学习经济合同法的基本知识打下基础。本章重点和难点是经济合同的概念及法律特征。

第一节 合同的概念

一、合同的由来和发展

二、合同的概念和法律特征

第二节 经济合同的概念

—1—

张云福老师编著的《经济合同法》部分档案资料

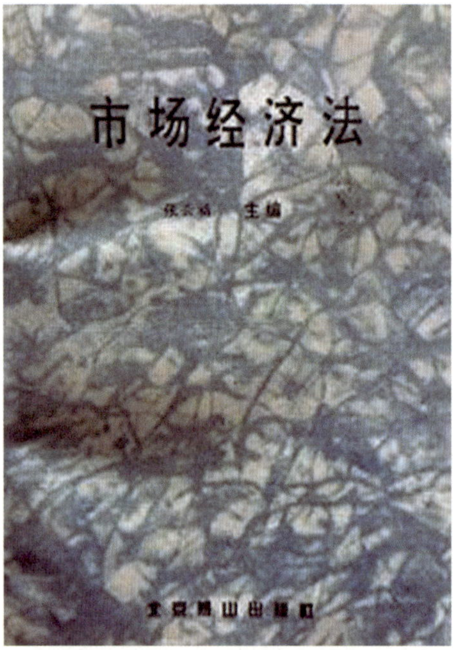

张云福老师任主编的《市场经济法》的封面

张云福老师任副主编的《经济法概要》的封面

戴凤岐

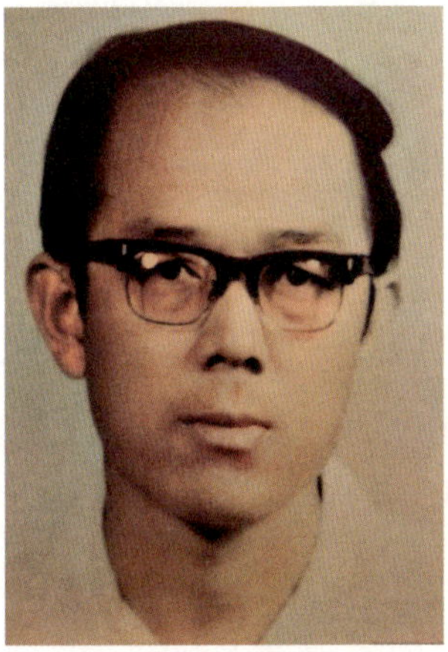

戴凤岐，1941年生，首都经济贸易大学法学系原系主任，法学教授。

1963年毕业于中国政法学院。1963-1977年任密云溪翁庄中学教师。1977-1980年任北京市第三中学教师。1980年就职北京经济学院，参与创设经济法专业，讲授经济法等课程。1997年起任首都经济贸易大学法学系系主任。2004年退休。

撰写论文《国民政府经济立法述评》《大清商律及其修订始末》《关于企业法人财产权的若干问题》《论我国经济法的原则》《论经济体制改革与经济立法》等，著有《经济法》，合著《中国当代经济法论纲》等。

曾任原国家建设部法制工作顾问、中国民法经济法研究会干事、北京市经济法研究会副会长等。参加《国家城市规划法》《城市房地产管理法》《抗御地震灾害法》等法律的起草和论证工作。

戴凤岐

访　谈*

我从小就喜欢历史。我们小时候没有什么娱乐，课外读物也很少，家里有条件的自己买，没条件的就这借点、那借点。我上小学是 1947 年，还不到 6 岁，现在北京市最有名的小学，东城区的是史家，西城区的是黄城根小学，那就是我的小学。小学语文课本的第一课我还记着，叫《来来来，来上学》。后来在这个小学就读了半年，又搬家了，我也换了学校，换的学校也不错，叫福绥境小学。福绥境是北京市挺有名的一个街道的名字，过去北京有句老话："全国看北京，北京看西城，西城看福绥境。"就说这福绥境街道多厉害。现在这街道已经撤销了。1949 年以后，解放军进城，全面接管了北京市的中小学，我们的校长也变成一个解放区来的老太太。我现在还记得，那老太太个子不高，说话挺有文化的，我们的老师也换了一批。

我 1959 年通过高考进入北京政法学院学习。报考政法学院的原因太有戏剧性了，我爱串书店，串旧书店、旧书摊。有一次我在西单商场的一个旧书店翻出一本北京政法学院的刑法教材，老师自编的那种，书里的案例分析把我迷住了，最后怎么判？为什么这么判？上初中的时候我就有了一种印象——这学校挺好。

1963 年毕业后我去密云教书十多年。1977 年从密云调回母校北京市第三中学任教。之后我决定报考北京大学的法制史研究生，有人给我推荐找关乃凡老师复习温书。关老师建议我写点东西，我当时写的是《陈涉庸耕辩》。虽然我落榜没有考上，但关老师对我的研究能力还是有印象的。1980 年，时任北京经济学院教师的关乃凡老师把我推荐到北京经济学院参与创立经

* 本文由戴凤岐老师自述《喜借天时敢为先——经济法专业创业散记》，季冬梅、王静、董楠根据对戴老师的访谈记录，松婉祺、李现慧祺根据陈皓对戴老师的访谈记录整理而成，成文后经陈皓增补修改，戴凤岐老师审读再修改后定稿。

济法专业。

关乃凡先生正是我院经济法专业的主要创立者和领军人物。此外还有邱宏铮、龚建礼先生，在当时学界也是知名度甚高的学者。关老师，1928年生人，大学期间学习经济专业。其后他投身革命事业，在华北解放区工作。中华人民共和国成立后任教于北京政法学院，从事中国法制史的教学和研究。20世纪50年代，我国审判日本侵华战争罪犯时，关老师曾作为被告人辩护团律师参与了审判过程。此后，囿于那一时期的政策、路线、环境，他曾遭受不公正对待，经历多有坎坷。1978年后进入复校后的北京经济学院工作。经济法理论传入我国后，关老师以其对新生事物的敏锐观察力和敢为天下先的勇气，向学院建议，并在院党委的领导和经济系的支持下，从1979年后半期即开始了经济法学和经济法专业的创建工作。我就是在这一时刻，于1980年8月底由关老师领入北京经济学院和经济法领域的。当时我算中年了，40岁。

创建一个新学科与新专业，第一要务是汇集专业师资与人才。为尽快建立起一支经济法学师资队伍，关老师通过挖掘各种关系及疏通各种渠道，查找到一批老师的信息，并一一与之联系，或登门恳谈，或热忱致信相邀。在关老师的引领下，我成为第二个加入经济法专业筹备工作的人员。印象最深的一件事，就是我在路上整整一天，坐车又转车，去河北大灰厂找到王罔求老师，并把学校的调令送给他。东拼西凑之后，终于初步组建成一支学科队伍。关老师又陆续“招兵买马”，广纳贤士。随着王之龙、高宝华等老师的加入，学科队伍才逐渐壮大起来。在此基础上，开设了一些专业课程，组织筹备专业申请的事情。

1983年，原国家教委正式批准北京经济学院设置经济法专业。次年，学校招收第一批经济法方向的学生。为了准备经济法的教学课程，我开始恶补经济学，与学校经济学方向的其他老师互相交流。在我的记忆中，这门课程最早是在20世纪70年代末，由当时的湖北财经学院的老师们开设的，以后北大、人大、政法大学亦开设了此门课程。我在给学生讲授这门课程之前，好不容易找到了湖北财经学院编写的一本薄薄的油印讲义作为参考，然后每周去北大听杨紫煊、刘隆亨二位先生的课。

1993 年，学校建立经济法学硕士点。经济系正式招收了第一届硕士研究生，但仅招收了一人，因为前几年的招生考试中考生并不知道我们学校有这个专业，后来河北财院由于自己没有硕士学位授予点，送来一个学生，请我们代为培养，那段时间学校之间代为培养的情况挺多的。由此，我们学校第一届硕士研究生招了一个学生，但授予了两个学生硕士学位。在经济学院和财贸学院实质性合并之前，财贸学院并没有硕士学位授予点，就委托经济学院代为培养，在当时教委也是同意的。后来几年也一直延续了这种政策，以经济学院的名义招生，经济学院与财贸学院共同培养，财贸学院以沈老师为代表，我与财贸学院的沈雯辉老师从 20 世纪 80 年代交往就很深，经常在一起探讨教学任务。

1997 年两校实质合并，以首都经济贸易大学的名义名正言顺地开始招生，一开始是经济法系，后来更名为法学系，我是第一届系主任。工作的难点在于合并的磨合，那时有些名利之争，通俗意思就是到底是财贸学院沾了经济学院的光，还是经济学院沾了财贸学院的光。其实两边都差不多，意识到这个问题，我就尽量把两边的利益都照顾到。考虑到双方老师并不是很熟悉，那么就需要大家多接触，后来大家在一起办公、一起开会、一起外出进行集体活动。比如在开办新课程的过程中，将双方的师资整合起来，一起授课，增进双方的感情。合并之后学校的法学系初始师资力量大约有 20 人，后来又陆陆续续有许多青年教师加入，发展到今天，已经形成了一支成熟稳定的队伍。

当时我到北京经济学院的第一件事，是学校派我到天津旁听天津市中级人民法院经济庭审理的“渤海二号”沉船一案。回学校之后按照院系惯例，我向全体人员做了一个汇报，详细介绍了案件情况，大家都听得津津有味，学院认为我当老师是没有问题的。回到院系教学工作上，我的第一要务就是把自己的知识补足。

经济法是什么时候起源的？经济法为什么传入中国，并能在中国发展这么快？其实中国的经济法最早是从日本传入的，金泽良雄教授的著作是最早被翻译到中国来的。我入门时接触的第一位外国经济法学家，就是日本的金泽良雄。日本法与中国法在很多地方有共通之处。我深入研究以后开始论证国家到底要不要介入、干预市场。20 世纪八九十年代经济法刚传入中国的时候争议很大，争议的点在于经济法是不是独立的法律部门。我坚决主张经济法的独立性，根本原因是其具有独立的调整对象。民法调整横向的市场交易，但是经济法调整的是管理型上下级的纵向关系。中国当时是有计划的商品经济，统收统支，统购统销，所以当时争论的焦点是经济法调控、管理的程度。我认为可以干预，但不能干涉，不能命令，我后来在书里说不能把经济法当成行政法。

20 世纪 80 年代、90 年代是我最有精力、生命力最旺盛的阶段，那个时候写东西最多。那一段时间我研究的重点是财产法国企改革。我不赞成“一锅端”说，国有资产要退出全部经济领域，这种主张太极端了，这还是社会主义国家吗？我认为要有选择地退出，涉及国民经济命脉的金融、财政等不能全部私有化，需要靠国家主力军。这在当时争论是比较大的。除此之外，1987 年我受聘为原建设部法制工作顾问，参加了涉及城建、环保、房地产等方面的多项法律、行政法规、部门规章的起草、论证工作。

令我难以忘怀的是两次研讨。一次是 1988 年 5 月 29 日在青岛研讨论证《城市房屋拆迁管理条例（草案）》，我仔细审读了草案后，提出意见和建议，觉得内容偏重对被拆迁人的安置和赔偿，但相对的另一面，即拆迁方的保障相对欠缺和不足，应当修改补正。经过讨论决定，重新起草草案。最后 1991 年 3 月通过颁行了《城市房屋拆迁管理条例》。此条例实施了一段时间后，耳闻目睹各地多发了拆迁安置补偿纠纷，我刻骨铭心地深感内疚。因为 20 世纪 80 年代我主要是关注、研究国有财产权益保护，对公民财产权关注、研究不足，较为忽略，自感在该条例的通过颁行上虽然我不起决定性作用，但与当年我在青岛论证会的意见有一定关联，觉得自己的思考、研究不全，有愧于民众。此后应以此为戒。

另一次难忘之事是 1989 年《城市房地产管理法》的草案论证。该法草案的论证会分别为三次。首次论证会是原建设部主持的，除了本部领导和相关起草人员、法制工作人员外，也邀请了与城市建设密切相关的土地、规划设计部门的专家协同进行。论证会一开始，对房地产业的管理即产生了重大歧义：土地部门主张由土地管理部门管理，建设部门则主张由建设部门管理。双方争论尖锐对立，而且充满激情。一方说，房子要建在土地上，没有地在哪儿盖房盖楼？另一方说，城市土地上没有房和楼，何来价值可言？因为事先我已经审读过草案，故也较早作了发言，主要提出制定本法有三大难关：其一，学理障碍。本法主要涉及的是不动产土地和房屋，但有关不动产物权，应属民法物权才有资格规定的，本法不宜涉及。其二，体制困局，即主管部门的确定。按当时国务院机构改革后的分工，建设部和土地管理局哪一家也难以单独管理房地产，除非是二部门再合一，这也是不现实的。因此应承认现实，两家分管，“铁路警察各管一段”。一家管土地证，一家管房产证。其三，政策难题。房地产市场形成后，外资、港资等房地产商可否进入内地市场？此问题不是本法单独能规定的。对此应当早有预测、预案。第二次也是第二级论证，是草案上报国务院后，国务院法制办安排组织的论证会。其情形和第一次论证会大同小异。我的发言只是略有微调。第三次论证会，是国务院将草案报全国人大常委会后，由全国人大常委会法工委主持，参加者除国务院原法制办派员外，大体上是前两次参会的部门人员。我难以忘怀的原因是这三级法律论证会我有幸全程参加，而且论证的是国家层面的“法律”，这也是我为法制建设提供的绵薄之力。

2004 年我正式退休，退休以后我跟学院说别再排课。当时有德育教研室，负责全校各专业的政治公共课。我便开始给各专业师生，包括理工科的、财经科的学生讲公共课，讲法律基础、经济法。学生们爱听，包括他们的老师也爱听我的课。

工作对我意味着什么？防止衰老。我能做的是，我能沉下心来。写《大清商律》时我在明清档案馆坐了两个月。做历史研究的，有两种态度：一种是进入当时的历史情境探究一番；还有一种是一切历史都是当代史，它的价值在于回应现在的问题。我平时接触到的各种信息、材料都会被我分门别类地收集到不同的文件夹里，像我喜欢历史，就会区分是中国通史还是断代史，是综合的还是单独的政治、经济、军事、外交的，在文件夹里详细分类，有助于研究、思考。

对文史的爱好，得益于我高中时期的授业恩师孔凡礼先生，他是对我成长、发展到今天影响最深远的人士。在我看来，孔凡礼先生是当代研究苏轼父子的第一人。他留给我的不仅是文史知识，更是他的人格和精神魅力。先生一生坎坷，历经几多磨难，最终在苏学研究领域成为享誉世界的大学问家。他的人格和精神魅力可浓缩为两句骈体文赠我的友人：耐得寂寞，安于清贫。唯有如此，人的一生才能有所成就，不负此生。虽然先生生前连中学高级教师也没有评上，但我认为人的价值不在于他人的评价，而在于自己的作为。

我特别赞成一个主张，如果想要提高，不要做一门，也别做一种，最好杂学。我历来主张学生、年轻老师学杂点没关系，做经济法研究教学，必须法学、经济学的底子都要扎实，不能偏废。眼界要宽，专业要深。不能只守着自己的“一亩三分地”，需要见得多，听得多，了解社会是怎么运作的，关注社会的焦点问题，都需要自己的观察。做学问有两条路，一条路是从前人的资料中汲取知识，特别是学习文史类的；另一条路是自己亲身从社会中考察。另外，见闻多了需要自己会做选择，选择自己喜欢并且有意义、有价值的事情去做。

戴凤岐

2024 年 4 月

戴凤岐老师（后排右三）参加1985年华东地区财经院校第三次经济法教学研讨会留影。此次会议为关乃凡老师主编的《中国经济法教程》定稿的研讨会

此会于1998年在中央党校召开，第一排左起第一人为戴凤岐老师，隔一人的老者是北京财贸学院经济法专业的开创者焦廉成老师

1998年春季在昆明召开的“抗御地震灾害法”专家论证会，正在欠身讲话者为戴凤岐老师，其右侧坐着的老者是中国政法大学自然资源法和环境保护法等学科的创始人罗典荣教授

1987年秋，戴凤岐老师受聘为建设部法制工作顾问

李新新

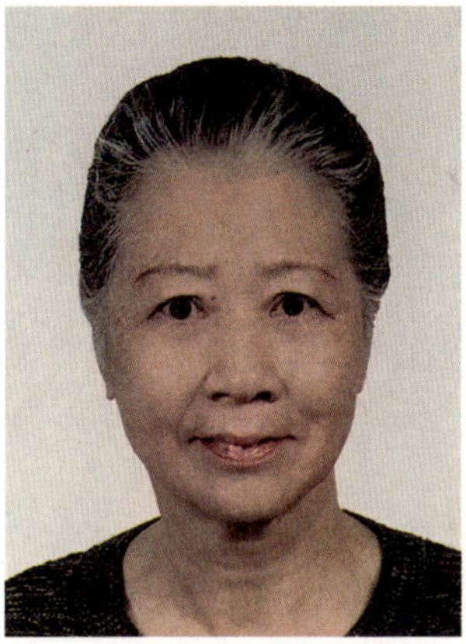

李新新，1942年生。1965年毕业于北京政法学院，1985年任职北京经济学院。1990年赴西藏大学援教，讲授司法文书、中国法制史、知识产权法课程。2002年退休。

写给朱治*

少时学伴远方来，
家舍厅门为君开。
隔山隔水重相聚，
谈天谈地乐开怀。
只叹楼空事如烟，
又喜人去物犹在。
劝友别后书千纸，
多写青山多写爱。

李新新于一九九五年三月

* 朱治为李新新老师的同学朋友。——编者注

李新新

访　谈*

我原籍不是北京，但是我生长读书全在北京，应该算北京人吧。我的母亲是京剧演员，在北京京剧团工作，专门给知名的京剧表演艺术家马连良、谭富英、裘盛荣三人配戏。我的父亲是军政人员，是爱国将领冯玉祥的秘书长。冯玉祥将军遇难后，我的父亲积极投身革命事业。1949 年上海解放前夕，因“通共嫌疑”被国民党反动当局逮捕，经营救出狱。中华人民共和国成立后，定居北京，任中国国民党革命委员会团结委员、浙江省政协委员、全国政协第四届全国委员。

1965 年，我从北京政法学院毕业，分配到密云一个中学当政治老师，在密云待了 4 年。“文化大革命”期间我随爱人来到合肥工作，当时他在中国科学技术大学工作（1969 年中国科学技术大学迁至安徽合肥）。“文化大革命”之后，我爱人又被调回北京，在中国社会科学院工作，我也随之回到北京。1985 年，经戴凤岐老师介绍，我入职北京经济学院，教法律文书课程。为了讲好这门课，我重新回到北京政法学院，听帅酝庭老师的课。跟着听课后，再给学生上课。课上分析各类判决书、辩护词，同时结合典型案例，效果还不错。

1990 年，学院派遣我到西藏大学进行援教工作，我主要负责讲授经济法。在西藏度过了一个学期的时间，这段经历对我来说印象深刻。一个是那里的自然环境与内地截然不同，确实不太适合我们内地人。记得有一次，我和几位同事吃完饭后外出散步，突然刮起了一阵风，我们急忙往教学楼跑去，当到达教学楼时，已经气喘吁吁。但是当地的学生却能够适应这种环境，西藏的学生还定期开运动会。因为他们从小就生活在那里，与我们有着截然不同的体质。除

* 本文由郁再贵、松婉祺根据陈皓对李新新老师的访谈记录整理而成，成文后经陈皓增补修改，李新新老师审读后定稿。

此之外，西藏的风土人情也与内地有很大的差异。当地的生活习惯、文化传统和社会习俗都让我感到新奇和有趣。尽管我在援教期间遇到了很多挑战和困难，但这段经历也让我收获了很多宝贵的回忆和体验。

1995 年，北京经济学院和北京财贸学院合并为首都经济贸易大学。合并之初，我感觉很不适应，因为我在老校区上惯了课，到一个新的环境就感觉特别陌生。而且我的性格比较内向，对财贸学院的老师还不熟悉，大家聚在一个大办公桌前开会，都只是点头之交。不过相处时间长了，我对一些老师还是有很深的印象。比如刚刚退休的王德山老师，他真是个大好人，无论何时何地，只要有人求助于他，只要他能办到，他总是毫不犹豫地伸出援手。他的这种乐于助人的精神让我敬佩不已。再如焦志勇老师，聪明能干而且非常幽默，什么场合他都能逗得大家哈哈大笑。还有戴凤岐老师，他比我大一岁，比我高两届，他是政法系，我是政教系，财贸学院的张庆和老师也是政教系毕业的。

我特别热爱我的工作，作为一名教师，我深感满足和快乐。我觉得自己非常适合这份工作，尤其是作为一名大学教师。工作让我感到充实和有价值，它赋予我责任感和使命感。如果没有工作，我会感到空虚和无所适从。我已经习惯了这样的生活方式。我也喜欢给同学们讲课，每次站在讲台上，都希望能够将我所知道的知识全部传授给学生。我经常在课堂上即兴发挥，不然只是照本宣科，没有感染力，这样上课的效果就不好了。在所有的课程中，我最喜欢的是知识产权法，尤其是著作权法，因为我觉得它涉及的面很广，包括对文学著作的保护，这样我就能用文学名著来给学生讲课。但遗憾的是这门课我教得太晚了，只带了三届学生。

退休之后，我也没闲下来，在外面兼职讲授注册会计师的辅导考试，我主要负责经济法的内容，虽然它叫经济法，但是这里头不全是经济法，还有会计的知识。而且讲授辅导课和一般的课讲得可不一样，你得告诉学生考试的重点和技巧，也就是所谓的“题眼”。这对我来说是一个跨专业的挑战，因为我之前教的是经济法概论和法律文书，而现在要讲的是会计。但我有一个特点，只要我认为我不懂的东西，就会毫不犹豫地向年轻人请教。

所以，当时我就去找了会计专业的老师，向他们请教我不懂的问题。

我热衷于阅读，特别是俄罗斯文学。回忆起来，小学时期，我初次涉猎了托尔斯泰的《复活》，那本书为我打开了俄罗斯文学的大门，让我对此产生了浓厚的兴趣。大约是在初一或初二的时候，我读到了《钢铁是怎样炼成的》。这本书对我的人生产生了重要的影响，是我最喜欢的文学作品。进入大学后，我更是利用课余时间，经常带着一个馒头，去图书馆阅读托尔斯泰、陀思妥耶夫斯基、屠格涅夫这些作家的作品。随着我阅读的作品越来越多，我开始深入研究 19 世纪俄罗斯文学史，希望能够更好地理解这些作品背后的时代背景以及作者的创作动机。

有人问我，人生中最应该看重的事情是什么？我想最应该看重的当然不是名利，而是我学到了多少东西。比如说我最崇拜的就是赵元任，他是个全才，精通英语、法语、德语等外语，对自然科学、社会科学、哲学、音乐、美术都有研究，是中国现代语言学先驱，同时也是中国现代音乐学先驱。所以，人这一辈子，知识才是无价的、最重要的，活到老学到老，能学到手的才是你的本事、你的价值所在。

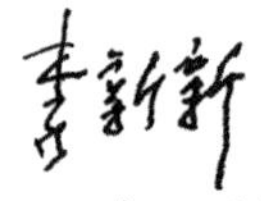

2024 年 3 月

甘秉厚

甘秉厚，1947 年生。1968 年入伍，在原陆军第 16 军直属炮兵团服役，1970 年加入中国共产党，历任战士、营部书记、政治处宣传干事、营副教导员、营教导员。1985 年转业到北京经济学院，先后在人事处、党办工作，1998 年担任首都经济贸易大学法学院党委书记。2008 年退休。

甘秉厚

访　　谈*

我老家在安徽九华山，高三那年考大学，志愿都填完了，结果没法考了。这时正赶上部队征兵，我就按要求入伍了。入伍时 20 岁，部队在原沈阳军区。刚当兵不久，就发生了珍宝岛事件。那时候我们那个团是炮兵团，去了一部分人。参加抗美援越时，我们部队去了一个高炮团。后来又参加对越自卫反击战，我所在炮团的任务就是保卫大庆。唐山大地震后，我们参加了抗震救灾。

1968 年，我入伍后先在连队当兵，后调到团政治处当报道干事。因为我在连队属于文化水平比较高的，平时也会做一些宣传工作，写一些标语，出黑板报。我的板报出得非常好，团政委看了之后在全团大会表扬。人做一样事情呢，就要认真钻进去。为了把板报做好，板报字不管是仿宋体，还是隶书体，大的小的字我都能写好。为了把插图搞好，我把《解放军报》上的小插图剪下了厚厚一本，作为参照。

1971 年"九一三"事件后，部队中出现一种军政干部不够协调的现象，那时候我是《解放军报》的通讯员，写了一篇名为《坚持军政统一、搞好革命团结》的文章，在《解放军报》刊登了。这篇文章在部队反响较大。在报道组期间，我写的很多新闻稿件都被《解放军报》、《军区前进报》，以及地方省市报刊刊登和电台播报，最多时一个月上稿达 40 多篇。我也经常帮助活学活用毛主席著作积极分子写讲用稿。比如说你平时表现很好，各方面都很优秀，要树立典型，要把事迹宣传出去，这就是讲用。战士们的事迹我都了解，领导一介绍，大家反映之后我就写成文字报道，很多战士事迹经报道后感动了全团、全军。

---

* 本文由甘秉厚老师自述《两件小事》，李现慧、张智慧、松婉祺根据陈皓对甘秉厚老师的访谈记录整理而成，成文后经陈皓增补修改，甘秉厚老师审读再修改后定稿。

1970年我入党的时候，全连一致通过，那天晚上没有一个人给我提意见。因为我在连队的威信的确很高，年年“五好”暂且不说。从机关一回来，连队战士列队似的欢迎我。因为我为人待人比较谦和。我给他们讲《共产党宣言》，讲学毛主席著作、学“马列”，都用通俗的话讲。受欢迎到什么程度？炊事班做饭时都跑来，趴在窗外听。1972年我被任命为营部书记，三个月后调到团政治处任宣传干事，后来又任副教导员。

我夫人是下乡知青，她家在北京。我们结婚后有了一个女儿，我还有个老母亲，岁数挺大了。后来母亲生病，我就决定转业。当时不像现在各个城市都建设得很好，北京就让人感到跟别的地方不一样，给我印象很深，北京的路灯是橘黄色的，给人感觉真温馨，真好。那时候进北京相当困难，一个军一年就两个指标。1985年我凭指标进入了北京经济学院。进入学校后我在人事处做科员，1989年进入党办工作。

当初两校合并，给我印象最深的是党员代表大会的报告。两个学校合并之后第一次开党员代表大会，报告非常难写。首先，两校合并在很多问题上有不同意见。其次，合并之后，虽然是合了，但统一起来之后，将来往什么方向发展，教学、科研、人才培养……很多的事情都要涉及。我收集了一些材料，连打了三个夜班。白天我还得上班，晚上写到三四点钟。因为我平时参加党委会，好多事情我都放在脑子里，所以我写东西时调查并不多。我在部队就养成了这个习惯。在部队每年要开团党委会，我是党委委员。我跟营长讲，你去抓训练，其他事情由我来。我说你只要做了些事情，到时候你们做的这些事情不会被埋没。在党委会每年总结的时候，我能汇报3个多小时。我谈的都是具体事情，我不讲空的，什么事我都有例子，1、2、3、4的例子来讲。所以我能记住很多事情，一年来两年来的事情我都装在脑子里，当时什么情况我都知道。这个稿子写完了之后，我就交给书记了，后来整个稿子1万多字就改了不到20个字，说明认可了。

我在党办干了9年，然后去了法学院。我在法学院担任党委书记，虽然是一个不大的单位，但这个书记其实是很重要的，尤其是在班子的团结统一和全系的团结气氛营造上。我那个班子还是比较团结的。我总是想，我所属的单位，一定要营造成一个好的，和谐的，大家互相不设防的环境。这样大家才有积极性，才能放松去工作。

记得那是我到法学系的第二年暑假，系里组织辛苦了一个学期的全系老师去河北月坨岛休闲度假两天。岛上为我们准备了大型消夏晚会，晚饭后大家唱起了卡拉 OK。开始各单位都是各自唱各自的，唱着唱着渐渐就下意识地相互比了起来。我们法学系年轻老师多，他们能歌善舞，唱起歌来吐字清晰，音调准确，声音洪亮，趁着晚餐的微醺酒意，更是一展歌喉，出尽风头。这时，其中一个实力很强的单位暗暗地和我们较上了劲，摆开了一比高低、一决雌雄的架势。我们两个单位你唱一首、我和一首，时间过了 40 分钟仍不分上下，看来要想胜过对方不抛出“撒手锏”是不行了。这时，沈建林老师拿起话筒，一曲清澈的女高音《青藏高原》一下压住了整个晚会现场，对方半天没有回唱，看来是无人能接上了。趁着对手没有反手之时，张京萍老师一首《北国之春》又唱响了整个晚会。标准地道的日语，优美动听的曲调，把晚会上的所有人都震住了。我们唱完这两首歌后，就再也没有听到对方的歌声。这次消夏晚会让刚到系里时间不长的我对法学系有了更进一步的了解，对法学系老师也有了更进一步的了解。法学系是一个团结协作、敢胜能胜的团队，法学系的老师是朝气蓬勃、博学多才的老师。

大学老师的职业特点之一是不用坐班，有课时来学校上课，上完课就离开学校回去备课或搞自己的科研，有事找老师一般只能通过电话联系，平时在学校想找到人不太容易。一次，我有件较着急的事要找金晓晨老师面谈，为了能顺利地找到她，我查了她当天课程的下课时间，当她的这堂课下课铃声一响，我便及时地拨打了她的手机号码。手机很顺利地接通了，可当我跟金晓晨老师打招呼时，对方却没有回声。这时，我隐隐约约地听见对方手机里传来学生提问和金晓晨老师答疑的声音。原来金晓晨老师是在利用课间 10 分钟的宝贵时间回答学生的提问，她已经顾不得接我的电话。我在电话这头耐心地等着，她在电话那头开着手机拿着，我没有放下电话，她也没有关闭手机。就这样一句话没说足足地等了 10 分钟。下堂课的上课铃响了，金晓晨老师推开我办公室的门走进来。瞬间我感到她平时那苗条的身材忽然变得高大起来，一种肃然起敬的感觉在我心中油然而生。多么好的老师啊！为了给学生答疑，可以不接我这个当书记的电话。在她心里学生就是一切，在她眼里学生的事比天还要大。在法学系像金晓晨这样的老师很多，他们思维敏捷，博学多才，长于科研，关爱学生，善于授课。这些老师是学生之幸，是法学院之幸。

2008年退休后，我去了将近40个国家和地区，发达国家、欠发达的国家、贫穷的国家，我基本上都去了。学院让我给年轻教师讲课，我就以这个为主题给大家讲了一堂党课。我退休前后，国内有一种风气，总是崇洋媚外，西方怎么好、美国怎么好，典型的“外国的月亮比中国圆”。像美国是很发达，但是机场很陈旧，规模很小，公路非常破旧，地下通道堵车严重。华尔街是很繁华，硅谷我也去过，也挺好的，但是就社会治安和人们的幸福指数来讲，不如想象得那么好，贫富悬殊还是很大的。东南亚一些国家相对比较落后，尤其像柬埔寨这样的国家，有的小孩也不上学，跟着旅游人员要钱。我去过的所有这些国家，在我看来，市政建设没有赶上中国的。国内基本上各个省市我也都去过了，中国的“月亮”一点不比外国的差。现在到各城市一看，建设得都非常不错，包括农村。我到西北地区，到新疆去，路过那些县城，干干净净的。东南沿海就更不用说了，所以说中国现在发展得真挺快的。

关于学校的思想政治建设，我认为政治工作很重要，不在于时间，而在于重视程度。学校要培养什么样的人才？培养学生的目的是什么？我们培养的人要热爱自己的民族，热爱自己的家乡，热爱培养你成长的祖国，为人民，为国家，为整个经济建设服务。

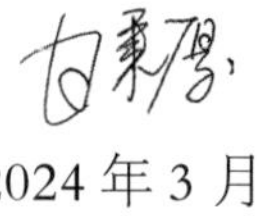

2024 年 3 月

1968 年甘秉厚老师入伍时期和 1972 年担任政治处新闻干事时期

米新丽

米新丽，1969 年生，首都经济贸易大学法学院党委原书记，教授，硕士生导师。现任北京政法职业学院副院长，北京市第十六届人民代表大会农村委员会副主任委员。

1993—2023 年任教于首都经济贸易大学法学院，从事教学、科研工作。2005 年赴美国多米尼肯大学进修，2007 年晋升教授，2009 年荣获首都经济贸易大学教学名师奖，2010 年荣获北京市中青年骨干人才荣誉称号，2011 年荣获第七届北京市高等学校教学名师奖。

主讲课程为合同法、侵权法、商法。主讲课程合同法荣获北京高校课程思政示范课程。主编教材《商法学：原理与案例》被评为北京市精品教材。主持国家社科基金、教育部、司法部和省部级科研项目等；出版著作、教材、论文集等 9 部；在《法律科学》《法学杂志》《法律适用》等重要学术刊物发表学术论文 40 余篇。

主要社会兼职为北京市法学会债法学研究会常务理事、北京市丰台区法学会副会长、北京市丰台区妇联兼职副主席。

米新丽

访　谈*

我本科（1987–1991 年）就读于山东师范大学政治系。山东师范大学培养的本科生，职业面向更多的是到中学去当老师，事实上也确实如此，我们有很多同学毕业之后去中学当老师了。但也有相当一部分同学选择进一步深造，提升自己的学历。

一个很偶然的机会，我在图书馆看报纸的时候，看到《光明日报》刊登了中国政法大学招收第二学士学位的招生简章。招生简章里讲要考三门课，语文、英语和政治。政治正好是我的专业，英语过了四级我可以免试。再加上考试时间比较晚，5 月才考，准备时间比较充足，所以我干脆就试试。考试成绩比较理想，我很顺利地被中国政法大学第二学士学位班录取。

1991 年至 1993 年，我在中国政法大学第二学士学位班学习。当时教育部在一些重点大学设置了法学类的第二学位，比如中国政法大学、中国人民大学。第二学士学位享受研究生班待遇，突出培养复合型人才的理念。因为在 20 世纪 90 年代初，改革开放经过了十几年的发展，国家越来越认识到社会对于法律人才的需求，法学第二学士学位的培养模式应运而生。

我本科就读的山东师范大学在 1987 年的时候没有法学专业，但是我们有一门课叫法学概论。这门课对我很有启发，给我们讲课的老师是西北政

* 本文由李现慧根据陈皓对米新丽老师的访谈记录整理而成，成文后经陈皓增补修改，米新丽老师审读再修改后定稿。

法大学毕业的。那时候法学专业没有像现在这么多，主要分布在“五院四系”和其他一些重点大学。教育部之所以选择一些重点大学来办法学类第二学士学位，是考虑到法律人才对经济社会发展的重要作用。这是很有现实意义也很有前瞻性的举措。

早在读大学期间，我就渐渐感觉到，高校教师是一个令我向往的职业。山东师范大学有很多优秀的老师，他们有强烈的责任心、深厚的专业积淀，在课堂上娓娓道来、挥洒自如，引领同学们探索未知领域。作为学生的我，对老师们心怀敬佩，也默默许下愿望：成长为他们的样子。当我实现了职业理想，站在三尺讲台时，也确实体会到了做老师的幸福。在每一堂课的讲授中、在和同学们的目光交流中、在肯定或纠正同学们的回答中，带领并见证同学们的进步和成长。这是其他职业很难体会到的幸福。

1993 年，我从中国政法大学毕业，入职北京经济学院经济系的经济法教研室。当时的带头人是戴凤岐老师。戴老师是一个特别好的老前辈，他对于年轻人的帮助、提携是毫无保留的。1999 年至 2001 年我在首都经济贸易大学经济系读了在职研究生，硕士导师正是戴凤岐老师。从这点上讲，我也算咱们首经贸的校友了。

我的硕士论文是关于小股东权益保护的。在科研题目的选择上，我一向比较关注弱势群体，比如小股东、消费者、农民等。2005 年我承担了国家社会科学基金项目——《我国农业合作社立法问题研究》，这是法学系获得的首个国家社科基金项目。这个选题源于我在读文献的时候读到一篇介绍新奇士橙的文章。新奇士是一个农民合作社组织的名称，后来它被注册为商标，通过合作社的组织形式将农产品推销到全球。

1978 年改革开放以后，我国农村实行包产到户，解决了农民的温饱问题，但是在这个过程中，又出现了新的问题：一是不成规模化；二是找不到销路。看到新奇士的例子，我觉得可能对解决上述问题会有帮助。农民负责种植，收获之后由合作社收购，再由合作社打品牌进行销售。在这个过程中，合作社会对农民提供一整套的指导和服务，包括选种、去虫、剪枝、优化品种等。我想如果我们能有这样的组织的话，将为农民增收提供一条可借鉴的途径。这是我研究农村合作社的一个出发点。

受到启发，我开始研究合作社组织。在看文献的过程中，我发现日本和韩国的合作社比较发达，日本叫作农业协同组合，韩国也是类似的。我之所以对合作社感兴趣，正在于它既不同于公司，也不同于个人独资企业，这种组织的优势还在于，某种程度上它可免于大资本的控制，同时它服务于成员，在理想状态下能够按照交易额给予成员利益分配。研究期间我再向前追溯，发现这种理念在空想社会主义阶段就已经有了。所以说从理论上到实践中这种组织都有存在的合理性。2005 年我申报了这个题目，初衷在于呼吁立法，推动农业合作社的立法。

我的科研成果源于教学中的积累。在讲课过程中我需要不断备新课，从最初讲授民事诉讼法，后来讲授经济法，到两校合并之后，由于缺刑事诉讼法的老师，我又上了刑事诉讼法课程。除此之外，我还为继续教育会计班讲授经济法概论。

我记得我写的第一篇论文是关于驰名商标的法律保护。这也是个很偶然的收获。在经济法概论备课过程中，我看到一些背景资料，资料介绍了我国商标被侵权的情况，一些传统商标在日本、韩国被抢注的现象。我在文中举的一个例子就是“同仁堂”商标在日本被抢注，只是因为我们没有这个理念，没有这个意识或者没有相关法律的支持，就被别人注册了。发现这样一个问题后，我开始研究，于是就有了这篇文章。

2005 年对于我来说有三件大事：一是主持的国家社会科学基金项目获准立项；二是去美国多米尼肯大学进修；三是入学中国人民大学法学院，师从龙翼飞教授攻读博士学位。我的博士论文同样关注农村合作社问题，聚焦农业合作社的财产关系。我个人认为，其中比较有价值的研究是关于农业专业合作社的盈余分配。盈余分配制度是农业合作社财产关系中很重要的一个内容，有它自身的特点，和公司、企业是不一样的。我对这个问题进行了专题研究，并在《法律科学》上发表了论文。

从 1993 年至 2009 年，我在工作的同时连续攻读了硕士和博士两个学位，既是教师的身份，又是学生的身份。这个过程，促进了我对教学本身的思考。

我觉得，一名成熟的教师得把控课堂，真正能够在课堂上把学生的目光吸引到你这儿来，跟你有交流有互动。你的理念，你的观点，你传授的知识能进到学生的心里。有些时候上完一堂课我会感觉特别高兴，觉得这堂课讲得很成功，激发了学生们的求知欲，会感到这是自己身为人师的价值的实现。

1993年到学校工作之后，在做好教学科研的同时，我逐渐走上管理岗位，分别担任过教研室主任、支部书记、副院长，然后又从行政岗位到党务岗位，担任学院党委书记。每一个转变都有一个适应的过程，毕竟工作的内容还是不太一样的。每个转变对我都是一个挑战，每次我都问过自己：这个岗位我能做好吗？但做着做着，慢慢地发现是可以的。我觉得这是一个渐进的，逐渐提升自我的过程。

我在法学院工作期间，前辈们、领导们对我的成长特别关心，同事们都给予了我非常大的支持和帮助，我对这些心怀感恩。所以在我走上管理岗位后，把这种感恩转化为推进工作的方式，让大家在法学院这个大家庭中高高兴兴地工作，高高兴兴地生活。工作中的相聚是一种缘分，大家心情舒畅地工作，才能共同把事业做好。

我在这里工作了30年，见证了学院的成长。记得我刚到经济学院经济法教研室的时候，也就十几个人。现在我们已经是一个中大型的法学院了，在北京市属院校的法学专业里面占据了头牌，这都是一代一代法学院的老师们不懈努力的成果。

学校从1984年开始招收经济法本科，1988年开始招收硕士。硕士的招收得益于另一位老前辈关乃凡老师。他本人是中国政法大学的，当时就很有前瞻性地认识到法学教育应契合改革开放的发展背景，法学教育、经济法教育要和财经类的院校结合。可以说是他缔造了我们的经济法专业。他有前瞻性的第二点就体现在1988年招收硕士，实际上当时我们是没有硕士学位授予权的，但他采取了一种特殊的方式，由我们学校招收、培养，然后到其他学校去授予学位。1988年，有4位研究生拿的是北京经济学院的毕业证，然后拿的其他学校的硕士学位证。

法学院在发展过程中必须要强调自身特色，否则在趋同的600多家法学院中就是可有可无的，就会有生存危机。我们还是要发挥所在学校的财经特色，这些年财力也好，人员也好，都是向财税法学倾斜的。因为财税法学是和我们财经院校结合得特别密切的一个学科，所以从学校到学院都给予了很大的支持，希望发展定位上能够有特色。

当然有特色并不等于其他的学科不发展，但发展一定不是撒芝麻盐儿，每个学科都同步推进是不太可能的。因为资源有限，在一定的历史阶段，就要优先重点地来支持某个学科，让它起到一个牵引的作用，来带动整体的进步。所以不打造特色是不行的，大家都同质化的情况下，没有特色就会可有可无，获得资源的能力也会变差，发展空间受限。

当前北京市属高校分为三类，高水平研究型、高水平应用型和高水平特色型。在这种分类背景下，我们学校的定位是高水平研究型大学。我们法学院其实是从应用型起家，现在要向研究型转型，但是无法实现理想化的完全转型。大多数的学生还是应用型的人才，因为本科毕业的学生只有30%多的深造率，没有达到40%，所谓深造率是指考研、出国。所以有60%多的学生去就业了，这就是应用型的指向。从这一点上来讲，本科阶段的实习是很有必要的。

法学院的本科生培养方案中有三段实习，分别是认知实习、专业实习和毕业实习。本科阶段如果不强调实践教学，学生就会面临就业的难题。在青年学生成长的过程当中，如果只让他们接触书本，接受理论，这也不太现实。还是需要让学生接触社会，而且是接触和自己专业相关的社会，然后在这个过程当中，学生逐渐也会对自己的专业形成一些感性的认识，实现青年阶段读书和实践相互促进，相互结合的教育目的。

近年来，法学院获批国家级本科一流专业建设点，在第五轮学科评估中也取得了历史性突破，进入了B级。目前，学院整体氛围很好，也获得学校的充分肯定和认可，法学院连续四年考核都是优秀。这是非常难得的成绩，因为每次只有三四个二级学院能够获得优秀等次。这些年学院在各类市级、国家级教学成果和科研项目上不断取得突破，服务社会的咨政报告也屡屡获得党和国家领导人以及北京市领导的重要批示，等等，这些成绩都是大家共同努力的结果。对于学院进一步发展的设想，就是能够拿下法学一级博士点，这是我们大家共同的心愿。在这一过程中，也希望年轻老师们不断贡献标志性的成果，在顶级刊物上发表文章，去申报国家社科基金项目、教育部的重点重大课题，产出更多智库报告，为取得学科进一步发展做好积累。

2024 年 4 月

周序中

驼铃悠悠　春秋学人

周序中，1956年生，1984年毕业于北京财贸学院财金系财政学专业，获经济学学士学位。1985年前往北京大学法学院进修。2000年毕业于中国政法大学经济法系，获经济法学硕士学位。首都经济贸易大学法学院原副教授、硕士生导师，曾任法学院副院长，经济法系副主任，首都经济贸易大学财税法研究中心执行主任。2016年退休。

主要讲授经济法、税法、房地产法、财税法专题研究等课程。主要研究方向为税收立法、税务司法。撰写论文《论核定征收的法律问题》《避税行为特征之新证》《企业借款利息所得税前扣除制度的法律探讨》《税收征收管理行政执法风险分析》《论我国税收立法的价值取向》等。主编或参编教材《简明税法教程》《税法学》《经济法概论》《经济法》等。主持或参与北京市经济执法风险防范研究中心项目、司法部法制建设与法学理论研究项目、教育部人文社会科学规划项目等。

曾发起创立中国税务司法理论与实践高端论坛，发起创立“中国首届十大年度影响力税务司法审判案例”评选活动，发起创立首都经济贸易大学法学院财税法研究中心，工作期间曾策划、组织、领导、实施法学院教学硬件建设、模拟法庭项目建设、非诉讼实验室建设、法律数据库建设、本科生法学教育实习基地建设等。

现任中国法学会财税法学会秘书长、常务理事，北京市金融与财税法学会副会长、常务理事，北京市社会保障预算财务研究会常务理事，中国法律咨询中心专家委员会委员，北京大学税法研究中心兼职研究员，中央民族大学法治政府与地方制度研究中心客座研究员，北京市财政预算支出绩效考评专家，北京市京剑律师事务所兼职律师。中国法学会第六次全国会员代表大会代表、中国法学会第八次全国会员代表大会代表。

2018 年成功登顶珠穆朗玛峰（南坡），成为中国法学界、高教界登顶珠峰第一人。2019 年成功登顶阿玛达布朗峰，成为登顶阿玛达布朗技术型山峰年龄最大的中国攀登者。2021 年荣获京津冀“银发达人”称号。2022 年 7 月 7 日成功横渡琼州海峡，成为世界上第一个既成功登顶珠峰，又成功横渡琼州海峡的第一人，并在登陆岸边展示首都经贸大学法学院和首都经贸大学法学院财税法研究中心的旗帜。

周序中

访　谈*

1976年，我高中毕业后到延庆花盆公社插队，当时北大附中、清华附中，还有一二三中学，都要求到北京最艰苦的地方插队。1977年年底，从延庆回来后我在工厂干了几年，1980年考入北京财贸学院财金系财政学专业。我的本科毕业论文是关于税法的，当时我作为一个财政专业的学生，为什么要写法律类的论文呢？一方面，我发现当时税法相关论文很少；另一方面，因为我的父亲是从事法律工作的，这让我从小耳濡目染，喜欢法律。

1984年毕业后，我留校任教。任教的第一年我担任了系团总支书记和班主任的职务，在20世纪80年代中期，我国的法学教育环境和社会对法律的认识都在恢复。许多老师都是从公检法机构回归学校的，他们的经历让我有了更多接触和了解法律的机会。我内心深处一直对税法怀有浓厚的兴趣，我渴望能够深入研究这一领域。出于对税法的追求和热爱，我决定去北大进修法律。回来后我申请调到经济法专业当老师。20世纪80年代整个法律环境、法学环境正在逐渐恢复和发展，充满了蓬勃之气。我深感自己赶上了一个好时代，坚定了深入学习法学的信念。老系主任沈雯辉老师常常敦促和鼓励我们青年教师继续深造，当时因为我年岁比较大了，工作、生活压力都比较大，本来是有不再去读书了的想法，但是沈老师一直督促着我，于是我考到了中国政法大学攻读研究生，边学习边工作。

对经济法的学习和研究深深地吸引着我，可能因为我有经济学的相关基础，所以看问题的视角和方式不同。经济学，以数据和计量的方式观察现象。而法学，则是从事物的本质和性质的角度观察现象，将这两者融合，无疑能够使我们对社会问题的理解更加深刻和全面。

---

* 本文由周序中老师自述《心在云端》、郁再贵根据陈皓对周序中老师的访谈记录整理成文，成文后经陈皓增补修改，周序中老师审读再修改后定稿。

1983年，北京财贸学院获批了全国第一批经济法专业，当时全国一共就中国政法大学、华东政法大学和北京财贸学院这三所学校获批了经济法专业。1984年，我校又提出经济法专门化，后来北京财贸学院成立经济法系，北京经济学院也成立经济法教研室，合并后就成立了新的经济法系，一直延续到现在，首都经济贸易大学的经济法当时在北京市属重点院校中一直是处于前列的。新校区建成前，我校还在房山窦店军队大院办学了一段时间，当时的环境条件相当艰苦且简陋，但我们就是在这样的背景下，一步步摸索、不断前进，每一步都充满了挑战与收获。1995年，新校区建成后，学校设施明显改善，食堂、宿舍环境也有了质的提升。

从财金系转到经济法系后，我担任了一段时间的党支部书记和党总支委员。其间，我经历了一件让我印象深刻的事情。我们学校有位丁老教授，之前，我们经常在课堂上相见，但有段时间他缺席了课堂，后来才得知他罹患肺癌，正在与病魔抗争，因病情严重住进了通州肿瘤医院。我之所以对他印象深刻，是因为他即便在生命的低谷，依然保持着坚定的信念和追求。在住院期间，他再次递交了入党申请书，这份执着和坚韧让我动容。我无法想象，在那样虚弱的身体状态下，他依然心怀信仰，追求着更高的精神境界。还记得我带着支部的人一同前往医院看望他，当我们走进病房时，眼前的景象让我们感到震惊。丁教授因为肺癌导致呼吸极度困难，只能依靠氧气瓶来维持生命，氧气嘶嘶地喷射进面罩，声音异常刺耳。他无法像正常人那样静静地呼吸，只能通过这种方式艰难地维持着生命。即便是在这样的困境中，丁教授依然坚定地表达了他对党组织的敬仰之情，坚持要加入党组织。他的坚持和执着让我们看到了信念的光芒，也让我们更加坚定了自己的信仰和追求。那个年代的人，他们有着一种纯真的信念和追求，对待生活和信仰都充满了坚定和执着。这种精神，真的让人非常感动和敬佩。

工作中对我影响最深的人，是沈雯辉老师。当年沈雯辉老师是经济法系的系主任，经济法系是沈老师一手建立起来的，他对学科建设和教育教学发展事事关心有加。沈雯辉老师特别好，是一个刀子嘴豆腐心的人，有时候不讲情面，做错事情会真的批评人。沈老师不搞中庸，喜欢直来直去，是一个极其认真的人，严谨细致，对待工作一丝不苟。同时，他也非常严格，有时甚至显得有些严厉，但这背后都源于他对我们的期望与关爱，他的严格与严厉都是为了我们的成长与进步。这种良苦用心，我们都能深切地感受到，因此大家从未与他产生矛盾，相反，我们都很喜欢他，与他相处充满了乐趣。沈老师总是把经济法学系和教师的发展放在心上。

我是2000年开始招收研究生的，到退休时已经带出了十几届研究生，他们活跃在各行各业中，虽然他们毕业后从事税法研究的很少，但这和当时的就业背景有很大的关系，真正搞财税法的确实不太多。在研究生学习阶段，我鼓励学生去旁听会计学院或财政学院的财务课程，尽管这是一个全新的领域，对他们来说可能会有所挑战，但这种跨学科的学习有助于他们拓宽视野，增加专业背景知识。事实上，美国的教育体系也强调这一点，通常要求学生具备一定的专业背景后才开始学习法学。我认为这是有道理的，因为具有一定专业基础的学生在学习法学时能够更好地理解和应用相关知识。从我个人成长经历来看，能够将经济、会计、财务与法律知识融会贯通的人才确实不多。这种跨学科的融合需要深入理解和透彻把握两个领域的知识，并将其恰到好处地结合在一起。每个人的特长不同，因此学生在这一方面的能力也会有所差异。

在教学和科研方面，我认为要将理论和实践相结合，这也是后来我提议要办税务司法论坛的重要原因，这样做的目标也是在培养理论和实践相结合的人才。早年，首经贸的学子在毕业后主要为北京市服务，北京市各单位对我校的教学质量和我校学生的专业素养均给予了高度评价。十多年前，为了建设模拟法庭，我向学校申请了资金，并最终成功投入200多万元用于其建设。学校的模拟法庭当时在全国都是一流的，是按照真实的审判庭的标准设计并装饰装修的。当时法学院还跟北京市第二中级人民法院进行了合作，是我们的法律教学实践单位。模拟法庭建好后许多法院还专门来观摩，在当时还是很有影响力的。

我在咱们学校的教学工作前后有30多年的时间，20世纪90年代末，我因为工作相对比较忙，家庭负担也比较重，思想压力大，感觉身体在走下坡路。到医院检查说是冠心病的前期，听到医生的诊断时，我心里一惊，心想不能这样下去了！于是我开始考虑如何缓解身心不适的状态，后来确定了最简单的方式——爬山。刚开始坚持锻炼只是为了强健体魄。在与大自然的不断接触中，我渐渐地萌生了改变自己已有的程式化生活的想法，觉得应该赋予生命更多的色彩，想去寻求生活的另一种可能性。

我的高海拔登山之旅开始于2006年夏天，挑战的第一座雪山是玉珠峰，海拔6178米，是昆仑山脉东段最高峰。2007年，我登上了海拔7546米的慕士塔格山。2008年想过要登卓奥友峰，2009年就去登珠峰，但这些愿望10年后才得以实现。因为有一段时间我的身体不好，做了一次手术，当时还存在整个器官被摘除的风险，也不知道术后自己会处于一种什么样的状态，遂放弃了攀登高海拔山峰的想法。但是出院没一个礼拜，我又去游泳了。因为锻炼已成为我的生活习惯，就像吃饭一样，是生活方式的一部分。由于经常锻炼身体，有了扎实的身体素质，身体很快就痊愈了，后来我慢慢觉得身体恢复得还不错，又开始接触登山运动，包括高海拔徒步、攀登一些低海拔山峰，逐步恢复身体状态和强化继续向上的信念和信心，经过一段时间的调整，这才重燃高海拔攀登的希望。

2018年第一次登顶珠峰，我带上去四面旗帜，分别是中华人民共和国国旗、中国法学会财税法学研究会会旗、首都经济贸易大学财税法研究中心的旗帜，以及首都经济贸易大学环境与经济法治研究中心的旗帜。现在回想起这段登山之旅，我仍然感到骄傲和自豪。有人问我，在海拔8000多米的珠峰顶上与印有首经贸校徽的旗帜合影有何深刻含义？我答道："人生如山岳。我觉得攀登珠峰需要坚定信念，明确目标后要勇于坚持、一路向前，这恰恰与首经贸人的'骆驼精神'不谋而合。"

登山的旅程是艰辛和危险的，在垂直的世界中奋力攀登，与各种不可抗力做着抗争，为了信念而一步步前进，任何身体的不适都有可能被放大并危及生命。登山其实会损害大脑细胞，因为在高海拔山峰攀登，缺氧是经常出现的问题。尤其是刚去的时候，思维会放慢，记忆力会受损，所以反应就会变慢。面对复杂问题的处理效率也会变低，因此下山后需要休息很长一段时间，不然脑袋会很木。如果登山中大脑受到损伤，那么这个损伤就是不可逆的，我见过很多登山者下山后大脑受损很严重，一时缓不过来。

登山的人也是幸福的，高山似乎有着某种魔力，让向往它的人近乎痴迷。对于登山爱好者来说，攀登雪山时的那种专注感让人能真正地与大自然对话，与自己的身体对话，从而进一步探索自身的可能性，并最终与大自然、与自己和谐共处。这种探索所带来的喜悦与快感，让人脱离平淡生活，寻找到生命的意义。我的第一感悟是，每个人都有机会实现梦想。为梦想付出，并能坚持下来，就有可能实现。第二，我觉得人生应该是多方向的，多元化的，应更丰富多彩。现代人的生活三点一线，生活在城市环境中，祖国的大好河山，波澜壮阔的山河湖海，我们应当去经历，去实际了解。每个人都有自己的人生，各有各自的生活轨迹，要尽量探索、创造属于自己的精彩！

我原本计划在 2020 年再一次攀登珠峰，当时正值中国登山队北坡登顶 60 周年，我希望能够把首都经济贸易大学的旗帜和中国法学会的旗帜带上珠峰峰顶，为了这个心愿，当时我专门撰写了申请报告递交给了中国法学会的领导，希望得到中国法学会的批准。结果 2019 年年底，新冠肺炎疫情的突然到来就把这个计划给打乱了，登山训练无法如期进行。不能如愿再次攀登珠峰成了令我比较遗憾的一件事。

2016 年退休前，我一方面申请设立财税法研究中心，另一方面努力打造税务司法论坛。2017 年法学院领导正式批准成立财税法研究中心，第二届税务司法论坛第一次以财税法研究中心的名义举办。设立财税法研究中心的考量是多方面的。首先，这样的研究中心能够汇聚众多志同道合的专家、学者和实务界人士，共同致力于税法领域的研究与实践。通过集合众人的智慧和力量，我们可以更有效地推进税法领域的深度探索，为行业发展提供有力的智力支持。其次，税法研究中心的成立，有助于形成一个共同的目标和方向，使我们在税法领域的研究更加聚焦、深入。通过共同的努力，我们可以更好地推动税法理论的创新和实践的发展，为社会的公平正义和法治建设贡献力量。最后，我深知个人的力量是有限的，而税法研究中心则能够为我们提供一个更广阔的舞台和更强大的后盾。在这里，我们可以相互学习、交流心得、分享经验，共同提升税法领域的研究水平和实务能力。

税务司法审判的专门化是一个备受关注的重要议题，纵观世界各国，无论是英美还是欧陆，都设有专门的税务审判机构，如税务法院、财政法院或税务审判庭，以确保税务纠纷得到专业、高效的解决。然而，在我国，税务司法审判尚未实现专门化，相关案件往往分散在刑庭和民庭进行审理。这种情况不仅影响了税务司法审判的专业性和效率，也增加了当事人的诉讼成本和时间成本。我深感这个问题亟待解决，因此积极与研究会的领导沟通，得到了他们的全力支持。我们成功邀请到了实践领域和理论界的众多专家学者，包括最高人民法院、北京市高级人民法院等法院的法官，最高人民检察院的检察官，以及律师、税务师、会计师等专业人士，共同探讨税务司法审判专门化的问题。论坛的影响力逐年扩大，已经成为国内税务司法领域最具影响力的交流平台之一。我们希望通过这样的论坛，汇聚各方智慧和力量，推动我国税务司法审判专门化的进程，为构建更加公正、高效、专业的税务司法体系贡献力量。

回想起筹备第一届税务司法高端论坛时，由于人手紧缺，我亲自带领研究生们积极准备，历经艰辛。现在看到法学院财税法教研室日益壮大而且朝气蓬勃，尤其是加入了多位青年教师，我感到非常欣慰。2018年，我提议发布十大影响力税务司法审判案件，何锦前老师和贺燕老师正是在此时加入进来，再加上财税法的研究生，研究力量增强了许多，后来德恒律师事务所也加入进来，共同参与活动，活动的影响力在理论界和实务界都不断扩大。为尽可能评选出最具代表性，兼具理论和实践意义的案例，该评选活动开展了线上线下采集、案例搜集推荐、第一次专家组初筛、第二次专家组精筛提名，组委会将提名候选案例提交评选委员会终评，最终成功评选出中国首届十大年度影响力税务司法审判案例。评选活动由于规格高、权威性强、影响面广，在财税法学界，乃至法学界都引起了极大的关注，历年所评选出的案例得到了业界一致的好评和赞赏，评选活动获得了圆满成功。

现在法学院的发展还是要打基础，我院青年教师们还很年轻，还处于发展阶段，再过几年将会更好。在高校的学科布局中，每个院系都应有其独特的定位。这一定位不应局限于院系内部的小环境，更应着眼于整个大环境。我们需要深入洞察外部环境的变化与趋势，将自身的定位与之相契合。若只是一味地追求高远而不顾实际，或是故步自封、坐井观天，那么这种定位便难以在外部环境中得到实现。因此，我们必须将眼光放远，将自身的发展与大环境紧密结合，确保定位的准确性和可行性。各学科的小团队一定要研究和确定出自身主攻的重点方向，以团队的形式、以集体的力量出现在财税法学界和法学界。过去，我们法学院曾存在支持和认可缺失的问题，导致发展定位不够清晰。然而，随着学校和学院领导对法学院发展的日益重视，这些问题已经得到了有效解决。现在，我们首都经济贸易大学法学院正迎来前所未有的发展契机，我们坚信，在全体师生的共同努力下，法学院必将迎来更加辉煌的明天。

周序中老师登顶珠峰与印有首都经济贸易大学校徽的旗帜合影

2024 年 4 月

焦志勇

焦志勇，1957年生，1984年毕业于首都经济贸易大学（原北京经济学院），后留校任教，曾参与经济法教研室筹建，主持法学院宪法与行政法学科的创建工作。首都经济贸易大学法学院教授、硕士生导师，曾任首都经济贸易大学法制办公室主任、首席法律顾问、教学督导组专家等职。2017年3月退休。

在校期间主要讲授涉外经济法、外商投资法律制度研究、行政法与行政诉讼法学，主要研究方向为跨国公司及外商投资法律制度、行政法学理论、教育法学。著有《涉外经济法》《外商投资法新论》《依法制章 依章治校——我国公立高等学校章程建设研究》等；撰写论文近百篇。主持教育部人文社会科学研究基金项目、北京市高等教育学会“十二五”高等教育科学研究规划课题等。十余项成果被有关国家机关或部门以成果要报形式采用。

主要学术任职为北京市法学会教育法学研

究会副会长、北京市监察法学研究会副会长、北京市经济法学研究会理。主要社会兼职为北京市中咨律师事务所兼职律师，曾担任国资委服务局、原民航总局服务局、中国残疾人联合会、应急管理部信息研究院、北京市审计局、北京市委党校、首都经济贸易大学等国家、北京市机关及事业单位、公司企业常年法律顾问。曾参与 2019 年国务院法制委（法制办）《中华人民共和国外商投资法》起草会议，2020 年《外商投资法实施条例》起草会议。

焦志勇

访　谈*

我始终认为，作为一名大学教师是我这一生中最大的工作荣耀。还记得 1984 年 6 月初，原北京经济学院人事处的万处长找我谈毕业留校的事宜，在谈到最后，我向组织保证：如果能够留校做教师，我定要做好本职的教学与科研工作。2024 年已是我退休的第七个年头，回首自己的职业生涯，我可以自豪地说，我信守了 40 年前自己作为一名大学教师的庄严承诺，即：坚守住自己一生所选择且奉献的高教职业。

1984 年 9 月，我留校做了一名高校教师。鉴于历史原因，原北京经济学院为了适应当时国家经济法律制度建设的人才需要，决定在经济系设立经济法专业，并组建经济法教研室以适应经济法教学的大发展。作为新入职的教师，我有幸参与了原北京经济学院经济系经济法教研室的筹建工作。

回顾往事，历历在目。可以说在筹建过程中，留给我最深刻印象的就

* 本文源于焦志勇老师答复的书面访谈稿，经焦志勇老师审读再修改后定稿。

是关乃凡、戴凤岐、王罔求、沈世欣、李新新等老一代教授们在工作和教学中所体现出来的“求同存异、团结一致、开拓进取、争创先进”的砥砺精神。这种精神始终鼓励和鞭策着我在以后的 33 年教师职业生涯中，勤勤恳恳和兢兢业业地做好自己的本职教学和科研工作，为首都经济贸易大学及法学院的发展与建设添砖加瓦，贡献出自己应尽的力量。

老师教授学生的不仅是书本上的知识，更重要的是通过讲授书本上的知识引发学生们对社会问题的深入思考，进而着重培养学生们分析问题和解决问题的正确思维与实践能力；老师在教学方面一定要注意：为人师则定要先做学生；教师不仅要学得精与研得深，同时还要想得远与做得实，坐而论道不如做而论道。只有这样，我们才能够真正地把我们面前的学生们培养成中国法治社会所亟待需要的有用人才。

退休 7 年了，回顾 33 年的教学生涯，我也记不起自己讲授过多少次课了，但最难忘的还是我作为大学教师的第一堂授课。

1984 年 7 月留校后，我被经济法教研室公派到北京大学（主要进修涉外经济法等法学课程）及第二外国语学院（主要进修英语课程）进行了为期两年的进修学习。1986 年的第一学期，我就被安排讲授中国经济法概论及外商投资企业法概论。说心里话，对于刚刚毕业的我而言，在外校的进修学习与考试我是不怵的，怵的是自己作为一名新教师面对众多的学生要如何讲好课，怵的是难熬的 50 分钟课时。可以说，“忐忑不安”和“提心吊胆”是我初为教师当时心态的真实写照。

为了更好地培养新教师，时任经济法教研室主任的戴凤岐教授作为我的教学导师（当时学校还没有这样的称谓）主动询问我备课的情况，帮助我调整与修改上述两门课程的教学大纲。他告诉我：作为青年教师要学会准备好自己所讲授课程的教学文件（即课程的教学大纲与教学进度表），要善于掌控整个教学过程，要能够根据学生的听课情况及时做出调整，保证学生在听课时做到集中精力与全神贯注。戴老师不仅言传身教地传授给我他讲课的经验，告诉我教学中应当注意的细节和问题，还让我旁听他的授课进而加深我对课堂氛围的感受。

在我第一次授课的课堂上，戴老师先向同学们介绍了我这位新教师，进而带领学生们起立鼓掌欢迎我这位新教师的授课。同学们的起立鼓掌真是感动了我，激励着我顺利完成了作为高校教师的第一堂课的讲授。课下，戴老师点评了我的教学效果，表扬其优点，指出其不足，进而使我这个新教师能够很快地适应了相关的教学工作，并在教学岗位上得到了很好的锻炼，取得了很好的成绩，并逐渐成长为经济法教研室的教学骨干。

应当讲，在近几年学校开展的“教学导师”工作中，我也能够传承老一代教师“传帮带”，以及“扶上马送一程”的优良教学传统，对于新入职的青年教师能够“手把手”地传授教学中的体会和经验。如今，看到年轻的教师在教学与科研方面所取得的每一个进步，我都为他们高兴。在此，我也衷心地希望法学院的青年教师们把这种职责理念与互助精神继续传承下去，并使之发扬光大。

我始终关注自身研究方向的理论与实践动向。在20世纪90年代初，我国正努力地营造对内搞活、对外开放的改革氛围。与此同时，对于我国的外商投资企业应当享有何种国家优惠政策，实务界存在着“我国外商投资企业应当逐步实行国民待遇”的政策性提法。对此，我认为：这种政策性提法是不正确的，它不仅在法学理论上会产生混乱，而且在吸引外商投资的实践中也会产生不良的影响，随即我向有关部门撰文阐述了自己的学术观点。

其一，国民待遇原则适用的关键前提就在于外国人的国籍与东道国投资者的国籍不同，只有国籍的不同才存在“国民待遇原则”的适用问题。其二，中国的外商投资企业虽然存在着法人与非法人型企业之分，但它们都是依照中国法律设立的具有中国国籍的企业，对于中国企业根本不存在国际私法中的国民待遇原则的法律适用问题。其三，在中国，外商投资企业与非外商投资企业的差别待遇，是我国政府在对外开放的一定时期内为鼓励外商投资企业的政策所致，根本不存在我国政府对于境内外商投资企业实行国际私法意义上的所谓“国民待遇”。其四，外商投资法律制度作为我国涉外经济法律体系中的重要组成部分，是逐步建立起来的。应将外商投资法律制度逐渐纳入我国经济法律制度中，进而使外商投资企业与非外商投资企业的政策性待遇逐步趋于统一，使国内的各类所有制企业在我国法律面前“一视同仁”，在同一起跑线上平等竞争，从而使我国建立起统一、公平、开放的市场政经大环境。其五，我国作为经济主权国家，对于外国投资者的法律规范也必须从目前以企业立法的形式逐步转向或者纳入国家对外商投资的宏观调控的法律制度建设中去，从而营造“国民待遇”在我国真正意义上的法律环境。

这些观点与学术思想不仅通过“成果要报”的形式提交到国家有关部门，并引起高度重视。另外，我还通过撰写论文及专著等形式将之予以发表，不仅收到良好的社会效益，而且日后我国涉外经济法律制度建立与发展的实践也证明了我的上述观点与学术思想是正确的。

鉴于上述学术上的贡献，我曾被邀请参加2019年全国人大常委会法工委委托中国法学会组织召开的《中华人民共和国外商投资法》专家研讨会暨立法专家咨询会，以及2020年国务院法制委（法制办）委托中国法学会组织的《外商投资法实施条例》专家研讨会暨立法专家咨询会，在上述会议上提出了关于相关法律及行政法规的修改建议。

作为教师，都希望自己的学生能够通过课堂上的学习，学以致用，进而提高学生分析问题和解决问题的实践能力，作为法学教育的教师更应当是这样。在如何通过案例辅助教学，并使案例教学成为教学的特色方面，杨炳芝老师可谓是我的另一个教学实践导师。

杨炳芝老师是从中国政法大学调入原北京经济学院的，他不仅是教师，同时也是位兼职律师。课余时间，他常带我办案。记得1991年的春天，作为首都国际机场的法律顾问，我和杨老师全程参加了首都国际机场与新加坡国际机场合资设立北京空港配餐有限公司的合同谈判工作。杨老师为了发挥我研究外商投资企业法律的涉外专长，特意让我与机场主管领导共同研讨相关合资事项，并力荐我代表首都机场方面与新加坡机场方面的律师谈判该合资企业相关法律文件的起草工作。这次涉外谈判不仅取得了圆满成功，同时也使我在涉外法律实务方面的能力得到了很大的锻炼与提高。

事后，杨老师对我讲：小焦，你不是讲外商投资法吗，可以把这一案例总结和编辑一下，用在课堂的教学上，我相信其教学效果一定很好。他又说道，作为一名法学教师，不仅要有精湛的专业知识功底，而且还要有丰富的办案体验，教学最忌讳“照本宣科”。好的教学形式是通过案例教学，将法务实践“嵌入”法学知识的讲授之中，使学生在学习中能够更易于理解和运用，并通过这种方式训练学生灵活运用法学知识的实操能力。只有这样，才能将所教授的课讲得更好、讲得更活；只有这样，才能将所教授的学生培养成为社会需要的法治人才。

法学虽然具有深厚的理论性，但由于其与社会活动的紧密性，又可称为是一门实践之学。为此，我认为，法学教师不仅要学术水平高，而且还要实操能力强，进而知行合一。只有这样才能使自己的教学能够言之有物，以及科研方面能够建言献策。1987 年取得律师资格后，我将课余时间参与的诉讼案件与大量法律顾问的法务实践运用到了自己的教学实践中。用书本理论与社会实际相结合，用自身的法务实践丰富课堂的教学，努力提高学生们分析问题与解决问题的实践能力，使自己的教学工作做到了“有声有色”，从而得到了首都经济贸易大学法学院、研究生院学生与老师的一致好评。

作为北京市中咨律师事务所的兼职律师，自 1987 年执业以来，我担任过多家国家及北京市企事业单位的常年法律顾问，代理过近百起民事（包括涉外）诉讼、仲裁案件。我经办过的最难忘的案件，就是 2007 年 7 月至 2008 年 3 月，作为首都经济贸易大学的法律顾问所代理的“李某某诉首都经济贸易大学侵犯著作权案”。

原告李某某是《国际通行职业资格认证考试指南》（以下简称《指南》）一书的作者。该书于 2003 年 4 月由西南财经大学出版社出版。李某某表示从未将该书的信息网络传播权授予任何单位或个人。2007 年 5 月 21 日，李某某发现首都经济贸易大学未经其许可擅自在校局域网上传播《指南》一书，使用户可以在其个人选定的时间和地点获得该书电子版，这一行为侵犯了李某某对该书享有的信息网络传播权，故诉至法院。

学校党委书记和校长第一时间组织召开学校层面的专项会议，听取学校相关部门的情况汇报，及作为学校法律顾问的我对于本案的法理分析及案件审理研判，研究并制定出诉前的工作要求：高度重视、积极应对、全力以赴、争取全胜。在学校领导的全力支持下，作为学校法制办主任的我带领工作专班深入学校相关部门及外联有关单位积极调查取证，并多次组织校内外案情分析会。在一审中主张，我方作为电子图书的最终用户，主观上不存在过错，客观上也没有实施侵权行为，请求法院驳回原告的诉讼请求。

在查明事实的基础上，一审法院认为：首都经济贸易大学的行为不构成侵权，李某某认为首都经济贸易大学侵犯其对《指南》一书享有的信息网络传播权的主张不能成立，其诉求法院不予支持。一审法院判决驳回李某某的诉讼请求。二审维持原判。

作为首都经济贸易大学的法律顾问，以及本案一审、二审的诉讼代理律师，我深切地感觉到：这一完胜的结果不仅切切实实地依法维护了首都经济贸易大学的合法权益，完完全全地消除了此案对于学校所产生的负面影响，而且也使首都经济贸易大学各级领导真真正正地体会到依法治校的重要性，为日后首都经济贸易大学各项规章制度的建设与完善，并真正纳入依法治校的法治轨道上奠定了良好的基础。

往昔岁月，恍如昨日。从当初的经济法教研室到今天的法学院，可以说是从无到有，从小到大，从弱到强的发展与壮大过程。作为原北京经济学院经济法教研室的初创者，作为首都经济贸易大学法学院发展的践行者，作为法学院茁壮成长的见证者，我为法学院今天的辉煌而骄傲，我为自己身为法学院人而自豪，并衷心地祝愿首都经济贸易大学法学院在今后的发展历程中精研两事，物我两善，携手奋进，再铸辉煌。作为已退休多年的老教师，我也衷心地希望在职的各位教师在今后的教学与科研工作中勿忘初心，砥砺前行，接续奋斗，再擎红旗！

焦志勇

2024 年 4 月

北京市哲学社会科学规划办公室

首都经济贸易大学科研处：

贵校焦志勇教授的研究成果《构建行之有效的雾霾防控体系》，被我办《成果要报》2014年第9期采用，并于2014年3月27日获得北京市市长王安顺同志批示。

特此证明！

北京市哲学社会科学规划办公室

2015年4月14日

教育部司局函件

研究成果采纳证明

焦志勇教授：

您报送我司的《新形势下加强赴台交换师生工作的建议》一文，已被教育部采纳，供有关领导同志参阅。

特此函告，以资感谢！

教育部社会科学司

2015年12月9日

中国法学会法治研究所

证　明

首都经济贸易大学法学院院长张世君教授、焦志勇教授合作撰写《关于制定〈首都法〉的几点建议》，我所认为该报告具有较高的决策参考价值。经编辑整理，于2020年4月18日报中央政治局委员、全国人大常委会副委员长、中国法学会会长王晨同志批示同意，形成了中国法学会《要报》稿《关于制定〈首都法〉的几点建议》（2020年第16期）。该期《要报》已报送中央有关部门决策参考。

特此证明。

中国法学会法治研究所

2020年8月18日

焦志勇老师多项成果被国家机关及部门采纳的文件

刘润仙

刘润仙，1966年生，中共党员，首都经济贸易大学法学院副教授、硕士生导师。1987年毕业于中国人民大学法律系法学专业，获法学学士学位；1989年毕业于中国人民大学法律系，获民法学硕士学位。1989—2021年，在首都经济贸易大学工作，其间于2007年和2013年分别在美国多米尼克大学和我国台湾东吴大学访学。曾任法学院党委委员、法学院分工会主席，长期担任教师支部书记，所在支部多次被评为校级先进党支部。曾荣获校级优秀党员、校级优秀党务工作者、爱岗敬业普通劳动者等荣誉称号。2021年退休，退休后曾任学校教学督导。

主要讲授民法总论、侵权法、民法学、经济法、物权法、商法、罗马法、民法总论研究等课程。主要研究方向为典当立法、农业合作社法律制度、大学章程。独立编写或参编著作10部，独立或联合发表论文近30篇。2005年应北京市人大有关机构之邀就《〈中华人民共和国物权法〉征求意见稿》提出了意见与建议。2006年作为第二负责人参与了商务部《典当行业风险控制与监管机制》课题，之后围绕典当规则形成了系列成果。

2009—2015担任北京市第二中级人民法院人民陪审员，陪审案件100多件。2017年参加校工会组织的“遵法守法，携手筑梦”服务农民工志愿者活动，惠及人数达100多人。曾任中国法学会案例法学研究会理事、北京市法学会教育行政法研究会常务理事、北京市老龄法律研究会常务理事。

刘润仙

访　谈*

我入校时，经济法只是一个教研室。当时学校的办公条件较为简陋，经济法教研室办公室在教学楼的顶层最西头，大约10平方米吧，放着一张床、一张会议桌、几把椅子，这也是经济法教师们休息的地方。到了夏天，办公室因为没有空调，老师都不敢待，太热了。令人惊讶的是，经济法教研室居然在图书馆楼有间条件不错的资料室，宽敞明亮又安静，福生霞老师是资料员，她做的资料卡片特别细致，对于每一位教师都热心服务，教研室的老师除了上课，都愿意在这里查找资料，这里也成为老师们的非正式学术交流中心。

* 本文源于刘润仙老师答复的书面访谈稿，经刘润仙老师审读再修改后定稿。

参加工作的头几年，教师工资不高，加之当时通货膨胀较为严重，有一些老师为了养家糊口而离职，应该讲这是法学学科发展较为艰难的时期。但是，凭着大家对教育事业的热爱，凭着大家的共同努力，终于坚持下来了。

当年连同我在内的授课教师共 14 名，老中青三代老师都有，年轻老师多一些。部分教师所学并非法学专业，但他们经过进修，将所学专业与法学专业完美结合，讲课效果非常好，充分体现了经济法学科的特点。学校当时设立了律师事务所，不少教师兼职律师，教学与实践相互促进。教师素质普遍较高，印象深刻的是讲授社会保障法课程的张京萍老师，她在日本连续拿到硕士、博士学位后回国，因为其出色的表现，过了几年就被聘为日本一所大学的老师。

我校的经济法专业虽然规模小，但当时在全国具有较高的声誉，当时任经济系副主任、经济法学科带头人的戴凤岐教授是全国知名的经济法学者，曾任北京市经济法学会会长。在 1995 年北京经济学院与北京财贸学院合并后，他担任了经济法系主任，对于法学学科的发展作出了突出的贡献。他颇具长者风范，讲课条理清晰，丝丝相扣，深受学生的喜爱。学问做得扎实，对于经济法理论有自己独到的见解。戴老师在 20 世纪 60 年代毕业于北京政法学院（现在的中国政法大学），在“文革”结束后才回归法学事业，抱着和时间赛跑的决心，他焕发出极大的事业热情。记得他说过，在住房只有一间的情况下，他曾坐着板凳进行写作，一写就是大半夜。正是凭着这样吃苦的精神，戴老师在经济法学界成为公认的大家，一位知名学者。他在学术上不但是年轻教师的榜样，而且提携后进，甘为人梯。教研室开会时，戴老师经常说的事儿就是谁的科研、教学进步了，谁的科研、教学还要努力了，谁的职称需要评了……像极了操碎心的家长。戴老师一家人都很善良，收留不少流浪猫，说起每只猫就像聊起自家的孩子一样。记得他是这样评价家里三只猫的：老大爱管闲事，老二傲娇，老三天真懵懂。

其他老教师治学严谨、甘于奉献的精神也深深感染并影响了我，如已作古的王罔求教授是经济法教研室的元老级人物，家虽然在石景山区，但为了安心教学与科研，一直住在学校集体宿舍，我曾参与了他与周汝成教授主编的《合同法通论》的写作，负责撰写“居间合同”与“行纪合同”两章内容，这是我到北京经济学院后第一次和同事一起合作，感到压力颇大。当时民法与经济法大论战，理论纷繁复杂，加之经济合同法、涉外经济合同法以及技术合同法呈现“三法鼎立”局面，如何写好这两章合同内容，我自己也没有什么把握，只好求教两位教授，得到了他们的悉心指点。戴老师还开介绍信让我到中华供销总社去找资料。最终我圆满完成了写作任务，受到了王教授和周教授的肯定，后来这本书还获得了奖项。

时至 2005 年，我开始接触典当立法。当时因为中小企业融资较难，传统典当融资起到了一定补充作用，但欠缺相应的规则，在理论上有研究的必要，因此我开展了一些粗浅的研究。之后商务部积极推动典当立法工作，设想在行政法规层面制定典当规则，后不知何种原因，典当立法工作搁浅。现在中小企业融资情况有了一定的改善，但典当融资还有一定的探索空间，典当规则与物权法中的质押与抵押规则的不同还需要通过更高层次的立法进行明确。

回忆 30 余年的工作经历，我在教学最初负责讲授民法学和罗马法，过了几年还给非法学专业的学生开设了经济法课程。当时并没有新进教师一年之后才能给本科生讲课的规定，因此当时从学生到教师没有过渡期，我在毕业当年就给学生上了罗马法课程。讲授第一节课的情形我至今难忘，刚进入教室，学生还以为我是新来的学生，一节课下来，一直不敢直视学生，大汗淋漓，后背的衣服都湿透了。后知后觉，授课的确需要许多教学技巧。

之后，由于法学专业实践性较强，我在讲授理论知识的同时，在课堂上也会组织学生进行大量的案例讨论，课下要求学生观看庭审录像。另外，鼓励学生参加普法公益活动，提高学生们的实践技能。记得 2017 年 9 月“遵法守法 携手筑梦”服务农民工活动启动，我带领 4 名研究生深入食堂和宿舍，通过演小品、系统讲授、案例视频教学、自制情景剧、互动座谈等方式，普及了《婚姻法》《继承法》，听课人数达 100 多人。普法活动在提高学生的专业水平的同时，也增强了学生们的历史使命感与担当意识。

2005 年我开始担任学院分工会主席，工作重点有三项，即组织青年教师参加教学基本功比赛、组织大家参加运动会及学院迎新年晚会。分工会的工作得到了学院的大力支持，取得了不俗的成绩。谢海霞老师在学校比赛中获得一等奖，并代表学校参加了北京市比赛，又获得了一等奖。每年的教工运动会，法学院教师总是表现出色，成绩名列前茅。周序中、翟业虎、张益铭、宋成斌组成的“梦之队”参赛 4×100 米接力，每年都有不俗的成绩，有一年居然战胜了体育专业老师。当然也有意外发生，有一年新来的王显勇老师在赛跑时不幸摔倒，手臂骨折，我陪着他先后到宣武医院、积水潭医院治疗，后来王老师做手术后恢复了很久才康复。

法学院教师的迎新年晚会是职工文化的重头戏。在 2015 年年初的迎新年晚会上，民商法学科的《科研是怎样炼成的》，是一个集歌舞、朗诵、相声于一身的小品节目，语言幽默、犀利，成为大家心目中的经典。

除了在法学院教学、工作外，我在 2009 年至 2015 年期间担任北京市第二中级人民法院人民陪审员，陪审案件 100 多件。有一年陪审了一件知识产权案件，案情大致如下：原告是被告公司员工的儿子，其父亲在去世后，原告与被告之间就劳动报酬、烟花设计知识产权有几起纠纷。被告承担了北京 2008 年开幕式烟花设计，原告认为其父亲作为主要设计人员享有报酬请求权。在庭审中我特意追问了一下原告，原告的父亲是否对该项设计享有知识产权（注：不记得是哪项知识产权了）？原告明确其父亲不享有。主审法官听闻后，告知书记员把刚才的对话记录下来。庭审之后主审法官专门就该案的细节征求了我的意见，我以认真工作的态度赢得了法官对陪审工作的认可。

回顾整个职业生涯，我最大的遗憾是没有继续求学，进行博士深造。在我入职的头几年，因为学校待遇低，很难留住教师，因此学校不支持在职教师进行学业上的深造，如报考博士。后来我国招收的博士越来越多，加之学校的待遇有较大提高，学校之后就实施了非博士不能成为专业教师的规定，之后门槛越来越高，只有名校毕业的博士才有资格入围。虽有遗憾，但我从未停止过学习。2021 年退休后，我想通过阅读和参观博物馆的方式，丰富中国绘画、建筑等方面的知识，将来有机会可以当一名宣讲中国传统文化的志愿者。

我在法学院工作了 32 年，法学院最大的变化是在学校中的地位有明显提高。过去法学学科是学校其他学科的配角，而现在与其他学科齐头并进，成为学校发展不可或缺的学科。而这一切与全体教师的教学和科研水平的显著进步密不可分。我院教师获批了不少国家社科基金项目，不少成果获得中央、北京市重要领导人的批示。退休后我借教学督导的身份听了法学院许多老师的课，他们教学认真，熟练掌握了教学的技巧，教学效果好，近几年在全校“学评教”中名列前茅，在学校和北京市教学比赛中频频获奖学院有 4 名北京市教学名师就是最好的证明。

近年来，学院新进了不少教师，这些青年才俊科研能力普遍突出，在学科评估、国家一流专业获批、法学专业一级博士点的申报等工作中做出非常大的贡献，是法学院今后发展的栋梁。希望新进教师能够教学与科研齐头并进，潜心钻研现代教学方法，形成自己的教学特色，同时更要模范遵守教师职业道德规范，以身作则，培养更多德才兼备的法律人才。时光飞逝，从经济法教研室、经济法系、法学系发展为法学院，历经 40 年，法学专业排名进入全国前 100 名，在北京市属高校排名第一，成为国家和北京市一流专业，这凝聚了几代人的心血。时值院庆 40 年，我衷心祝法学院各项事业蒸蒸日上，再创辉煌！

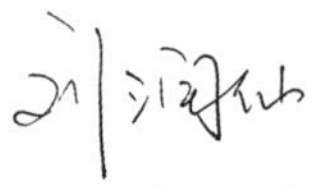

2024 年 4 月

王德山

王德山，1963年生，首都经济贸易大学法学院教授、硕士生导师。1994年毕业于中国政法大学民商法专业，获法学硕士学位。1994—2023年在首都经济贸易大学法学院任教，曾担任经济法教研室主任、民商法教研室主任。荣获首都经济贸易大学“优秀教师”“教学卓越奖”“课堂教学优秀奖”“优秀教学成果奖”等10余项奖项和荣誉。2023年退休。

主要研究方向为合同法、公司法。主讲课程为公司法、合同法、商法、经济法等。出版专著《合同效力研究》、《公司法问题研究》、《公司法学》（北京市精品建设教材）、《新合同法实务》等，主编、参编《合同法学》等教材及学术著作10余部，在《政法论坛》《法律适用》《法学杂志》《湖北社会科学》《光明日报》《法制日报》《检察日报》等报刊发表学术论文40余篇。

曾先后担任北京市第二中级人民法院特邀

人民陪审员、北京市消费者权益保护法研究会理事、丰台区市场监管分局合同监管工作专家顾问委员会委员、北京市法学会科技法学研究会理事、北京市老龄法研究会副会长、北京市检察院第二分院特约听证员等。

王德山

访　谈*

我从 1991 年 9 月至 1994 年 3 月在中国政法大学民商法专业攻读硕士研究生学位，在这两年半的时间里，无论是法律知识还是视野都有了质的飞跃，为我之后的人生和事业发展奠定了很好的基础。政法大学云集众多法学大家，当时有江平老师、杨振山老师、巫昌祯老师、张沛霖老师、赵旭东老师等著名法学家给我们讲授专业课。他们各有不同的授课风格，有的老师细致入微，有的老师高大宏阔，从老师们那里我学到了法学专业知识，开阔了视野。

如果说有哪些难忘的回忆的话，一是我的导师杨振山老师，不但对我的学业给予指导，更为重要的是我从他那里学到了做人和做事的态度。二是在毕业之际联系工作的时候，杨振山老师积极帮助我联系求职单位。还特别难忘的是包括我在内的不少同学都曾请求江平老师的帮助，江老师对于每位上门求助的同学都非常热心诚恳，给同学们求职的单位写推荐信，且所写的推荐信绝不是随意应付的。老师们的宽宏大度、诚恳待人、热心助人等高尚品格对我产生了很大的影响。

---

* 本文源于王德山老师答复的书面访谈稿，经王德山老师审读再修改后定稿。

从今天看，大学老师是我非常适合和理想的职业。当初研究生毕业之际，从内心说我并不想当老师。我读研之前一直在我们县的一个中学当老师，当年刚刚改革开放，教师在社会上可以说是有些不被重视的职业。但是研究生毕业后入职本校，教师成了我终生的职业，回头看，教师是我最适合、最理想的职业，也是社会上最好的职业之一。

工作的意义，说实话首先是为了生活，否则将无法生存，更谈不上其他了。但对于不少人而言，尤其是我们教师，已经不仅仅是为了生活而工作，教师既是一个职业，更是一项事业。高等教育本身就是一项伟大的事业，关乎国家未来，关乎国家经济和社会发展，关乎科技进步等。而对于法学教育而言，法律作为上层建筑的构成部分，我们要依法治国，法律人要研究法律制度、设计法律制度，要执法等，都需要我们培养品学兼优的法律人才，教师必须肩负社会责任感。所以，作为法律教育工作者，工作就不仅仅是为了养家糊口，而是一项崇高、神圣的事业。

据我所知，无论是本科生还是研究生，毕业后大部分人所从事的工作并非其大学所学专业，所以，在大学教育中，专业知识方面的教育仅是其中的一部分。我们教师绝不是仅让学生简单地理解和记住几个法条、学会法律文书的写作格式，更多的是对学生综合素质的教育和培养，是对其分析问题解决问题的能力、独立思考的能力、道德品质的培养和教育，还有情商的教育。总之，是对学生综合性的培养和教育，所以我认为我们的教学计划、教师授课都应当有这样的意识。

当然，这并不意味着专业课程学习就不重要，一方面，每个行业都需要拥有专业知识和专业技能的人才。另一方面，我们所开设的每门课程都是对学生进行综合素质培养和训练的载体，也就是通过所开设的一门门专业课程来实施和实现对学生综合素养的教育和培养。比如我们法学专业，无论是法理、民法、刑法还是诉讼法等，所有的课程都不仅是一门专业知识，它们都同时还蕴含着对学生分析问题解决问题、独立思考、逻辑思维、专业技能等综合素质的培养和训练。

我们法学专业是应用性很强的学科，我们学院培养的学生不管是本科生还是研究生，毕业后如果从事法律职业的话，除了极个别从事教学或科研等理论性较强的工作外，大部分同学还是会从事法律实务工作，如法官、检察官、律师或者企业法务，这就决定了我们学院的法律教育必须与法律实践紧密结合，在培养目标及定位、老师教学的方式方法等方面，都应当围绕应用型人才培养目标而实施。

但是我们法学院的法学教育，不能简单地理解为就是职业技能或技术的培养，我们不能办成职业技能培训班。职业技能必须建立在深厚、系统的法学理论功底之上，如果只是记住几个法条，知其一而不知其二，那么一旦遇到疑难复杂的案件就会束手无策，找不到最优的办案方向，无法充分论证自己的主张等，很难成为好法官、好律师。总之，理论功底不深、知识不全面将会严重影响办案水平和质量，害及当事人的权益。法律实务是目标和指南，法学教育是途径，法学教育要服务和服从于法律实务。

我们法学院有几位北京市优秀教师，很多老师在教学方面取得了很大的成就，在全校学评教活动中，我们学院每年都有老师获得校级教学奖一等奖，且有不少老师多年都能获得一等奖，说明我院老师的教学水平和教学质量都非常高。

授课并非千篇一律，每个老师都有各自的教学风格，有自己的一套教学方式方法。我给本科生主讲合同法、公司法等专业课程，给研究生讲授合同法研究等，一直努力将专业知识和理论与社会实际相结合，用通俗的语言将基本理论和知识传授给学生，让学生能够理解和掌握，并能很好地应用所学知识。我自己比较满意的是合同法课程，我从众多电视台的法治栏目下载了很多与合同法课程相关的视频案例，重新剪辑，根据教学内容和要求编辑成案例库，在课堂教学中使用，很受学生欢迎，教学效果也很好。

我和张兴老师在 1994 年 3 月到本校（当时是北京经济学院）入职，经历了两校合并后的起步、发展、壮大，特别是我们法学院教工从最初的 20 多位到今天的近 70 位，年轻教师全部来自全国乃至世界的著名学府，个个年富力强，学识渊博，专业水平很高。我们法学院不仅仅是教师队伍发展壮大了，更可喜的是我们学院教学和科研成果丰硕，无论是办学层次还是办学水准都发生了翻天覆地的大变化，在全国法学院系中排名进入了B级系列，我为此感到非常骄傲和自豪。

在我的工作生涯中非常遗憾的是当初没有很好地兼顾教学和科研，荒废了不少大好时光。所以现在的年轻老师要明白教学和科研同等重要，科研和教学相辅相成，选准自己的研究方向，并坚持下去，终将会大有收获。

民商法是一个涵盖面非常广泛的法学领域，可以确定的方向也非常广泛。但是一方面我们是财经院校，另一方面不可否认的是，我们毕竟不像北大、清华、人大、法大等这些知名大学，在传统的民法或商法，如民法总论等基础学科，已经有了诸如王利明、崔建远等众多法学大家，他们早已站在了山顶，研究成果非常丰富，我们很难与其匹敌和超越他们。所以我觉得还是应寻求比较冷门或小众的专业领域，并是与未来社会、经济及科技发展紧密相关的领域，我认为这样比较容易有较大的突破，占领前沿制高点，每当谈到某个学科领域时，大家首先能想到的是我们首都经济贸易大学法学院的某位专家，这样可以以点带面。近几年我们学院的领导一直努力在数字法学、财税法学领域有所突破，而且已经取得了很大的成就，非常好。希望除了这两大领域外，在其他领域也能有所作为，取得较大成就，如据我所知，与老年人相关的法学领域就非常值得研究和关注，我国刚刚步入老年社会，与老年相关的法律问题多而广泛，但从事该领域研究的人寥寥无几，所有人都还在山脚下。总之，我觉得年轻教师可以考虑开拓自己的新领地，一定能成为全国知名专家。

从法学院这些年的发展可以看出，我们法学院一定会越来越优秀。近几年学院大量引进了高水平的青年教师，无论是学识还是年龄，尤其是他们所具有的科研能力，都为我们法学院的发展奠定了坚实的基础。我们地处首都北京，有很好的人文环境和优质的学术资源，为我们学院今后的发展提供了很好的条件，所以我相信，我们学院一定会越来越好，前程似锦，前途无量！

王德山

2024年4月

王德山老师部分著作的封面

四秩回首
今朝流变

年表

CHRONOLOGY

年表是一种编写历史的方式，这种编写方式是以时间为坐标，按照认识目的重新排列组合空间和事件。年表对时空和事件主要有四种排列组合方式：（1）通过年表呈现同一空间同一事件，随时间流动而发生的变化，这里是延续的时间。（2）通过年表呈现同一空间同一事件在两个或多个时间点上的变化，这里是断裂的时间。（3）通过年表呈现同一时间不同空间中的相同事件。（4）通过年表呈现同一时间不同空间中的不同事件。

按照这种界定，大事记本身就是一种年表，它呈现了同一空间同一事件，即法学院诞生、发展，随时间流动而发生的变化。年度大事是露出海面的冰山，反映的是里程碑事件，而工作传记、教学科研各类事务的年表和语录，则构成了历史冰山的本体，分别指涉法学院40年间人、事、言三方面更多的历史内容。

本书第三部分，通过年表的方式，记录法学院人才培养、教学成果、科研立项、学术交流等具体事项，通过年表的第（1）种和第（2）种类型，在延续的时间中清晰呈现上述事项的历史变迁，在断裂的时间点上通过古今比较，客观呈现学院的发展成就。此外，两院时期历史沿革的记述，主要涉及年表的第（3）种和第（4）种类型，此处对这些内容的记述较少。

一、学院名称和历史沿革

首都经济贸易大学法学院的前身是北京经济学院经济系下设的“经济法教研室”和北京财贸学院经研所在工商行政管理系下设的“经济法专门化”（当时的称谓，即经济法专业）。1987 年，北京财贸学院的经济法专门化更名为“经济法系”。1995 年，首都经济贸易大学成立，原两校区经济法教研室和经济法系分别独立运行。1997 年，两校区经济法教研室和经济法系实质性合并，成立“首都经济贸易大学经济法系”。1998 年，经济法系按照国家教育主管部门要求更名为“法学系”。2007 年，法学系更名为“法学院”。

（一）北京经济学院经济法教研室的建立和发展

1980 年，北京经济学院建立经济法教研室，给经济系本科生开设“经济法概论”课程。

1984 年，北京经济学院开始招收首批经济法专业本科生。

1988 年，经济法专业开始招收硕士研究生，由外校授予硕士学位。

1993 年，经济法专业获批硕士学位授予权。

（二）北京财贸学院经济法系的建立和发展

1980 年，北京财贸学院经济研究所开设“经济法”公共课。

1985 年，北京财贸学院以“经济法专门化”的名义，挂靠在工商行政管理系下招收新生 41 名；同年，经济法系筹备组成立。

1987 年，北京财贸学院设立经济法系。

1993 年，北京财贸学院各专业实行主辅修制度，开设经济法等 3 个辅修专业。

（三）首都经济贸易大学经济法系的成立和发展

1995 年，首都经济贸易大学成立，原两校区经济法教研室和经济法系分别独立运行。

1997 年，学院宣布相同专业合并组建新系，新组成的系包括经济法系。两校区经济法教研室和经济法系实质性合并，成立首都经济贸易大学经济法系。同年 9 月招收首都经济贸易大学首届经济法专业本科生。

（四）首都经济贸易大学法学系的发展

1998 年，经济法系按照国家教育主管部门要求更名为法学系，设法学专业。

2002 年，经济法学获批北京市重点建设学科。

2005 年，民商法专业获得硕士学位授予权。

（五）首都经济贸易大学法学院的发展

2007 年，法学系更名为法学院，在法学系基础上正式成立法学院。

2009 年，法学院获得法律硕士专业学位授予权。

2011 年，法学院获得法学一级学科硕士学位授予权。

2013 年，法学院获得法律经济学二级交叉学科博士学位授予权。

2019 年，法学院法学本科专业获批北京市一流本科专业。

2021 年，法学院法学本科专业获批国家级一流本科专业建设点。

2022–2023 年，教育部完成第 5 轮全国学科评估，法学院取得历史性突破。

2024 年，法学院创设新型交叉学科社会治理法学；同年，学术期刊《经贸法学》创刊。

二、法学院重要规章制度

法学院规章制度一览（院务工作）

序号	文件名称
1	《法学系“三重一大”必须经集体研究决定的规定》
2	《法学院规章制度形成办法》
3	《法学院院务公开制度》
4	《法学院学院财务管理、监督办法》
5	《法学院领导班子例会制度》
6	《法学院领导班子民主生活会制度》
7	《法学院落实“三重一大”制度实施细则》
8	《首都经济贸易大学法学院学术委员会章程》
9	《首都经济贸易大学法学院教学工作指导委员会工作细则》
10	《首都经济贸易大学法学院教研室工作实施细则》
11	《法学院自有经费创收奖励办法》
12	《法学院工作奖励办法》
13	《法学院教师返校制度》
14	《法学院办公室安全管理规定》
15	《首都经济贸易大学法学院党政联席会议事规则》

法学院规章制度一览（教学科研及学生管理）

序号	文件名称
1	《首都经济贸易大学法学院关于教师调课、代课、停课及补课的规定》
2	《首都经济贸易大学法学院关于教学管理的规定》
3	《首都经济贸易大学法学院关于开展双语课程的认定及奖励办法》
4	《首都经济贸易大学法学院关于开设新课的奖励办法》
5	《首都经济贸易大学法学院硕士研究生复试办法》
6	《首都经济贸易大学法学院在校学生科研资助办法（试行）》
7	《法学院专业学位研究生教育指导委员会章程》
8	《法学院“教学贡献奖”实施方案》

续表

序号	文件名称
9	《法学院优秀实践教学成果评选办法（试行）》
10	《首都经济贸易大学法学院本科生导师制实施办法》
11	《首都经济贸易大学法学院法律硕士研究生外聘导师遴选与管理办法》
12	《法学院研究生学业奖学金评审细则》
13	《本科生课堂教学听课实施办法》
14	《法学院新聘教师本科课堂教学准入制度实施方案》
15	《法学院关于鼓励教师投身教学工作、提升教学水平的若干意见》
16	《法学院实习报告撰写要求及批阅办法》
17	《法学院优秀本科生导师评选细则》
18	《首都经济贸易大学法学院年度科研贡献奖奖励办法（修订稿）》
19	《首都经济贸易大学法学院编制外学术研究机构管理办法（暂行）》
20	《法学院科研机构管理办法实施细则》
21	《法学院高质量学术论文发表招标管理办法》
22	《首都经济贸易大学法学院学生会章程》
23	《首都经济贸易大学法学院研究生会章程》
24	《法学院学生手册》（法学院本科生综合素质学分评价体系）
25	《法学院研究生综合素质学分评价体系（试行）》
26	《法学院关于推进“课程思政”建设的实施方案》

法学院规章制度一览（法律诊所）

序号	文件名称
1	《首都经济贸易大学法律诊所办案行为规范》
2	《首都经济贸易大学法律援助中心法律援助条例》
3	《首都经济贸易大学法律援助中心规章制度》
4	《首都经济贸易大学法律援助中心业务档案立卷归档和管理办法》
5	《首都经济贸易大学法律援助中心章程》
6	《首都经济贸易大学法律诊所办案工作流程》

三、学院历任党政领导任职名录

法学院历任党政领导任职名录

<table>
<tr><th rowspan="3">学校</th><th rowspan="3">院系（教研室）</th><th colspan="4">行政</th><th colspan="4">党总支（党支部）</th></tr>
<tr><th colspan="2">院长（主任）</th><th colspan="2">副院长（副主任）</th><th colspan="2">党总支书记</th><th colspan="2">党总支副书记</th></tr>
<tr><th>姓名</th><th>任职时间</th><th>姓名</th><th>任职时间</th><th>姓名</th><th>任职时间</th><th>姓名</th><th>任职时间</th></tr>
<tr><td rowspan="2">北京经济学院</td><td rowspan="2">经济系（经济法教研室）</td><td>关乃凡</td><td>1980 年 12 月 – 1989 年 4 月</td><td></td><td></td><td></td><td></td><td></td><td></td></tr>
<tr><td></td><td></td><td>戴凤岐</td><td>1989 年 12 月 – 1995 年 3 月</td><td></td><td></td><td></td><td></td></tr>
<tr><td rowspan="6">北京财贸学院</td><td rowspan="6">经济法系</td><td rowspan="4">沈雯辉</td><td rowspan="4">1987 年 7 月 – 1995 年 3 月</td><td>张云福</td><td>1987 年 7 月 – 1995 年 3 月</td><td rowspan="4">陈瑞兴</td><td rowspan="4">1986 年 6 月 – 1995 年 3 月</td><td rowspan="2">张义书</td><td rowspan="2">1991 年 1 月 – 1994 年 10 月</td></tr>
<tr><td>王雨本</td><td>1991 年 1 月 – 1993 年 5 月</td></tr>
<tr><td>张义书</td><td>1993 年 10 月 – 1994年10月（兼）</td><td rowspan="2">安树华</td><td rowspan="2">1994 年 10 月 – 1995 年 3 月</td></tr>
<tr><td>安树华</td><td>1994 年 10 月 – 1995 年 3 月（兼）</td></tr>
<tr><td rowspan="2">沈雯辉</td><td rowspan="2">1995 年 3 月 – 1997 年 6 月</td><td>张云福</td><td>1995 年 3 月 – 1997 年 6 月</td><td>陈瑞兴</td><td>1995 年 3 月 – 1996 年 6 月</td><td rowspan="2">安树华</td><td rowspan="2">1995 年 3 月 – 1997 年 6 月（兼）</td></tr>
<tr><td>安树华</td><td>1995 年 3 月 – 1997 年 6 月</td><td>李晓安</td><td>1996 年 5 月 – 1997 年 6 月</td></tr>
<tr><td rowspan="8">首都经济贸易大学</td><td rowspan="3">经济法系、法学系</td><td rowspan="3">戴凤岐</td><td rowspan="3">1997 年 6 月 – 2002 年 5 月</td><td>张云福</td><td>1997 年 6 月 – 2002 年 5 月</td><td rowspan="3">李晓安</td><td rowspan="3">1997 年 6 月 – 2002 年 5 月</td><td rowspan="3">安树华</td><td rowspan="3">1997 年 6 月 – 2002 年 5 月（兼）</td></tr>
<tr><td>安树华</td><td>1997 年 6 月 – 2002 年 5 月</td></tr>
<tr><td>张京萍</td><td>1999 年 3 月 – 2002 年 5 月</td></tr>
<tr><td rowspan="5">法学系</td><td rowspan="5">李晓安</td><td rowspan="5">2002 年 5 月 – 2007 年 7 月</td><td>安树华</td><td>2002 年 5 月 – 2002 年 9 月</td><td rowspan="4">甘秉厚</td><td rowspan="4">2002 年 5 月 – 2006 年 7 月</td><td>安树华</td><td>2002 年 5 月 – 2002 年 9 月（兼）</td></tr>
<tr><td>张京萍</td><td>2002 年 5 月 – 2005 年 6 月</td><td rowspan="3">沈建林</td><td rowspan="3">2002 年 9 月 – 2006 年 7 月</td></tr>
<tr><td>周序中</td><td>2002 年 5 月 – 2008 年 12 月</td></tr>
<tr><td>沈建林</td><td>2002 年 9 月 – 2006 年 7 月（兼）</td></tr>
<tr><td>谢海霞</td><td>2005 年 11 月 – 2008 年 12 月</td><td>沈建林</td><td>2006 年 7 月 – 2008 年 12 月</td><td></td><td></td></tr>
</table>

续表

学校	院系（教研室）	行政				党总支（党支部）			
		院长（主任）		副院长（副主任）		党总支书记		党总支副书记	
		姓名	任职时间	姓名	任职时间	姓名	任职时间	姓名	任职时间
首都经济贸易大学	法学院	符启林	2008年12月—2011年12月	米新丽	2008年12月—2011年12月	谢海霞	2008年12月—2014年9月	张益铭	2008年12月—2014年9月
				谢海霞	2008年12月—2014年9月（兼）				
				张世君	2010年7月—2012年9月				
		喻中	2012年9月—2018年7月	张世君	2012年9月—2018年12月	谢海霞	2014年9月—2016年4月（党委书记）	张益铭	2014年9月—2019年12月（党委副书记）
				米新丽	2012年9月—2017年3月				
				谢海霞	2014年9月—2016年4月（兼）	米新丽	2017年3月—2023年6月（党委书记）		
		张世君	2018年12月—	米新丽	2018年12月—（兼）				
				郑文科	2018年4月—2022年10月			张世君	2019年12月—（兼）
				尹少成	2020年4月—			孙明春	2019年12月—（党委副书记）
				陶盈	2022年10月—	张益铭	2023年12月—（党委书记）		

四、学院教学情况

（一）本科课程设置和发展

北京财贸学院 1985 级经济法专门化必修课程表

课程类型	课程名称
政治理论课	中共党史、政治经济学、哲学
文化基础课	微积分、大学语文、写作、外语、体育
专业基础课	法学基础理论、宪法、会计学原理、刑法、国民经济计划管理、民法、工业经济概论、商业经济与管理、电子计算机应用、法制史、经济法原理

续表

课程类型	课程名称
专业课	审计学、经济合同法、对外贸易经济概论、税法、经济司法、保险法、公司法、涉外经济法、金融法、专利法、商标法、律师公证制度、司法文书写作

北京财贸学院经济法专业选修课程表

学期	课程名称
第一学期	形式逻辑
第二学期	现代汉语语法
第三学期	刑法、政经社会主义专题、社会学概论
第四学期	概率与数理统计、科学社会主义
第五学期	银行概论、财政概论、农业经济与管理
第六学期	工商行政管理概论、应用文写作、环保法、劳动法、行政法
第七学期	审计案例分析、投资法、行政学

法学院（2021–2024 版）法学本科专业课程表

课程类型	课程名称
必修课程	法学导论、民法总论、刑法（总则）、宪法学、习近平法治思想概论、中国法律史、刑法（分则）、商法（总论与公司法）、民事诉讼法、经济法（总论与竞争法）、行政法与行政诉讼法、刑事诉讼法、国际法（双语）、国际私法、法律职业伦理、物权法、合同法、侵权法、劳动与社会保障法、婚姻家庭继承法、金融法、知识产权法、法理学、环境资源法、国际经济法（双语）
选修课程	模拟法庭竞赛实训、项目投资法律实务、国际法竞赛实训（双语）、刑事法经典案例评析、行政诉讼经典案例评析、民商事经典案例评析、证据法、诊所课程Ⅰ、诊所课程Ⅱ、法律文书写作、国际法经典案例选读（双语）、英美契约法（双语）、海商法、世贸组织法（双语）、国际商法（英语）、国际投资争端解决（双语）、国际私法经典案例选读（双语）、国际人道法（英语）、国际税法（英语）、法律英语、立法法、外国法律史、比较公司法、中国古代经典判词赏析、人格权法、西方法律思想史（双语）、法学研究与论文写作、财税法、保险与信托法律制度、财税法经典案例评析、票据证券法、经济学原理、会计学、金融学导论、监察法、社会治理法学、房地产法、管理学、财政学、网络与电子商务法、知识产权经典案例评析、数据法学、文化产业法

（二）研究生课程设置和发展

2023 年法律硕士（法学）专业课程

类别		课程名称	备注
必修课	公共课	研究生综合英语	
		新时代中国特色社会主义理论与实践	
	专业课	民法原理与实务	
		刑法原理与实务	
		民事诉讼原理与实务	
		刑事诉讼原理与实务	
		行政法与行政诉讼原理与实务	
		法律职业伦理	
选修课	方向选修	证据法专题	司法实务方向推荐
		侵权法实务	
		互联网法律实务	
		劳动与社会保障法专题	
		金融法实务	企业法务方向推荐
		知识产权法律实务	
		税法实务	
		商法实务	
		环境法专题	政府法务方向推荐
		资源法专题	
		中国传统法律文化专题	
		宪法专题	
		法理学专题	
		国际私法专题研究	涉外法务方向推荐
		国际经济法律实务	
		法律英语	
		国际法专题	

续表

类别		课程名称	备注
选修课	方向选修	算法治理专题研究	数字法治方向推荐
		信息时代的电子证据法专题	
		数字社会的法治思维专题	
		数字时代的未成年人保护	
	实践教学	司法文书写作	
		法律诊所	
		法律论文写作与法律检索方法	
		仲裁理论与实务	
		律师实务	
		案例研讨	
		环境法理论与实务	

2023年法律硕士（非法学）专业课程

类别		课程名称	备注
必修课	公共课	研究生综合英语	
		新时代中国特色社会主义理论与实践	
	专业课	法理学	
		中国法律史	
		宪法学	
		民法学	
		刑法学	
		刑事诉讼法学	
		民事诉讼法学	
		行政法与行政诉讼法学	
		经济法学	
		国际法学	
		法律职业伦理	

续表

类别		课程名称	备注
选修课	推荐选修	外国法制史	
		物权法学	
		知识产权法学	
		环境资源法学	
		国际私法学	
		国际经济法学	
		劳动与社会保障法学	
		证据法学	
		合同法学	
		法律英语	
	特色方向选修	公司法学	财经法学特色
		财税法学	
		商法学	
		金融法学	
		法律经济学	
		数字法治专题	
		其他经管类课程	
	实践教学	司法文书写作	
		法律诊所	
		法律论文写作与法律检索方法	
		仲裁理论与实务	
		律师实务	
		案例研讨	
		环境法理论与实务	

2023年法学硕士专业课程

类别		课程名称	专业方向
必修课	公共课	研究生综合英语	
		新时代中国特色社会主义理论与实践	
		马克思主义与社会科学方法论	
		法律英语	
	学科基础课	法学前沿	
		民法总论	
		法理学	
		外文文献阅读与论文写作	
	专业课	宪法学专题	宪法学与行政法学
		行政法专题研究	
		行政诉讼法专题研究	
		国际公法研究	国际法学
		国际经济法研究	
		国际私法研究	
		民商法专题研究	民商法学
		商法总论	
		民事诉讼与仲裁法律制度研究	
		法哲学	法理学
		法学方法论	
		中国立法与司法制度研究	
		经济法专题研究	经济法学
		经济法基础理论	
		公益诉讼法研究	
		中国刑法专题研究	刑法学
		外国刑法专题研究	
		刑事诉讼法专题研究	
		环境法总论研究	环境法学
		环境公益诉讼法研究	
		自然资源法研究	

续表

类别		课程名称	专业方向
选修课	方向选修	立法法与法律冲突解决研究	宪法学与行政法学
		国家赔偿法专题研究	
		行政法前沿问题研究	
		公务员法研究	
		行政法典型案例研究	
		香港基本法实施前沿问题	
		诉讼与证据	法理学
		中国传统法律文化研究	
		法经济学	
		罗马法研究	
		世界贸易组织法研究	国际法学
		知识产权国际保护	
		国际人道法	
		国际环境法	
		国际人权法	
		国际投资法研究	
		海商法专题	
		国际民商事争议解决	
		国际关系史	
		物权法研究	民商法学
		合同法研究	
		人格权法研究	
		侵权法研究	
		企业公司法研究	
		知识产权法研究	
		婚姻和继承法研究	
		保险法与信托法研究	
		证券法与期货法研究	
		海商法研究	
		民商法案例研究	
		破产法研究	

续表

类别		课程名称	专业方向
选修课	方向选修	金融法研究	经济法学
		竞争法研究	
		国有资产法研究	
		财政法研究	
		税法研究	
		宏观调控法研究	
		劳动与社会保障法研究	
		消费者权益保护法研究	
		环境法研究	
		国际刑法专题研究	刑法学
		经济刑法专题研究	
		刑事证据法专题研究	
		犯罪学专题研究	
		刑事法案例研究	
		刑事法经典著作导读	
		国际环境法	环境法学
		国际贸易与环境法治	
		生态文明法治研究	
		环境污染防治法研究	
		环境政策与法律研究	
		动物保护法研究	

2023年法律经济学博士研究生专业课程

类别		课程名称
必修课	公共课	博士研究生英语听说
		中国马克思主义与当代
	基础课	新制度经济学
		高级政治经济学
	专业课	法律经济学前沿
		外文文献阅读与论文写作
		法理学前沿

续表

类别	课程名称
专业方向课（选修）	博弈论
	高级微观经济学
	高级宏观经济学
	统计分析方法基础
	法解释学
	法律经济学原著选读
	法律思想史专题
	管理学前沿专题讲座

（三）各类教学成果

法学院部分教学成果汇总—精品课程

序号	年度	成果名称	负责人	成果类型
1	2023	商法学	张世君	国家级一流本科课程
2	2021	合同法	米新丽	北京市课程思政示范课程、教学名师及教学团队
3	2021	国际法	谢海霞	北京市优质本科课程
4	2022	国际法研究	谢海霞	北京市课程思政示范课程、教学名师及教学团队
5	2023	民商法经典案例评析	陶盈	北京市优质本科课程

法学院部分教学成果汇总（精品教材）

序号	年度	教材名称	教材主编	成果类型
1	2006	21 世纪经济法实用教材	李晓安	司法部“全国法学教材与科研成果”优秀奖
2	2009	公司法学	王德山	北京市精品建设教材
3	2011	商法学：原理与案例	米新丽	北京市精品教材
4	2022	商法学：原理与案例	米新丽	北京市优质本科教材

法学院部分教学成果汇总（教学名师）

序号	年度	获奖教师	获奖级别
1	2011	米新丽	北京市教学名师
2	2012	李晓安	北京市教学名师
3	2016	谢海霞	北京市教学名师
4	2020	张世君	北京市教学名师

法学院部分教学成果汇总（教学成果奖）

序号	年度	完成人	成果名称	获奖等级
1	2018	喻中、米新丽、张世君、谢海霞、金晓晨、王德山、郑文科、李英	以“三并重”理念、“四结合”模式培养卓越法律人才	北京市一等奖
2	2022	张世君、陈皓、陶盈、高洁、张鹏、李璐玲、陈磊、孙明春	社会主义核心价值观融入法学专业教学的100个连接点——课程思政资源挖掘的实践探索	北京市一等奖

法学院部分教学成果汇总（北京市教学比赛）

序号	年度	获奖教师	获得奖项
1	2007	谢海霞	北京市青年教师教学基本功比赛文科组一等奖、最佳教案奖、最佳演示奖
2	2009	张世君	北京市青年教师教学基本功比赛文科组二等奖、最佳教案奖
3	2012	赵鹏	北京市青年教师教学基本功比赛文科组二等奖
4	2019	魏庆坡	北京市青年教师教学基本功比赛文科组二等奖、最佳教案奖
5	2021	兰燕卓	北京市青年教师教学基本功比赛文科组一等奖、最佳演示奖、最受学生欢迎奖
6	2021	张世君	北京市青年教师教学基本功比赛文科组最佳指导教师奖

法学院学生参加部分学科竞赛项目情况

序号	竞赛项目	开始参赛年份	教练	获奖情况
1	北京市大学生模拟法庭比赛	2009	李长城 刘迎泽 高洁	1次一等奖 9次二等奖 3次三等奖 1次优秀奖

续表

序号	竞赛项目	开始参赛年份	教练	获奖情况
2	杰赛普国际法模拟法庭竞赛	2012	谢海霞	4次二等奖
3	中国WTO模拟法庭竞赛	2012	金晓晨 李璐玲	2次二等奖 5次三等奖 1次优秀奖 1次参与奖
4	国际刑事法院审判竞赛	2012	王剑波	3次二等奖 2次三等奖 3次优秀奖
5	红十字国际人道法模拟法庭竞赛	2014	朱路	2次二等奖 2次三等奖
6	“贸仲杯”国际商事仲裁模拟仲裁庭辩论赛	2016	张娜 陈磊	1次三等奖
7	“龙图杯”全国高校法庭辩论赛	2017	刘迎泽	1次优秀奖
8	法成杯全国法律辩论赛	2018	张益铭	1次最佳组织奖 1次最佳风范奖
9	全国大学生行政法模拟法庭大赛	2023	尹少成 兰燕卓	第5名

五、学院科研情况

（一）国家级科研立项

法学院近十年国家级科研项目汇总

序号	立项年度	项目名称	负责人	项目来源
1	2014	中国金融机构破产的理论探索与制度构建	张世君	国家社会科学基金项目
2	2014	我国金融反恐法律机制研究	王剑波	国家社会科学基金项目
3	2014	北京及周边省区市大气污染防治治理法制协调机制研究	高桂林	国家社会科学基金项目

续表

序号	立项年度	项目名称	负责人	项目来源
4	2015	我国反就业歧视法实施机制构建研究	王显勇	国家社会科学基金项目
5	2015	公用事业价格规制的行政法研究	尹少成	国家社会科学基金项目
6	2015	第四代战争时期国际法的变革与我国话语权实现路径研究	朱路	国家社会科学基金项目
7	2016	复合功能型环境税的法律构造研究	何锦前	国家社会科学基金项目
8	2016	刑事对物之诉研究	高洁	国家社会科学基金项目
9	2016	新形势下个人生活信息的法律保护研究	陶盈	国家社会科学基金项目
10	2017	我国税法溯及力的实证分析与规范完善研究	贺燕	国家社会科学基金项目
11	2018	企业社会责任的法律实现机制研究	张世君	国家社会科学基金项目
12	2018	乡村振兴战略下乡贤治村问题的法律对策研究	陈寒非	国家社会科学基金项目
13	2018	自贸区纠纷解决机制创新与临时仲裁的制度构建研究	陈磊	国家社会科学基金项目
14	2018	应对国际贸易知识制度变革的中国方案研究	张娜	国家社会科学基金项目
15	2019	税法收入分配功能研究	何锦前	国家社会科学基金项目
16	2019	国家自然科学基金委员会信息公开制度研究	尹少成	国家自然科学基金项目
17	2020	复合人格理论及其法律化研究	沈敏荣	国家社会科学基金后期资助项目
18	2021	民法典适用中返还法规则的体系联动与解释论建构研究	刘亚东	国家社会科学基金项目
19	2022	二元并立立场下中国数字税立法整体化研究	褚睿刚	国家社会科学基金后期资助项目

续表

序号	立项年度	项目名称	负责人	项目来源
20	2022	行政法规合宪性审查体系化研究	孙如意	国家社会科学基金项目
21	2022	轻罪背景下犯罪分类治理研究	刘传稿	国家社会科学基金项目
22	2023	大国竞争背景下无人海洋系统对海战法的挑战及我国应对策略	朱路	国家社会科学基金项目
23	2023	“情境脆弱性”个人数据交易者的民法保护规则研究	陶盈	国家社会科学基金项目
24	2023	竞争—产业二元政策协同下地方公平竞争审查制度优化研究	陈汇臻	国家社会科学基金项目
25	2023	功能主义视角下网络平台算法的法律规制研究	邱遥堃	国家社会科学基金项目

（二）科研机构

法学院科研机构统计

序号	机构名称	级别	负责人	成立时间
1	北京教育法治研究基地（首都经济贸易大学）	市级	尹少成	2018 年 9 月
2	北京市法学会首都城市治理法治研究基地	市级	张世君	2021 年 4 月
3	北京市法学会北京廉政法治协同创新基地	市级	王剑波	2024 年 5 月
4	首都经济贸易大学环境与经济法治研究中心	校级	高桂林	2016 年 6 月
5	首都经济贸易大学中国商法研究中心	校级	张世君	2017 年 11 月
6	首都经济贸易大学廉政法治研究中心	校级	王剑波	2023 年 12 月
7	法学院法律与人工智能研究中心	院级	李长城	2017 年 12 月
8	法学院欧盟法研究中心	院级	高桂林	2018 年 5 月
9	法学院中国基层社会治理研究中心	院级	陈寒非	2019 年 5 月
10	法学院经济犯罪研究中心	院级	王剑波	2019 年 5 月
11	法学院财税法研究中心	院级	何锦前	2019 年 5 月
12	法学院经济与法律伦理研究中心	院级	沈敏荣	2019 年 11 月
13	法学院金融法研究中心	院级	徐化耿	2019 年 11 月
14	法学院诉讼与司法制度研究中心	院级	陈磊	2019 年 11 月

续表

序号	机构名称	级别	负责人	成立时间
15	法学院产业发展与知识产权研究中心	院级	翟业虎	2019 年 11 月
16	法学院国际商事争议解决研究中心	院级	张建	2020 年 10 月
17	法学院科技创新法治研究中心	院级	屈向东	2021 年 4 月
18	法学院企业合规研究中心	院级	高洁	2023 年 7 月
19	法学院法律图像与视觉法学研究中心	院级	陈皓	2023 年 10 月

六、省部级以上荣誉情况

法学院教师队伍荣誉情况统计（部分）——人才称号

年度	获奖人	荣誉名称
1993	李晓安	北京市优秀青年教师
2001	李晓安	北京市百人工程学者
2005	李晓安	北京市优秀骨干教师
2006	谢海霞	北京市骨干教师
2007	谢海霞	北京市教育创新标兵
	金晓晨	北京市骨干教师
2010	米新丽	北京市骨干人才
	张世君	北京市骨干人才
2013	王剑波	北京市高等学校青年英才资助计划
2014	张世君	北京青年拔尖人才培养计划
	孙明春	北京高校优秀德育工作者
2016	张世君	首都十大杰出青年法学家提名奖
	尹少成	教育部、中央政法委双千计划
2017	朱路	北京市法学会百名法学英才
2018	尹少成	北京市法学会百名法学英才
	张娜	北京市法学会百名法学英才
	王剑波	北京市法学会百名法学英才
	陈寒非	北京市法学会百名法学英才

续表

年度	获奖人	荣誉名称
2019	张世君	北京市习近平新时代中国特色社会主义思想研究中心优秀研究员
	何锦前	北京市普通高校优秀本科毕业设计（论文）优秀指导教师
2020	张世君	北京市高校优秀共产党员
	张世君	中国法学会青年人才（商法学研究会）
	陈寒非	中国法学会青年人才（农业农村法治研究会）
	尹少成	中国法学会青年人才（农业农村法治研究会）
	何锦前	中国法学会青年人才（财税法学研究会）、北京市普通高校优秀本科毕业设计（论文）优秀指导教师
	王剑波	中国法学会青年人才（刑法学研究会）
	刘迎泽	第十二届北京市大学生模拟法庭竞赛优秀指导教师奖
2021	张世君 米新丽 谢海霞	北京市高等学校优秀本科育人团队
	谢海霞	北京市普通高校优秀本科毕业设计（论文）优秀指导教师
2023	陈寒非	北京市属高校教师队伍建设支持计划（优秀青年人才）
	陈磊	北京市属高校教师队伍建设支持计划（优秀青年人才）
	陈寒非	北京市国家治理青年人才培养计划
	兰燕卓	北京高校青年教师创新教研工作室负责人

法学院教师队伍荣誉情况统计（部分）——党团建设类

年度	获奖人	荣誉名称	荣誉级别
2012	孙明春	高校共青团干部赴新疆县级团委挂职优秀工作者	市级
	谢海霞	北京市高校系统“创先争优”优秀共产党员	市级
2014	孙明春	北京共青团信息工作先进个人	市级
2015	孙明春	北京市优秀团干部	市级
2020	张世君	北京市高校优秀共产党员	市级

法学院教师队伍荣誉情况统计（部分）——学生工作类

年度	获奖人	荣誉名称	荣誉级别
2012	王漪鸥	首都大学生社会实践先进工作者	市级
2018	王漪鸥	首都大学生社会实践先进工作者	市级
2021	孙明春	北京市就业工作先进个人	市级
2022	王漪鸥	首都大学生社会实践先进工作者	市级
2023	王漪鸥	北京市就业工作荣誉奖	市级
2024	王漪鸥	首届全国大学生职业规划大赛优秀指导教师	市级

七、学院境外学术交流情况

（一）境外专家访问与学术交流

为开拓师生国际化视野，加强与境外院校的交流合作，近年来，法学院积极邀请境外专家学者来校访问讲学。同时，学院还联合相关院校共同举办了多场国际学术会议，并聘请了境外知名院校学者担任学院客座教授。2019 年，法学院成功加入亚洲法律学会，为学院师生参与国际交流提供了更好的契机。

（二）境外访问进修和讲学

法学院教师境外访学交流情况统计（部分）

出访教师	交流时间	交流机构	交流类型
金晓晨	2001 年 9 月 – 2002 年 9 月	英国东安格利亚大学法学院	访问学者
谢海霞	2003 年 10 月 – 2004 年 10 月	英国伦敦政治经济学院	访问学者
郑文科	2004 年 7 月	美国犹他大学	访问学者
张世君	2011 年 9 月	中国香港特区香港理工大学	研修
王剑波	2014 年 9 月 – 2015 年 3 月	美国密歇根州立大学	访问学者
张世君	2015 年 7–10 月	中国台湾地区台湾大学	访问学者

续表

出访教师	交流时间	交流机构	交流类型
刘胜江	2015 年 7 月 -2016 年 6 月	美国天普大学	访问学者
翟业虎	2015 年 -2016 年	美国密歇根州立大学	访问学者
张世君	2016 年 11 月	澳大利亚悉尼大学	讲学
孙明春	2016 年 7-8 月	中国台湾地区 “中研院”历史语言研究所	访问学者
贺燕	2017 年 4 月 -2018 年 4 月	美国密歇根州立大学	访问学者
朱路	2017 年 9 月 -2018 年 9 月	英国剑桥大学劳特派特国际法中心	访问学者
张鹏	2017 年 9 月 -2018 年 9 月	美国密歇根州立大学	访问学者
张娜	2018 年	新加坡管理大学	会议发言
李晓安	2018 年	中国台湾地区东吴大学	访问学者
张娜	2019 年	新加坡管理大学	会议发言
贺燕	2019 年 4-5 月	中国台湾地区税法协会	学术交流
张娜	2019 年	中国台湾地区高雄市 第五届两岸法律实务专业研讨会	会议发言
米新丽	2019 年 8 月	中国台湾地区中正大学	讲学
张世君	2019 年 12 月	意大利罗马第二大学、费拉拉大学	访问
张建	2019 年 7 月	意大利罗马国际统一私法协会	访问学者
谢海霞	2021 年 1-6 月	英国利物浦大学	访问学者
彭雨晨	2023 年 9 月	韩国首尔市 亚洲公司治理与金融论坛	会议发言
何锦前	2023 年 12 月	韩国首尔市韩中税法国际学术大会	会议发言

八、学术会议及讲座情况

（一）学术会议

法学院始终重视学术平台建设和学术交流活动，成立 40 年来独立举办、承办或与其他学术机构、组织联合举办各类中大型、小型学术会议、研讨会百余场，在学界取得了良好反响，有效提高了学院的学术影响力和教师教学科研水平。

其中，法学院打造并形成了若干特色系列学术会议。首先，2017 年法学院与台湾中正大学共同主办了首届“中华公法论坛”学术研讨会，并于 2018 年和 2019 年举办了第二、第三届会议，会议在北京市和台湾地区的嘉义市轮流主办，后因新冠疫情防控需要而停办。其次，2017 年法学院主办了首届“法院与法学院的对话”学术研讨会，每届一个主题，邀请北京地区各级法院参加，至 2023 年，会议已成功举办四届。最后，2016 年至 2024 年，法学院与中国法学会财税法学研究会策划并共同举办了第一至第八届“税务司法理论与实践”高端论坛，每次评选的“年度影响力税务司法审判案例”已成为国内理论界和实务界关注的热点。目前，该论坛已发展成为具有重要影响力的全国性品牌学术活动，2024 年起主办单位扩大范围，由首都经济贸易大学、中国法学会财税法学研究会、中国法学会案例法研究会联合主办。

（二）学术讲座及报告

近年来，法学院充分关注学科发展动态，立足学术前沿，积极邀请国内外知名专家、学者来院就热点理论及实务问题开展学术讲座，创设并持续举办了多个系列讲座，在学术交流、人才培养、提升教师科研水平等方面发挥了良好作用。

法学院系列学术讲座情况统计（部分）

系列名称	首次举办时间	迄今讲次	备注
法律实务高端讲坛	2013 年	10 场	重点邀请法院、检察院等的专家讲述实务问题，后将该讲座整合入驼峰法学大讲堂
民商法前沿系列讲座	2013 年	22 场	聚焦民商法前沿问题，后将该讲座整合入驼峰法学大讲堂
驼峰法学大讲堂	2019 年	44 场	法学院打造的系列高端学术讲座

后　记

POSTSCRIPT

这本院史待到出版问世时将是2024年的秋季了，从编辑整理到交付出版，历经四季，而2024年的秋季，距离1984年我们的第一批学生入校，整整四十年。

时间本是虚无，但因为人的创造力和生产力，充满意义，成为值得记录的历史，成为难以忘怀的美好回忆。

我们所创造和生产的成果的品质，在很大程度上取决于我们在其中投入的时间、精力、情感和耐心。但时间总是有限的，人的智力和精力总是有限的。我们可以近乎完全地看见浮出海面的冰山，可以大致地把握冰山本体，但如果要认识作为海水和冰山整体的全部的历史，是不可能的。我们可以进一步做的工作，是建立新的参照系，比如考察同时期国内相似财经院校的发展情况，考察世界范围内新兴大学的发展情况，就像对海水成分的定性和定量的分析，在历史的比较中思考学院发展中出现的矛盾冲突和未来的方向。

对于今后的院史编修，这本小书进行了比较基础的资料汇编工作，这些工作是扎实的、可信赖的。在此，衷心感谢为本次修史无私奉献时间、精力、情感和耐心的全体编写人员。

特别感谢首都经济贸易大学法学院院长张世君教授。张世君院长是本次修史工作的倡议者、组织者、参与者。在开始这项工作之前，院长明确了修史工作对于我们学院的意义，在收集整理史料的过程中，院长对参与者在工作中产生的创新想法，始终抱有尊重和开明的态度，院长不仅设计了全书的整体架构，而且对采编撰写每一阶段的工作予以具体的指导，统筹全书，多次修订，并最终定稿。

特别感谢首都经济贸易大学档案馆馆长，同时也是我们校友赵喜玲女士的大力支持和帮助，感谢档案馆武洁老师细致认真查阅和提供的档案资料。馆长和工作人员对历史的尊重和温情，为寻找一张图片、一条信息孜孜不倦的专业态度，让我们对档案工作肃然起敬。

感谢法学院赵进、季冬梅等老师前期所进行的口述史整理，感谢学院行政管理团队准确高效的工作，有了他们的助力，书稿写作方得以顺利推进。

感谢法学院孙明春副书记百忙之中协助收集整理档案，撰写姚圻、关乃凡两位教师的小传，彰显了他扎实的治学功底和历史情怀。感谢姚宇老师对年表一章的系统整理，并构想了书中的一些文言表达，为客观记述平添古典色彩。感谢积极参与此次院史编写的同学们，这本小书同样凝结了他们的聪明才智和纯真情感。感谢北京金诚同达律师事务所高级合伙人王朝晖律师。王朝晖律师是法学院本科 1987 级校友。王律师古道热肠，当他得知院史书稿筹备出版，便倾力相助，本书才能以更精益求精的面貌呈现在大家面前。

最后，还要感谢法律出版社司法实务出版分社朱轶佳编辑。轶佳编辑是法学院本科 2002 级校友。书稿完成后几经流转，戏剧般送到了轶佳编辑手中。在微信中，轶佳编辑的第一句招呼说，做到自己母校的书很开心！在后续全部的沟通过程中，轶佳编辑展示了我们法学院优秀校友的风貌，专业而灵动，让人印象深刻。

都说书籍自有命运，这本小书的出版真的很好运，我们全体都听到了它的召唤来到它的面前，为了历史、为了未来，所有的繁复，琐碎，庞杂，艰辛都变得愉快而神圣。

执行主编：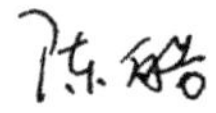

2024 年 4 月

附　录

APPENDIX

本书参考的首都经济贸易大学档案馆馆藏资料列表

1984

北京经济学院 1983–1984 学年第一学期经济法概论教学大纲首页。

1984 年北京经济学院招生专业介绍。

1985

关乃凡主编的《中国经济法教程》的出版信息。

1985 年北京财贸学院关于成立经济法系筹备组的请示报告（沈雯辉手稿）。

1985 年北京财贸学院关于建立经济法学系筹备组的决定。

1985 年北京财贸学院简况调查表（经济法专门化简介首页）。

1985 年北京财贸学院关于设立经济法专业的请示报告。

北京经济学院关于北京市第九律师事务所设立的信息公告。

1986

1986 年北京经济学院经济法专业的简要汇报（主要包括专业情况、培养目标、课程设置、走读授课、师资编制等内容）。

1987

1987 年北京财贸学院关于申请设立经济法系的报告。

1987 年北京市机构编制委员会关于北京财贸学院设立经济法系的批复文件。

北京财贸学院关于经济法系机构设置的批复。

北京财贸学院关于机构设置和人员定编的通知。

经济法系学生韩潮的实习报告《粮票流通问题应引起足够重视》刊发在《财贸工作研究》1987 年第 5 期，指导老师张云福。

1987 年 3 月经济法系关于研究经济法系专业设置问题的会议记录（摘录）。

1987 年 10 月经济法系关于研究重新编写经济法概要等问题的会议记录（摘录）。

1988

1988 年北京经济学院研究生教学计划。

1988 年 1 月北京财贸学院经济法系务会议记录（摘录）。

1988 年 10 月 27 日北京市第九律师事务所会议纪要、与会者名单和签名。

1989

1989 年北京财贸学院经济法专业本科生毕业论文题目（沈雯辉老师拟定）。

1989 年北京财贸学院经济法专业首届毕业生情况简介。

1990

沈雯辉、张云福等学者会议论文档案资料的封面。

沈雯辉会议论文《依法治农是保障农业稳定发展的根本途径》首页。

张云福会议论文《论经济法制与流通秩序的整顿》首页。

张宿海、焦廉成会议论文《关于我国经济法的任务和特色的一些思考》首页。

1991

北京财贸学院经济法系 1990–1991 学年第二学期档案资料封面。

北京财贸学院经济法系 1990–1991 学年第二学期教员任课时间表。

1991 年北京财贸学院经济法系务党总支新学期工作安排。

1991 年北京财贸学院经济法系关于期中教学质量检查的情况报告。

1991 年北京财贸学院经济法系 87 级毕业实习总结。

1992

1992 年沈雯辉参加农业经济法制建设学术研讨会的会议论文档案资料的封面。

沈雯辉会议论文《略论农业法与商业法的关系》首页。

1992 年北京财贸学院经济法系民主评议党员工作总结首页。

1992 年北京财贸学院经济法系毕业实习总结报告首页。

1993

1993 年第五批博士、硕士学位授权点通知文件（国务院学位〔1993〕39 号）。

北京财贸学院经济法系建立律师事务所的部分档案资料首页。

1993 年北京财贸学院开设经济法辅修专业的证明材料。

1994 1994 年北京财贸学院经济法系关于设立经济律师专门化的报告。

1994 年北京财贸学院经济法系招生简章及校园环境照片。

1995 国家教育委员会关于同意两校合并组建首都经济贸易大学的通知文件。

1995 年北京经济学院经济法专业硕士研究生招生简章。

1996 北京财贸学院 95 级经济律师班 1995–1996 学年第三学期教学安排。

北京财贸学院经济法系 92 级经济法班毕业实习计划。

北京财贸学院经济法系 92 级经济法班毕业实习总结。

北京财贸学院经济法系 1996 年社会实践情况总结的档案资料。

1997 1997 年首都经济贸易大学经济法系成立的通知文件。

1998 1998 年行政工作简报第十期（12 月 15 日）封面。

1998 年行政工作简报第十期（12 月 15 日）登载了变更系名和专业的情况

1999 北京市学位委员会关于首都经济贸易大学获得合作办学和开设经济法专业课程进修班资格的通知文件。

2000 北京市学位教委会同意首都经济贸易大学开设经济法专业研究生课程进修班的通知文件。

2001 2001 年首都经济贸易大学法学系首届本科生毕业合影。

2001 年首都经济贸易大学法学系经济法班毕业合影。

2001 年首都经济贸易大学法学系经济律师班毕业合影。

2002 北京市教育委员会关于首都经济贸易大学经济法学科获批北京市重点建设学科的通知文件。

2002 年法学系关于设立模拟法庭的申请报告。

2002 年法学系关于设立模拟法庭的论证报告。

2004	2004 年法学系学生社会实践教学工作的总结。
2005	《我国农业合作社立法问题研究》获得 2005 年度国家社会科学基金项目立项的通知书。
2006	2006 年法学系民商法专业获得硕士学位授予权的通知文件。 2006 年经济法学科通过北京市学位委员会中期检查评估的通知文件。
2008	2008 年法学院经济法学通过北京市重点学科建设项目验收工作的资料。
2009	2009 年国务院学位办公室印发的《关于批准新增法律硕士等类别专业学位研究生培养单位的通知》。 2009 年北京市学位委员会关于法学院获得法律专业硕士学位授权的通知文件。
2010	2010 年法学院法律硕士专业学位研究生招生信息。
2011	2011 年法学院获批法学一级学科硕士学位授予权的通知文件。
2013	2013 年法学院获法律经济学二级交叉学科博士学位授予权的备案表。
2021	2021 年法学院法学专业获批国家一流本科专业建设的通知文件。